戦後日本の教科書問題

石田雅春著

吉川弘文館

目次

第二章　国定制から検定制への転換過程……三九

図表目次

序章　本書の分析視角

一　問題関心

本書では、第二次世界大戦後、主として昭和二〇（一九四五）年から昭和五〇年ごろまでの教科書に関する諸問題（以下、教科書問題と略）を分析する。教科書の内容や制度については、これまで幾度となく政治問題や社会問題として注目を集めてきた。このため、戦後の教科書をめぐる歴史については、すでにさまざまな著作によってまとめられている。[1]（教科教育の分野において数多くの研究が蓄積されているが、これらは教育課程〈カリキュラム〉の分析に重点を置いたものであり、本書と研究の目的が異なるため紹介を割愛する）。

これらの著作に共通する特徴としては、検定の原稿審査や歴史教科書の内容に重点が置いて著述されていることがあげられる。すなわち、教科書検定制の是非を争った家永教科書裁判の影響を受けていると思われ、多くの著作は検定制への反対もしくは賛成の姿勢を明示している。

このため問題意識や論旨は明快だが、教科書制度の歴史や個々の問題に対する総合的な分析が不十分なものとなっている。一例をあげるならば、先行研究では、数学や理科など、社会科以外の教科書検定はほとんど触れられていない。もし、制度の是非を論じるのであれば、全教科にわたる分析が必要であろう。

また、これらの著作の中には、家永教科書裁判の原告側（家永三郎）の主張を補強するために、あるいはその主張に沿って著述されたものも少なくない。こうした著作の特徴としては、次のような枠組みのもとで教科書問題を分析・叙述していることである。

（1）戦前は国家が教育内容を厳しく統制し、教科書も国定制が取られていた。

（2）占領改革により教育の民主化が進められ、教科書制度も国定制から検定制に変更された（ただし久保義三や浪本勝年は、占領軍が自由発行ではなく検定制を選択した点に改革の限界性を見出している）。

（3）逆コースを契機として再び国家が教育への統制を強めてゆき、教科書制度が改悪されていった。

このように占領期の改革を肯定的に評価し、戦前と講和独立後を否定的に見なすという枠組みは、教科書問題に限らず戦後を対象とした教育史において広く見られるものである。すなわち五十嵐顕・伊ケ崎暁生編著『戦後教育の歴史』（青木書店、昭和四五年）や大田堯編著『戦後日本教育史』（岩波書店、昭和五三年）によって提起され、現在に至るまで戦後を対象とした教育史の通説的理解となっている。

なお、平成に入ってから、こうした枠組みを見直そうとする研究が出てきているが、残念ながら個別の研究レベルにとどまり、通史として新しい枠組みを提示するまでに至っていない[2]。また同時期に盛んになった教育社会史の研究は、立身出世主義、試験、学校文化、植民地教育、ジェンダーなど、従来の研究で見過ごされてきた周縁部の歴史的事象に光を当てるものであった[3]。これらの研究成果により、教育史に対する多面的な理解が飛躍的に進むこととなった。しかし制度史や政治史を中心に組み立てられた従来の通史を否定するものではなかったため、両者は並存、または相互補完の関係にあると言える。

こうした通史の枠組みを踏まえて教科書問題に関する先行研究を見た場合、筆者は次の三点が大きな問題であると考えている。

一つ目は、教科書には教材（教育内容）と商品という二つの側面があるにもかかわらず、先行研究が教材（教育内容）の面のみに注目していることである。これは家永教科書裁判の影響によるものと考えられる。同裁判では教科書の内容が主要な争点の一つとなったため、結果的に先行研究の問題関心が、検定による教科書の記述の修正・変化の実態、学術研究と教科書の記述の差異、あるいは教科書（教材）選択の裁量権の変化などに集中することになったと推測される。

こういった先行研究の流れに対して筆者は、教科書の商品としての側面にも注目して制度や経緯を見直す必要があると考えている。現行の教科書制度は、昭和二三年の検定制の成立にともない、民間企業が教科書の編集・発行・販売を担うようになった。この中で営利を目的とする企業がライバル他社と競いながら自社商品のシェア拡大を目指すのは、資本主義社会では自然な現象である。問題なのは、目的達成の手段として教科書発行会社が教員へ金品等の提供や接待を行ってきたことである[4]。

このような状態は贈収賄事件の温床となるため、昭和二〇年代後半より文部省にとって課題となっていた[5]。本書でも明らかにするように、教科書法案（昭和三〇年作成）や教科書無償措置法（昭和三八年制定）に各種の規制が盛り込まれた背景には、こうした業者間の過当競争があった。

しかし先行研究では、こうした事情を捨象し、規制の新設＝政府による統制強化（教科書の国定化）という一面的な評価を下している。このような側面のみに焦点を合わせた見方では、教科書問題の本質を明らかにしているとは言い難いと考えられるため、本書では商品としての教科書についても目を向け、教科書問題の全体像を明らかにしていく。

二つ目は、先行研究において、政府や与党と対立する存在として「市民」や教師を位置付けていることである。これは教育史の通説的理解にも通じる問題であるが、この「市民」とは国民の一部にすぎない。このため政府や与党を敵対的に見る上記の枠組みからは、「市民」以外の国民の存在が抜け落ちている。同時に、国民のなかにおける「市民」の位置づけ、あるいは「市民」以外の国民の動向が必ずしも明確ではない。

昭和六〇年代までの学界においてマルクス主義的な理解が主流だったことを考えると、このような対立構図の中で教科書問題が分析、評価されてきたのは、やむを得ないようにも思える。しかし、現在においてもこうした視点を維持し、新憲法の国民主権に基づいて成立した政府を「市民」や教師との対立軸で捉えることには疑義を抱かざるを得ない。

議院内閣制の下で長期間にわたり政権を担ってきた与党・自由民主党の背後には、これを支持してきた多数派の国民が存在する。こうした多数派の国民の意識のあり方やその動向を明確にしなければ、政府または自民党が進めた教育政策の本質が見えないのではないかと筆者は考えている。

なお、本書では、国民意識と政策の関連について第五章で正面から取り上げている。これは幸いにも教科書問題に関する世論調査が残されていたため、前述の問題関心に基づく分析が可能となったからである。この章以外で世論の影響力について明確に論じることはしていないが、筆者としては上記のような問題意識のもとで政治過程の分析や評価を行っていることを付言したい。

三つ目の問題点は、二番目に指摘した点とも関連するが、先行研究において政府（文部省）と与党の関係を一体的に捉えていることである。本書の対象としている分析期間において、与党は、日本自由党・日本進歩党→日本社会党・日本民主党・国民協同党→民主自由党→自由党→日本民主党→自由民主党というように変化している。この間、政党ごとに政策や政治的影響力が異なるため、政権交代によって政府の方針が変化したり、あるいは政府と与党との間で意見の食い違いが生じたりするなど、さまざまな事態が当然発生していたと推測される。こうした政府と与党との関係性を軽視して、両者を一体として分析、評価することは、その実態との乖離を招きかねないと考える。

とくに問題が大きいのは、五五年体制成立以前の日本教職員組合（日教組）の評価が定まっていないことである。五五年体制成立以前は与党が次々に変わっており、日教組の政治的立場にも少なからぬ影響があったと推測される。しかし先行研究では、こうした変化を捨象し、政府および与党と日教組の対立面のみに注目してきた。政治的な枠組みのあり方と、歴史的事実の評価は不可分の関係にある。教科書の制度や内容と深くかかわってきた日教組の政治的位置を適切に評価することは、教科書問題の評価に直結する課題である。そこで本書では、文部省と日教組の関係についても見直しを行うものとする。

以上の点に留意しつつ、本書では戦後の教科書をめぐる歴史的事実を分析する。これまで教科書については、一定の期間ごとに世間の注目を集めるような出来事が発生し、その度に議論が重ねられてきた。

ただ、こうした議論の中には、明らかに事実誤認と思われるものも少なくない。誤った事実に基づく議論は不毛な結果に終わることが多い。私事で恐縮だが、平成一九〜二一年に行われた第二期日韓歴史共同研究会において、筆者は研究協力者として教科書小グループの議論に接する機会を得た。教科書小グループでは、両国の歴史教科書の記述ぶりや編集制度について共同研究が行われたのであるが、このなかで韓国側は、日本では文部省（文部科学省）が教科書の記述を意のままにコントロールしているという理解のもとで議論を組み立て、特定の検定教科書の記述内容＝日本政府の歴史認識という主張を展開したのであった。

周知のように検定制度の下では、執筆者（出版社）と文部省（文部科学省）の相互関係のなかで教科書の記述が形づくられてゆく。このため日本では教科書ごとに記述の内容に差があり、特定の教科書の記述＝日本政府の歴史認識ということはできない。しかし韓国側はこうした事情について理解を示さなかったため、日韓の研究者の議論は平行線をたどることとなった。

注目すべきは、このような韓国側の主張の根拠となったのが、家永教科書裁判の原告側の関係者がまとめた著作だったことである。(6) すなわち、こうした事実誤認は、それまでの日本の教育学や教育史の積み重ねによって生じたものであり、韓国側の認識や対応だけを批判することは的外れではないかと筆者は考えている。むしろ重要なのは、韓国側に誤解を与えることとなった日本側の研究の問題点を修正し、より正確な情報を提供することではないだろうか。本書の成果が、こうした作業に対して多少なりとも役立てば筆者としては幸いである。

二　分析の範囲・対象

戦後の教科書に関する歴史を見てゆくと、いくつかの画期が存在する。(7) このうち昭和二三年に教科書制度が国定制から検定制へと切り替えられたのは、戦前と戦後を区切る大きな変革である。

また、昭和四〇年の家永教科書裁判の提訴も大きな画期となっている。教科書問題の内容を詳しく見てゆくと、制度的な問題と記述内容の問題に大別できる。本書でも明らかにするように、家永教科書裁判が起きるまでは、教科書問題は主として制度にまつわる問題が中心であった。ところが家永教科書裁判の進行にともない、問題の争点が次第に制度（憲法違反＝学問の自由、教育の自由の侵害）から歴史教科書の記述（歴史認識）へと移行することとなった。

こうしたなか、昭和五七年に起きた歴史教科書の「侵略・進出問題」は、この流れを強める役割を果たした。これを契機として教科書の内容の中でも、とくに近現代の歴史叙述がクローズアップされることとなった。これ以後は、教科書問題＝歴史認識（または近現代史）という構図が形成され、現在に至っている。

本書では、主として昭和五七年の「侵略・進出問題」以前の出来事を分析した。その理由としては、この出来事を契機に教科書問題の焦点が制度から歴史認識へ移っていったと筆者が考えているからである。また、現在の教科書制度の成り立ちを明らかにすることも本書の目的であり、その点において、この時期に重点を置いて分析する方が有効であると考えるからである。ただし、第七章では昭和五七年以降の出来事も分析しているが、筆者としては制度の問題に関連するため論考の都合で取り上げたにすぎない。

さて、次に各章の概要を紹介する。第一章から第三章では、占領期の問題について分析した。教育史の先行研究では、戦前と戦後、あるいは占領期と講和独立後を対比して占領改革を肯定的に評価する傾向にある。これに対して本書では、占領する側、占領される側の双方の立場から分析し問題の実相を明らかにすることに努めた。

第四章から第六章では、講和独立後の問題を分析した。先行研究では、保守勢力が戦前への回帰（逆コース）を指向し、政府による統制を強めていったという見方が示されている。これに対して本書では、占領改革によって新たに生み出された状況（民間業者の過当競争）が問題の背景にあることを明らかにし、文部省による一連の政策が占領改革に対する反改革ではなく、改革の成果を受け継ぐ修正であったことを明らかにするものである。

また、第七、八章で家永教科書裁判提訴後の状況を分析した。これまで家永教科書裁判については、裁判の内容に注目が集まり、支援運動については顧みられてこなかった。本書では支援運動に着目することにより、裁判の意味について再評価するものである。また、同時期の主要紙の報道傾向（言説）を分析することにより、裁判の影響を構造的に明らかにしようとしたものである。

註

（1）戦後の教科書の歴史をまとめた主な著作は以下の通りである（個別の論考については、各章の先行研究整理で取り上げる）。大槻健・尾山宏・徳武敏夫編『教科書黒書』（労働旬報社、昭和四四年）、山住正巳『教科書』（岩波新書青版七五八、岩波書店、昭和四五年）、徳武敏夫『新版かわりゆく教科書』（新日本新書二四六、新日本出版社、昭和五三年）、高橋史朗『教科書検定』（中公新書八六七、中央公論社、昭和六三年）、堀尾輝久『教科書問題―家永訴訟に託すもの―』（岩波ブックレット二四一、岩波書店、平成四年）、浪本勝年『戦後教育改革の精神と現実』（北樹出版、平成五年）、徳武敏夫『教科書の戦後史』（新日本出版社、平成七年）、山口拓史「戦後教科書行政の成立と展開」（鈴木英一編『教育改革と教育行政』〈勁草書房、平成七年〉所収）、高橋史朗「戦後の教科書検定制度の成立と教科書問題」（『戦後教育の総合評価』刊行委員会編『戦後教育の総合評価――戦後教育改革の実像』〈国書刊行会、平成一一年〉所収）、小山常実『歴史教科書の歴史』（草思社、平成一三年）、三谷博編著『歴史教科書問題』（リーディングス日本の教育と社会第六巻、日本図書センター、平成一九年）、井手弘人・福島寛之・石田雅春「戦後の日韓における教科書問題をめぐる教育政策・教育学の諸相」（『第二期日韓歴史共同研究報告書（教科書小グループ編）』〈日韓歴史共同研究委員会編集・発行、平成二二年〉所収）。

（2）問題提起的な研究としては、羽田貴史「戦後教育史像の再構成」（藤田英典他編『教育学年報六　教育史像の再構築』〈世織書房、平成九年〉所収）、森田尚人・今井康雄・森田伸子著『教育と政治――戦後教育史を読みなおす』（勁草書房、平成一五年）を参照。個別の実証研究としては、貝塚茂樹『戦後教育改革と道徳教育問題』（日本図書センター、平成一三年）、貝塚茂樹・藤田祐介『教育における「政治的中立」の誕生　「教育二法」成立過程の研究』（ミネルヴァ書房、平成二三年）が注目される。

（3）辻本雅史・沖田行司編『新体系　日本史16　教育社会史』（山川出版社、平成一四年）の序章参照。

（4）毎日新聞社教育取材班著『教科書戦争』（三一書房、昭和五六年）、毎日新聞社編『教育を追う　教科書検定』（毎日新聞社、昭和五七年）参照。平成二八年に複数の教科書会社が全国の教員に謝礼等を渡していたことが判明し、社会問題となったことは記憶に新しい。

（5）「中央教育審議会第二十四回総会速記録」（昭和二九年二月二二日）国立公文書館蔵『中央教育審議会総会速記録（第二〇～二五回）（昭和二九・一～昭和二九・三）』つくば〇一―六九―平四文部―〇〇八九九。この中で昭和二七年に採択を巡る問題が表面化した際に、鈴木課長が地方検察庁や公正取引委員会と協議して立件を防ぐとともに、再発防止策を講じたことが証言されている。

（6） 前掲『第二期日韓歴史共同研究報告書（教科書小グループ編）』所収の李讚熙論文、辛珠柏論文の出典参照。主なものとしては社会科教科書執筆者懇談会編『教科書問題とは何か』（未来社、昭和五九年）、君島和彦『教科書の思想』（すずさわ書店、平成八年）、家永教科書訴訟弁護団『家永教科書裁判――三二年にわたる弁護団活動の総括』（日本評論社、平成一〇年）があげられる。

（7） 前掲「戦後の日韓における教科書問題をめぐる教育政策・教育学の諸相」参照。

第一章　敗戦直後の文部省の自主改革とCI&E

——教科書改訂に焦点を合わせて——

はじめに

本章では、教科書改訂の動向を中心に昭和二〇（一九四五）年八月から同年一二月末までの文部省の自主改革と占領軍の対応を分析する。当該期全般を扱った先行研究としては、鈴木英一の成果がある。鈴木はアメリカ側の史料を駆使し、占領軍の動向を詳細に明らかにした(1)。

一方、教科書改訂に焦点を合わせた研究としては久保義三、山口拓史、茨木智志の研究がある。久保は不完全な改革という側面に注目し、占領軍が検閲を必要としていたため検定制が選択されたと見なしている(2)。山口は文部省の動向を中心に分析し、占領軍が一二月三一日に発した「修身、日本歴史及ビ地理停止ニ関スル件」（以下、三教科停止指令と略）(3)を重視している。すなわち三教科停止指令は不完全な文部省の自主改革に終止符を打つために出され、制度改革の流れが応急的措置から積極的措置へ転換することになったと評価している(4)。茨木は文部省の自主改革のうち、教科用図書委員会設置に向けた検討過程を明らかにした(5)。この他に、社会科の成立に分析の焦点を合わせた片上宗二の研究がある(6)。

これらの先行研究に対して、筆者は以下の二点で再考の余地があると考えている。一つ目は 占領軍の担当官の視点・評価に強い影響を受けていることである。その原因として、占領軍の文書に現れた文部省への評価を、そのまま投影している点に求められる。すなわち、文部省（日本人）に対する占領軍の担当官のバイアスに対して、十分な注意が払われていないのである。

たとえば占領軍の担当官の証言を見てゆくと、自分たちの進めた改革の成果を基準として文部省の自主改革を評価していることが分かる。このような視点に立つ限り、日本側の取り組みは「旧態依然」、「不十分」という側面しか浮かび上がってこない。たとえば、久保は上記の研究において、文部省を占領軍の進める改革へ抵抗する存在と見なし「古き体制」と評価している。

これに対して筆者は当時の時代状況を踏まえて、文部省の自主改革を位置づけ直すことが必要と考えている。すなわち、敗戦直後の日本は混乱状態にあった。食べていくことが精一杯の状況では、当然ながら行政の事務能率は低下し、官紀が弛緩する事態が生じていた(7)。また物資が極端に不足するなか、占領軍との折衝に必要なタイプライターや通訳なども十分に揃っていなかった(8)。このような条件下で占領軍が一方的に設定した期限を守れなかったという事実を、官僚のサボタージュと単純に評価することはできないと思われる（この点については本書第二章でも、筆者は同様の問題意識に立っている）。

二つ目は、文部省の自主改革自体への考察が薄いことである。先に問題として指摘した視点に立つと文部省の自主改革は「不十分」なものであり、分析する必要のないものである。しかし文部省は、戦中・占領期・講和独立後を通して存在し続けた政治主体である。このため、戦前と戦後、あるいは占領期と占領終結後の連続と非連続を考える上で、文部省の自主改革を詳細に分析することは一定の意義があると考えられる。

以上のような問題関心に基づき、本章では、敗戦直後という時代状況に注意を払いながら、文部省の自主改革が不徹底に終わった原因を考察する。

一　占領開始直後の状況

1　文部省の自主改革

本項では、敗戦直後から一一月までに焦点を合わせ、文部省の自主改革を概観する。敗戦の責任を取って鈴木貫太郎内閣が総辞職したことを受け、昭和二〇（一九四五）年八月一七日に東久邇内閣が成立し文部大臣に前田多門が就任した(9)。敗戦による混乱・虚脱状態が続くなかで、文部省はいち早く戦時教育との訣別、教育目標の置換に取り組み始めた。敗戦から一カ月後の九月一五日、文部省は「新日本建設ノ教育方針」を発表し(10)、さらに一〇月一五日には師範学校長、視学官を東京に集めて新教育方針中央講習会を開催し、新方針の浸透を図った(11)。

同中央講習会での前田文相の訓示を見ると、改革の方向性として「軍国主義と、極端狭隘なる国家主義」の除去だけではなく、民主主義国家として再生するために個性の完成を目指すことを掲げていたことが分かる。さらに具体的な取り組みとして、①正しい民主主義の育成→正しい政治教育、公民科の強化、②画一主義の打破→教育機関や教師の裁量権拡大等をあげ、国家再建に向けて教育家の奮起を促す内容となっていた。

また、前田文相は積極的に民間人を登用することで、文部省の人事刷新を図った。新たに設置された科学教育局の局長に山崎匡輔（東京帝国大学教授）、学校教育局長に田中耕太郎（東京帝国大学教授）、社会教育局長に関口泰（朝日新聞論説委員）、そして文化課長に今日出海（作家）が任じられることとなった。

さらに前田文相は、九月一三日の省議で「日本再建ノタメ実証スベキ諸綱目ヲ決定シ、一一月末日迄ニ鼻《けり》ヲツケルコト、地方ノ末端ニマデ行キ渡ルヨウ施策サレタシ」という東久邇宮首相の発言を紹介し、「ドチラニナロウト当然解決スベキモノハ速カニ解決スルコト」として占領軍の指示を待たずに自主的に改革を進めることを確認している。(12)

このように文部省が自主改革を進めるなか、一〇月二二日に占領軍が教育に関する最初の指令を発令した。これを受けて開かれた翌二三日の省議で、前田文相は次のように述べて幹部たちの奮起を促し、自主改革の進展を求めた。(13)

（前略）マ元帥ノ指令ガ出タガ、コチラデヤリツツアル事ガ多イ。促進スルノミ。指令ハ今後モ出ルランモ、ソレヲ待ツマデモナク、一刻千金デヤルコト。教育ノ民主主義化ノ理想実現ノタメニハ、ソレ以上ノコトヲ考ヘテ実行ニ着手シテイルト言ヒ度。積極的ナ面ヲ加ヘ度。独自ニモノヲ思考スル判断力ヲ養ヒ度。ソノタメニハ科学教育ヲ振興スル、ソノ具体案ヲ策定スルコト。（後略）

この発言からは、占領軍の先手をとって改革を進めてゆこうとする前田文相の姿勢をうかがうことができる。そして、こうした姿勢は前田個人にとどまるものではなく、文部省の全体で共有されていた。(14)すなわち、多分に打算的な面もあるが、文部省は占領軍の改革を先取りしようとしていたのであった。(15)

さて、一〇月二三日の省議では、総務室を中心に具体的な教育改革案を作成することが決定された。(16)これを受け一一月二〇日の省議に「画一教育改革要綱（案）」と「画一教育打破ニ関スル検討並ビニ措置（案）」(17)が提出された。両案の内容を見てみると、教育理念の提示にとどまらず、学制改革、教員の養成制度や待遇の改善、教育行政の一般行政からの分離・強化、教員の裁量権拡大など、これまでにない大胆な施策が盛り込まれていることが分かる。このうち教科書に関係する部分は、以下の通りである。

○「画一教育改革要綱（案）」（抄）

ホ　教科用図書ニ付刷新ヲ行フ

1　国定教科書制度ハ国民学校ニ付テノミ行フ

2　中等学校以上ニ付テハ国定教科書制ヲ廃止シ之ニ代フルニ学徒ノ研究指導、自習指導ニ裨益スベキ稍高度ナル参考図書ヲ編纂供給ス

○「画一教育打破ニ関スル検討並ビニ措置（案）」（抄）

（ハ）学校令並ニ其ノ附属法令ヲ簡潔ニスルコト

教育ノ自主的活動ヲ防（妨カ）グルガ如キ諸規定ヲ撤廃シ特ニ教授要綱、教授要目ニ関スル規定ノ如キハ之ヲ最少限度ニトドメ国定教科書ノゴトキハ初等教育用以外ノモノヲ廃止シ教科書ノ採用ニハ教師ノ自由ナル選択ヲ与ヘルト共ニ一般ニ副教科書ノ如キ教材ヲ多ク使用セシムル余地ヲ与フルコト

上記の史料を見ると、国民学校は国定制を維持し、中等学校以上は国定制を廃止することが構想されていたことが分かる。中等学校は昭和一八年に検定制から国定制へと切り替えられたばかりであったから、制度的には戦時体制の解除といった性格が強い。

しかし教科書の使い方（教材としての教科書の法的拘束性）について見てゆくと、教師の裁量に委ねる部分を増やし、教科書を絶対的な教材としてではなく、多数ある教材の一つに位置づけていることが分かる。こうした教科書の位置づけは、後に展開される占領改革を先取りするものであった。

このように両案は、文部省が九月から取り組んできた自主改革の集大成ともいうべきものであった。しかし『有光次郎日記』を見ると、省議でこの両案を議論した形跡が見あたらない。すなわち第二節で詳しく見てゆくが、一一月半ばに文部省を取り巻く情勢が大きく変動する出来事があり、その影響を受けて両案はついに日の目を見ることがな

かったのである。

2 教科書改訂に向けた文部省の取り組み

前項では、文部省の自主改革の動向を概観した。本項では、その内実を検証するため、教科書改訂に焦点を合わせて具体的に見てゆく。

敗戦直後から文部省内では、応急的な措置として不適切な教材の削除が検討されていた。九月二〇日に文部省は「終戦ニ伴フ教科用図書ノ取扱方ニ関スル件」を通達し、いわゆる墨塗り教科書が出現することとなった。しかし、あくまでも応急的な措置であり、抜本的な教科書の書き換えが急務として認識されていた。一〇月一五日、文部省の機構改革が行われ教科書局が新設された。このとき、教科書局長に着任した有光次郎は、角南元一編修官兼図書課長から以下の事項を引き継いだ。(18)

教科書新修ノ Process
1 全体ノシステム、根本方針、根本理念ヲ練ル。12月、1月、2月、3月
2 原稿完成（オソクモ8月迄ニ作成）4月〜7月
3 各種審議機関
　a局内会　b協議会、関係局課長督学官　c主査委員会（専門委員会ノ一部）　d教科書調査会総会
4 印刷着手 10月下旬カラカ
5 発行送達 4月ニ間ニアハスコト

これらの引継ぎ事項から、一〇月中旬の時点で教科書改訂に向けたタイムスケジュールがほぼ決まっていたことが

うかがえる。また、以下で確認するように、この時点で文部省は、図書監修官の入れ替え（＝教科書への書き換え）、補充教材の作成、教科書調査会の解散・再構成（＝審査機構の整備）の作業に着手しており、新教科書の発行に向けてすでに動き始めていた(19)。

まず、教科書の書き換え作業を見てゆきたい。先述のように、八月末より文部省は教科書から墨塗りで削除する箇所を検討していた。こうした作業は教育内容の検討と表裏一体の性格を持つため、教育課程の再編や新教科書の編集につながる性格のものであった。

そして一〇月上旬から一部の教科で新しい教育内容の検討が始まった。一〇月初旬ごろ（日時不明）に森田孝課長の提案により、小沼洋夫思想課長、外務省第一部長、関事務官、神祇院考証官等が参集し、今後の歴史教育について意見交換が行われた。この内容は一〇月一一日の省議で報告されたが、それによると、外務省は、天皇制擁護のため、合理的な歴史教育が必要であるという認識を示し、教科書制度や教授内容について文部省の対応を求めた(20)。この問題は、教科書局設立の時点で今後の検討課題として認識されており(21)、一〇月三一日にも関連する打ち合わせが行われたことが確認できる(22)。

また、一一月五日に有光教科書局長は青木誠四郎と会合を持ち、新教科書の位置づけ、理念について話し合っている。この会合では、新教科書の位置づけとして、子どもの理解中心の学習を目指し、教科書で教えるというスタンスを取ることが検討された(23)。

次に、新教科書の審査機構の整備について見てゆきたい。この問題は、教科書局の設立前後から教科書調査会の再編という形で新委員の選定作業が進められていた(24)。一〇月一六日に有光教科書局長は森田孝課長と候補者の検討を行い(25)、同月二四日ごろに新委員の原案がほぼ固まった(26)。候補者の顔ぶれを見てみると、一般的に自由主義者と称されている人々と女性が多く選ばれていたことが分かる(27)。

このように文部省は、自主的に新しい教科書の内容や性格を検討し、関係する機構の整備に取り組んでいた。しかもその内容を見てゆくと、教科書の取り扱いや教科書調査会の委員候補者の人選など、明らかに戦前と異なる要素を含んでいたことが分かる。すなわち占領下という特殊な環境が影響を与えていたことを踏まえても、文部省による自主改革は革新的であり、占領軍による改革を先取りするような要素を含んでいたのである。

3　CI&Eの発足と文部省の関係

本項では、占領開始から昭和二〇年一一月初めまでの占領軍の動向を確認する。

占領開始後、教育の担当官としてヘンダーソン陸軍少佐(28)が割り当てられた。九月一五日に文部省が発表した新教育の指針に対し、ヘンダーソンは賛意を表明した。戦前から前田文相と知己だったことも影響していると思われるが(29)、それよりもこの時点では、いまだ占領軍の上層部より教育分野に関する指示が出されていなかったため、ヘンダーソンとしては追認の姿勢を示すより他になかったと思われる(30)。

こうしたヘンダーソンの態度を受けて、文部省は自主的に「教育の本義に照して従来の教育方針に根本的再検討を加へ」、「その為めに連合軍側と必要があれば十分内談を遂げ、先方の意見を聞き、指令にして我が国の実情に十分適しないものがあれば実情を十分説明し、了解を求める」ことが可能だと認識するようになっていったと思われる(31)。

この点については、文部省からCI&Eへの連絡状況を追ってゆくと明らかである。すなわち、一〇月二日にGHQ/SCAPの専門部局としてCivil Information and Education Section（民間情報教育局、以下CI&Eと略）が設立された。これを受けて早速、一〇月三日に文部省からCI&Eへ報告書が提出された。それによると、不適切な教材の削除命令を出したこと、教科書局の設立を準備していること、そして、民間会社に中学教科書の出版を行わせる見通しであることを報告している。

また、文部省の機構改革が行われた一〇月一五日には、監修官の入れ替えと調査会の改組、教科書の取扱方針が決定されたことをCI&Eに報告している。一一月二日には旧教科書の「停止」、および新教科書の準備状況を、文部省はCI&Eに対して口頭で詳しく伝えている。さらに一一月九日に文部省はCI&Eへ報告書を提出し、その中で教科書局設立、新教科書の編集計画、および調査会の委員任命について連絡した(32)。

こうした報告内容と前項で確認した教科書局の動向と照らし合わせてみると、文部省が自主改革の経過を逐一報告していたことが分かる。一方、これらの報告に対して、CI&Eから具体的指示や異議が出された形跡は見あたらない。このため文部省は自主改革を推進してゆくことに対して自信を深めていったと考えられる。

4　CI&Eの充実

さて、一〇月二日にCI&Eが設立されたことを受け、戦時中に決定された対日占領方針に従い、教育分野でも情報の収集・分析や政策の立案が本格的に開始された。しかし教育を監督する教育・宗教課の将校は、当初、課長のヘンダーソン陸軍少佐、ホール海軍大尉、そしてやや遅れて加わったワンダリック海軍中佐の三名にすぎなかった(33)。九月三〇日にヘンダーソン少佐は、ホール海軍大尉に修身教科書の調査を割り当てた(34)。そして一〇月二二日には、教育関係では初の指令となる「日本教育制度ニ対スル管理政策」を発令した。当該期のCI&E関連の文書では、この指令を“basic directive”と評価しており、米国教育使節団の報告書がマッカーサーの承認を受けるまでの間、CI&E教育課の指針として機能していたと考えられる。すなわち、この指令の発令によって、CI&Eは当面の政策の基本方針を定めたのであった。

次に、教科書に関する問題に焦点を合わせ、当該期のCI&Eの活動を具体的に見てゆく。一〇月二八日にダイクCI&E局長、ヘンダーソン、ホールは修身、歴史、地理（以下、三教科と略）の問題について協議した。この結果、ホールは三教科に関する指令の草案を修正し、翌二九日にヘンダーソンへ提出した。同日、ホールは、着任したばかりのワンダリックにスタッフ研究を割り当てた(35)。一〇月三〇日にダイク局長、ヘンダーソン、ホールは、三教科問題について再度協議し、スタッフ研究を総司令部に提出する前に傍証を添付すべきことを決定した(36)。そこで翌三一日、スタッフ研究の傍証を充実させるため、ホールはワンダリックに対して専門学校レベルまでの歴史・地理・修身の教科書の調査を割り当てた。こうして三教科に関するスタッフ研究と指令の案文は、一一月一〇日の時点で第三次案まで作成された(37)。そして一一月一三日にホールが最終案を完成させたため、CI&Eはこれを総司令部へ提出した。しかし一一月一七日に総司令部は研究不足を理由にスタッフ研究の再考を求め、CI&Eへ差し戻した(38)。

このようにCI&Eは、発足からわずか一カ月足らずの間、日本の教育について情報の集積と分析を進め、一一月初旬には新たな指令案を作成するに至った。そして、このように組織の態勢が整うにともない、次節で確認するように、CI&Eはこれまでの「追認」とは違った姿を文部省へ見せ始めたのであった。

二 文部省による自主改革の挫折

1 文部省とCI&Eの認識のズレ

上述のように昭和二〇（一九四五）年一一月九日、文部省はCI&Eへ報告書を提出し、教科書局設立、新教科書編集計画、調査会の委員任命など、自主改革の経過を連絡した(39)。しかし同報告書の第四段落に次のような一文があった。

（前略）既定の計画に基づく準備状況から判断して、今年度および次年度の使用に向けた教科書の編集は、ほぼ実現の見込みはないが、大規模な新教科書の編集計画の中に組み込む予定である。教科書に関して言えば、印刷済み原稿と現在印刷中の原稿は、すでに審査が済んでおり、それゆえに印刷は継続されるだろう。なおその一覧表を添付する。（後略）

このうちCI&Eにとって問題だったのは、戦時中に編集された昭和二〇年度用の教科書が印刷され続けているとされていたことであった。すなわちCI&Eとしては、ヘンダーソン少佐と前田文相の会談によって、教科書の印刷や再印刷に占領軍の許可が必要なことを文部省も承諾していると認識していた(40)。このためCI&Eは、文部省が了解事項を無視していると考えたのである。これに対して文部省は自主的な教科書改訂はCI&Eによって認可済みであり、合意事項に基づいて仕事をしているという認識を持っていた(41)。こうした認識の差が、上記の報告書によって明らかになったのであった。そこで状況を是正するため、一一月一〇日にホールは以下のような命令を有光教科書局長へ口頭で伝えた(42)。

（前略）

1. 全ての教科書の再版を停止せよ。
2. 文部省が使用を継続しようとしている全ての教科の教科書を、CI&E教育課へ英語およびローマ字で提出せよ。
3. 算数、理科、そして国語から先ず作業に着手せよ。
4. 特定の教科では戦前の教科書が使用できるだろう。

5. 新しい状況下における教授の原則に関する新しい教師用手引書を作成せよ。この手引きは、師範学校の全ての学生と教官向けのものとなるだろう。

6. 教科書改訂の計画を提出せよ。

7. 現在、学校で使われている教科書の使用を継続せよ。それらは九月に発せられた文部省の指示に従い教授に供されている。

「我々が、順序を決定し、教科書を許可すべし。」

（後略）

一見して明らかなように、CI&Eは文部省の裁量権を否定し、自らが政策の決定権を握っていることを示そうとしたのであった。さらにCI&Eは、文部省が一一月九日に提出した教科書調査会の改組案を一一月一五日に却下した。(43)こうした一連の強硬措置の背景には、前節で見たようなCI&Eの充実の他に、ホール自身の文部省認識が影響していると思われる。以下の文章は、ホールが一〇月二六日に文部省を視察したときの報告書の一部である。(44)

（前略）

d. 省の組織は貧弱である。社会教育（現段階ではそう認識されている）や宗教のような、傍系の機能に比べて、特定の分野が過度に強調されている。教員検定や教員養成、そして課程の問題はほとんど閑却されている。

e. 組織の効率は極めて悪い。平均的なアメリカの州の教育庁よりも悪い。名付ける価値の無い保存システムである。用紙は手書きである。簿冊や台帳が拡張ファイルの代わりに存在している。業務日誌もない。大体、七五年前のお粗末な組織の業務の水準である。

f. 現行の教科書の検査を行う以外に、企画の形成が終わっているものは一つもない。

g．教科書改訂作業は、かなり良い状態で進行中であるように思われ、この仕事に充てられている人員は省内でもかなり恵まれている。すなわち平均五～一〇年の教授活動をおこない、五～七年の省内勤務があり、大卒クラスである（ほぼ全員、東京帝国大学卒である）。今までに行われた仕事は、修身教科書に行われたものとほぼ同じであり、以前に提出された。すなわち指令の文言にかなり厳密に、かつ文面通り従ったのであり、国家神道に関する問題について、何ら対応が取られておらず、その事は指令では、まだ言及していない。

h．数年以上にわたり、発せられ続けてきた「使い捨て」の政府の基準以外に参考書籍が全くない。参照とすべき書籍の種類についての理解さえも悲しいまでに無い（例えば、彼らの持っている近代史や現在の世界で起きている事件の情報の種類を尋ねた場合、彼らは『星条旗新聞』（筆者注：米軍の部内情報紙）を引き合いに出すだけである）。

（後略）

仕事の進捗状況や職員の専門知識にとどまらず、書類の整理方法まで酷評しており、ホールが文部省の能力をきわめて低く評価していたことがうかがえる。このため文部省に対するホールの態度は、自然と厳しいものになったと考えられるのである。

2　有光教科書局長への懲戒処分

一一月一六日、ホールとワンダリックは、一一月一〇日の口頭指令の実施状況を確認するため、事前連絡をせずに文部省を訪問した。そこで有光教科書局長から教科書調査会、教科書の審査、および未許可の教科書の印刷停止の経過について報告を受けた後、二人はさらに東京書籍の印刷工場に対して抜き打ち視察を行った。

そこで二人は、口頭指令で印刷を禁止したはずの昭和二〇年度用の教科書が印刷されている現場を目の当たりにした。[45] このためホールは口頭指令に違反しているとして激怒し、ダイク局長へ報告した。[46] これを受けて翌一七日に、ダイク局長、ヘンダーソン、ホール、前田文相が話し合いの場を持った。この結果、ダイク局長は有光教科書局長の処分を決定し、次のような命令を下した。[47]

（前略）

a．個人責任の前例を作るべし。

b．前田氏は部下を全員集めて、今後ミスが一つも有ってはならぬ事を説明すべし。これは、第二の事項、第一は宗教法人法に関して宗教課に勅令案を提出すること。

c．現在印刷中、または印刷された全ての教科書が発送・公開される前に、C&IE が審査を行う。

d．政策を対象とする全ての事項について、我々は終戦連絡中央事務局（筆者注：占領軍と日本政府の連絡機関）を介した公式命令を作成するだろう。これは些事には適応されない。

d．（マヽ）前田氏は、今後、この事項について調査をやめ、結果と対応について報告を行うべし。

（後略）

こうして有光教科書局長は勅任官として一カ月の減俸処分を受けることとなり、一一月二八日に新聞発表された。[48] 後年、当事者の一人であるワンダリックは、口頭指令は意志疎通の手段として不適切であり、この手段が用いられたため誤解が生じたと分析している。[49] この分析を裏づけるように、事件発生直後に有光教科書局長は、中学時代からの親友で、東京歯科専門学校で英語を教えていた西村巌を通訳として文部省に招聘している。[50]

しかし、構造的な問題としては、第1項で明らかにした CI&E と文部省の認識のズレが影響を与えていると思われる。有光教科書局長は、昭和二〇年度後期の教科書は指令の対象外であると思い込んでいたと証言している。[51] これを裏づけるように、事件が表面化した一一月一六日になってから有光教科書局長はCI&Eの口頭指令にあった英語およびローマ字での原稿提出を教科書出版会社へ指示していることが確認できる[52]。すなわち、有光教科書局長はこの時点までCI&Eが文部省の自主改革を承認しているという誤った認識を抱いており、そのために口頭指令を軽視するような甘い判断を下してしまったと考えられるのである。

また、この事件は有光教科書局長個人の問題にとどまらず、文部省全体に対しても大きな影響を与えたと考えられる。すなわち、CI&Eの厳しい態度を目の当たりにし、文部省は自主改革を行う余地が無いことを思い知らされたのであった。このため一一月二〇日の省議に「画一教育改革要綱（案）」および「画一教育打破ニ関スル検討並ビニ措置（案）」が提出されたが、論議の対象にならなかったと考えられるのである。

3　CI&Eの政策形成

第1項および第2項において、文部省とCI&Eの認識の差が明らかになった過程を分析した。本項では一二月三一日に出された三教科停止指令の形成過程を分析し、こうした状況変化を受けてCI&Eが改革の主導権を確立する過程を見てゆく。

一一月二二日、ローマ字化問題の責任を取らされるかたちで、教科書の担当がホールからワンダリックへと変更された[53]。ワンダリックが教科書関係の仕事を引き継いだ際に、①修身、日本歴史および地理教科に関しての部内研究が不十分、②暫定教材を三教科の停止が計画されているものに置換、③昭和二一年四月一日を暫定教科書の予定日とする、④実業および大学教科書、⑤新教科書計画、⑥教育課程、⑦アメリカ教育使節団の来日、が当面の政策課題であった[54]。

これらの項目を見ると、政策の大枠は存在するものの、具体的内容はほぼ白紙から検討しなければならない状態であったことがうかがえる。このためワンダリックは、一一月二二日に教科書改訂の問題点や具体的な手順について、岸本英夫、海後宗臣と話し合いを行った(55)。翌二三日に海後は、三教科停止についての意見書をワンダリックに提出した(56)。ワンダリックは、この会合と海後の提言を基軸に、三教科停止指令案作成の手順・方法(57)、および CI&E の教科書改訂計画を検討していった(58)。

さらに、これと並行して CI&E は情報の追加収集にも着手した。大学での教科書使用の実態を調査するため、命令を受けたノービル少佐が一一月二一日から三〇日にかけて慶応大学・早稲田大学・明治大学・中央大学・日本大学・専修大学を訪問した(59)。また、一一月二三日からは三教科の教科書について頁ごとの丹念な調査が、一二月一日からは文部省の法規の翻訳が、それぞれ開始された(60)。

こうした過程を経てワンダリックはスタッフ研究と指令案を完成させ、一二月三日にヘンダーソンへ提出した。翌四日、ヘンダーソン、ファー、ホール、ワンダリックは会合を開き、①授業で特定の本の使用を禁止する、②このことは類似した授業の許可を意味しない、③満足できる状況になればできるだけ早く授業を再開させる、という三点を決め、スタッフ研究と指令案をさらに充実させることになった。また、一二月五日にワンダリックとヘンダーソンは協議を行い、①三教科の教科書を継続使用する際の削除部分を頁ごとに示した図の作成、②講座、カリキュラム、講義の概要など大学に関する傍証の充実、を決めた(61)。

さらに同日のうちに、ワンダリックとヘンダーソンはダイク局長を交えて協議を行った。この席でダイク局長は三教科停止の指令案について情報収集の不足を指摘し、政策の方向性を再検討するよう命じるとともに、三教科停止指令よりも神道指令の方を先に発令することを決定した(62)。

そして一二月八日の朝、ワンダリックは再作成した三教科停止の指令案をヘンダーソンへ提出した。その際にヘンダーソンはワンダリックに対して、前田文相と会見して指令案の妥当性を検討すると述べた。このように日本側との協調を重視するヘンダーソンの言動に対してワンダリックは怒りを覚え、そのことをダイク局長に伝えたのであった(63)。このことが引き金となってヘンダーソンは教育課長を更迭され、後任にはニューゼントが着任することとなった(64)。

この出来事はCI&Eの内紛とも言えるが、その前提としてワンダリックとヘンダーソンの間に文部省に対する認識の隔たりがあったことが重要である。第一節でも述べたように、ヘンダーソンは前田文相と知己で日本側の立場に理解を示していた。これに対し、ワンダリックは文部省に不信感を抱いていた(65)。そしてこの不信感は、CI&E全体に共有されるものだったと推測される。このため文部省との協調を志向するヘンダーソンが罷免され、CI&Eが主導して改革を行う体制が整えられたのであった。

こうした過程を経て一二月一三日に「軍国主義と超国家主義を除去するための教科書に関する担当者研究」が完成し、CI&Eの取るべき方策がまとまった(66)。そこでワンダリックは、一二月一四日に文部省に対して、①歴史教育の停止、②教師用マニュアルの作成、③暫定的教科書の作成、④今後の計画を口頭で伝えた(67)。これらの事項は、いずれもワンダリックが三教科停止指令を作成する過程で独自に練り上げていった計画であった。すなわちCI&Eが決定した計画に従い、CI&Eが主導する形での改革が本格的に開始されたのであった。

一二月二〇日、ニューゼント新教育課長とワンダリックは、有光教科書局長と会合を行った。このときの応答は、以下のようなものであった。

（前略）

ワンダリック　貴殿の教科書の翻訳作業に関する進捗状況について中間報告を受けました。

ニューゼント　現在、教科書のローマ字化が実施されてない、ということがおわかりでしょう。
有光　はい。
ニューゼント　私は二、三日前、福田連絡官になぜ英訳教科書が提出されないのか理由を尋ねました。一冊ごとに英訳できた教科書をもってくることができますか。
有光　教科書はすでに英訳されています。問題はタイプを打つことです。
ニューゼント　たとえそうでも、一冊位は提出しなさい。
有光　一二月一五日の神道指令は改訂を余儀なくしました。
ニューゼント　私は、ここでは教科書が仕上げられる製作技術的なことに感心（関心）があります。ワンダーリック中佐が内容について討議するでしょう。
有光　明後日、ここに教科書をもってきましょう。
ニューゼント　何時ですか。
有光　午後三時に。
ニューゼント　もし、貴殿らが検閲のための英訳の教科書を提出しないのならば、私は君たち全員を投獄します。わかりましたね。

（後略）

ワンダリックの回顧によると、新任のニューゼントは「強烈な調子」であり、有光は「協力に不承不承」な態度であったと記されている(68)。一一月初頭以来の CI&E と文部省の動向を踏まえて考えるならば、この時点で CI&E は、自分たちの計画を文部省が速やかに実行することを求めていたと考えられる。

一方、文部省の立場から見ると、一一月一〇日、続いて一二月一四日に全く新しい作業を命じられ、その対応に追われていたと思われる。このためCI&Eの厳しい督促に対して困惑を隠しきれなかったと考えられる。こうしたなか昭和二〇年一二月三一日に、GHQ/SCAPの正式な命令として三教科停止指令が発出された。この結果、それまで文部省が積み上げてきた自主改革の努力は、ほとんど無視されることとなったのである。(69)

小　括

最後にまとめを行う。本章では、当時の時代状況に即して文部省の自主改革を位置づけなおした。文部省は敗戦直後より積極的に自主改革を進め、戦時教育の除去という応急的な措置だけではなく、制度の改革案の作成という恒久的な措置に取り組み始めていた。昭和二〇年一一月二〇日の省議に提出された「画一教育改革要綱（案）」と「画一教育打破ニ関スル検討並ビニ措置（案）」を見てみると、学制改革や教育行政の一般行政からの分離、教育の自由裁量の増大など、大胆な施策が盛り込まれていることが分かる。

このように文部省が自主改革を進めることができたのは、当初、占領軍の態勢が十分に整っておらず具体的な指示を出せなかったことが大きい。九月後半に文部省より自主改革の報告を受けた占領軍は、これを是認する姿勢を示した。その後も文部省は継続的に経過報告を行ったが、占領軍より否定的な反応はなかった。このため文部省も、自主改革が承認されているという確信を深めていったと思われる。

しかし一〇月二日にCI&Eが設立され占領軍の組織が整備されるにともない、文部省と占領軍の関係にも変化が生じることとなった。とくに一〇月二二日に教育分野の基本指令が発令されてから、CI&Eは改革の主導権奪取に向けた動きを強めていった。

一一月に起きた有光教科書局長の処分事件は、こうした両者の認識の差を表面化させる契機となった。同事件以降、CI&E は独自に情報収集と政策形成を進め、文部省の自主改革を完全に否定していったのである。

文部省の自主改革はこれまで「微温的な改革」と評価され、守旧的なものと見なされてきた。しかし、その内容を見てみると、占領改革を先取りするような要素が多数含まれていることが分かる。すなわち、文部省の自主改革は本格的に展開する直前の段階で CI&E によって潰されたため、不完全さ（戦前からの連続性を有する部分）が目立つ形になってしまったにすぎないのである。

また、CI&E、文部省双方の状況を見てゆくと、これまで文部官僚の抵抗と評価されてきたものは、両者の認識の違いが顕在化したものと評価できる。すなわち、文部省は自主改革が占領軍によって全面的に承認されていると誤解していた。このため CI&E が主導権を確立する過程で混乱や戸惑いが生じたにすぎず、意図的なサボタージュや抵抗と言えるようなものではなかった。そこで文部省もその後は軌道修正を行い、第二章で見てゆくように、占領軍の意向を踏まえてともに改革を行う方向性を打ち出すこととなったのである。

註

（1） 鈴木英一「第三章　占領軍の四大教育指令」（『日本占領と教育改革』〈勁草書房、昭和五八年〉所収）。

（2） 久保義三「第三章　占領軍と初期教育政策の展開」（『対日占領政策と戦後教育改革』〈三省堂、昭和五九年〉所収）。

（3） この指令は「日本教育制度ニ対スル管理政策」（昭和二〇年一〇月二二日）、「教員及教育関係官ノ調査、除外、認可ニ関スル件」（同年一〇月三〇日）、「国家神道、神社神道ニ対スル政府ノ保証、支援、保全、監督並ニ弘布ノ廃止ニ関スル件」（同年一二月一五日）とともに四大教育指令と呼ばれ、当該期の占領軍の基本方針を示したものである。

（4） 山口拓史「戦後教科書検定制度の制度理念に関する一研究—占領下における教科書行政の地方分権化促進の試み—」（『名古屋大

学教育学部紀要（教育学科）』三八巻、平成三年）。

(5) 茨木智志「敗戦直後の文部省における教科書改訂構想―一九四六年一月公布の教科用図書委員会官制の検討過程に焦点を当てて―」（『日本の教育史学』四九集、平成一八年）。

(6) 片上宗二「第2章　総司令部（GHQ/SCAP）の教育政策と修身、国史、地理の停止指令」「第3章　文部省内外の動きと三教科目の在り方の反省」（『日本社会科成立史研究』〈風間書房、平成五年〉所収）。この研究では、占領軍、日本側の動向を個別に検証しているが、社会科成立に関連する部分に関心が収斂し、文部省自体の動向へ目が向けられていない。

(7) たとえば、昭和二〇年九月二〇日の省議では、次官会議を受け時間厳守・事務の能率化が確認されている（有光次郎著・楠山三香男編『有光次郎日記』〈第一法規出版、平成元年〉八〇二頁）。また、昭和二一年三月一一日には、事務次官から本省各局長、官房各課長、直轄各部長宛てに「官庁執務時間ニ関スル件」が通牒されている（文部省編『復刻版　文部行政資料（終戦教育事務処理提要）第2集』〈平成九年、図書刊行会〉一八七頁）。

(8) 浜田陽太郎他編『戦後教育と私』（日本放送出版協会、昭和五四年）三八頁。

(9) 前田多門の略歴は以下の通り。東京帝国大学卒業後、内務省に入省。大正九年に都市計画課長を辞職して東京市助役に転じる。大正一二年から昭和二年まで国際労働理事会・国際労働総会の日本政府代表としてジュネーブに駐在。帰朝後、朝日新聞論説委員になる。昭和一三年にニューヨーク日本文化会館館長に就任するも、太平洋戦争勃発にともない交換船で帰国した。このように前田は戦前期において国際的な文化交流活動に携わっていった。

ちなみに幣原内閣の組閣に際して前田は内務大臣のポストを示されたが、これを断って文部大臣に留任した。このことからも教育にかける前田の意気込みがうかがえる（神谷美恵子『神谷美恵子著作集補巻1　若き日の日記』〈みすず書房、昭和五九年〉三三九頁）。なお、神谷美恵子は前田多門の娘で通訳として父親の仕事を助けていた。

(10) 文部省編『復刻版　文部行政資料（終戦教育事務処理提要）第1集』（平成九年、図書刊行会）六七〜六九頁。全般的に戦時教育の除去が強く打ち出されているが、その一方で「平和国家の建設」などの新しい価値基準も提示されている点が注目される。

また「新日本建設ノ教育方針」には「国体ノ護持」も目標として掲げられている。この点に着目し、「新日本建設ノ基本方針」の先進性に疑問を呈する見方がある。しかしこうした見方は、当時の社会情勢を十分に織り込んだものとは言えない。「国体ノ護持」を盛り込んだことについて、前田文相は「東久邇内閣は、ある意味において国体護持を鈴木内閣から引き継がれたわけなんです。この国体護持というものは、正直のところ非常に困ったものだと私は思ったんですけれども、これをすぐ消してしまうということは考えものだ。ことにまだ軍人が承服しないで、愛宕山だの水戸だの、ほうぼうに盤踞している時代ですから、この国体護持というものを全然消してしまうことは賢明でない。だんだんその国体護持というものの色を薄めていって、その内容の意味を変えていく必要があるだろう、それで私は、民意暢達ということをたびたび使ったように自分では思っておるんです」と証言している（「前田多門（元文部大臣）終戦当時の文部行政の回顧」抄録〈前掲『戦後教育の源流』二八〇〜二八一頁〉より再引）。

この証言からは、前田が国内の社会情勢に配慮しながら教育目標の再編成を目指していたことがうかがえる。また有光次郎も「当時としましては、国民の皆が納得してることを基本にしなければならないという考え方」のもとで「新日本建設ノ教育方針」が作られたと証言している（前掲『戦後教育と私』三五頁）。

(11) 前掲『復刻版 文部行政資料（終戦教育事務処理提要）第1集』七三〜八四頁。

(12) 前掲『有光次郎日記』七九四〜七九五頁。

(13) 前掲『有光次郎日記』八三六〜八三八頁。

(14) 「ポツダム宣言履行の為の緊急勅令事後承諾に関する貴族院委員会」「田中耕太郎旧蔵教育関係文書目録1」（〇九六、一一―四）、鈴木英一・平原春好編『資料 教育基本法五〇年史』（勁草書房、平成一〇年）二一六〜二一七頁より再引。田中耕太郎は当該期の学校教育局長である。この文書は、内容から判断して、一一月中旬から一二月上旬までの期間に作成された公算が高い。また貴族院での答弁のため作成されており、文部省の公式見解を示している。以下は、その抜粋である。

（前略）

七、文部省の方針

(1)先方の指令を受けたからと云ふに非ず、又受けそうだから先手を打つと云ふのではなく、教育の本義に照して従来の教育方針に根本的再検討を加へ、大々的反省を為し、平和国家、文化国家を建設せんとする意図の下に施策を考案し、着々実現に移しつつあり、形に於ては受身に見ゆる場合があっても、事実は教育が本来然かあるべきものとする信念に基き指令の有無を問はず研究実施致さんと努力しつつあり、

(2)その為めに連合軍側と必要があれば十分内談を遂げ、先方の意見を聞き、指令にして我が国の実状に十分適しないものがあれば実状を十分説明し、了解を求めるに努力しつつあり、斯様にして了解を得たもの少しとせず、（後略）

(15) 読売新聞社戦後史班編『教育のあゆみ』（読売新聞社、一九八二年）七二頁。学校教育局次長だった田中義男は、「攻められる前に新旧の交代だけはやって、新しい教育を促進する体制をつくり上げておこうという意気込みでした」と証言している。
(16) 前掲『有光次郎日記』八三七頁。
(17) 「画一教育改革要綱案」（国立教育政策研究所教育図書館蔵『戦後教育改革資料』I—1—4）。前掲『有光次郎日記』八四四頁。
(18) 前掲『有光次郎日記』八三四〜八三五頁。
(19) 前掲『有光次郎日記』八三一、八三四〜八三五頁。
(20) 前掲『有光次郎日記』八二九頁。同書は「小沢思想課長」と翻刻しているが、小沼思想課長が正しいと思われる。
(21) 占領軍への申し入れ事項（一〇月一五日条）、および省議での大村清一次官の発言（一〇月一六日条）で取り上げられている（前掲『有光次郎日記』八三一〜八三二頁）。
(22) 前掲『有光次郎日記』八三八頁。
(23) 前掲『有光次郎日記』八三九頁。
(24) 前掲『有光次郎日記』八三一、八三四頁。
(25) 前掲『有光次郎日記』八三三頁。
(26) 「教科書調査会委員等名簿」（国会図書館憲政資料室蔵『有光次郎文書』三三〇）。この中に「教科書調査会委員及臨時委員候補者名簿（案）」（昭和二〇年一〇月二四日）という文書がある。文書の作成日である一〇月二四日以降の加筆も多数みられるが、一一月八日付でCI&Eへ提出された英訳名簿とあわせて見ると、一〇月二四日の時点で大半の人選はすんでいた推定される。また、「二〇、一〇、二九」と記されたメモ書きも残されている。内容から判断して各教科の教科書原稿を実際に審査する専門委員会も組織化が進められていたと考えられる。
(27) 同前。一〇月二四日時点での委員候補者は、次頁の「付表」の通りである。なお、教育関係者は人選中であったと思われ、役職名しか記入されていない。また、実業家は他分野と異なり、一〇月二四日以降も候補者の入れ替えが行われている。
(28) ヘンダーソンの略歴は以下の通り。コロンビア大学卒、同文学修士。一九三〇年代初めに三年間滞日。帰米後、コロンビア大学日本語講師・助教授を歴任。昭和一九年、ミネソタ州セントポールの軍事課報語学学校長に就任し、さらに戦争終結までアメリカ太平洋陸軍総司令部心理作戦局、翻訳課長を務める。占領開始後、戦前から日本のリベラルな知識人と親交があったことが評価され、占領開始後に教育・宗教課長に就任した（前掲『日本占領と教育改革』五〇～五一頁）。

(29) 神谷美恵子『神谷美恵子著作集9　遍歴』（みすず書房、昭和五五年、二一三頁）の伝えるこの日の状況は以下の通りである。

（前略）

九月一五日（日）　父は今日教育新方針を発表したが、ちょうどこの日、この記事を掲載した新聞を片手に、司令部CIE部員のヘンダスン少佐（のちに中佐）が、ニコニコして大臣室にあらわれた。この人は父がニューヨークで日本文化会館を主宰していたとき、コロンビア大学講師をしていた人で親しい。それだけ今後の仕事がやりやすくなるであろう。（後略）

(30) 前掲『有光次郎日記』八〇一頁。しばしば先行研究で引用される部分であるが、以下のようになっている。

（前略）新聞、ラジオ、教育ヲ担当スルヘンダーソン氏及ソノ上司検討シテ very good トイヘリト。午後二時 Henderson 氏文相ヲ訪ネ、自発的ニ this way ニヤレバイフ事ナシト。日本学ノ prof. デ major ナリト。具体的ノ命令ハ受ケテイナイト。昨日田中参議官ガ日本放送協会ヘ行キタルトキ、Henderson 氏ハ文部省ノヤリ方ハ賛成、independent ニヤッテクレ、ソシテヤッタ事柄ハソノ都度通報アリタシ、日本側ニ対シテ指示命令ハシナイガ、協力ハスルト。（後略）

(31) 前掲「ポツダム宣言履行の為の緊急勅令事後承諾に関する貴族院委員会」参照。

(32) Trainor Collection, Box 54, Textbook Authorization (1945–51), CENSORSHIP OF TEXTBOOKS. および前掲『有光次郎日記』八三一頁。

(33) 前掲『日本占領と教育改革』三四頁参照。

(34) Trainor Collection, Box 54, Textbooks (1945–48), Suspension of Teaching Morals, Japanese History, and Geography (Censorship of Textbooks).

(35) 同前。

付表　教科書調査会委員候補者一覧

分野	候補者氏名
学者	関口鯉吉，安倍能成，戸田貞三，務台理作，坂口康蔵
評論家	長谷川如是閑，赤坂清七，渡辺鉄蔵，辰野隆
政治家	安藤正純，大蔵公望
労農界	河上丈太郎，松岡駒吉，吉植庄亮
作家	山本有三，武者小路実篤，佐藤春夫，長与善郎
教育家	井上秀子，師範学校長，国民学校長，私立学校長，高良富子，村岡花子，河井道子，中学校長，高等女学校長，実業学校長
実業家	田島道治，門野重九郎
宗教家	鈴木大拙，小崎道雄，宮地直一

（36）同前。

（37）ワンダリック関係文書に、同日の日付入りの草案が現存している（Herbert H. Wunderlich Papers, 1M10）。

（38）前掲 Suspension of Teaching Morals, Japanese History, and Geography（Censorship of Textbooks）.

（39）前掲 CENSORSHIP OF TEXTBOOKS.

（40）Herbert H. Wunderlich Papers, 1M3, Textbook Revision Chronology.

（41）前掲『教育のあゆみ』一一四頁。記憶違いと思われる部分もあるが、有光教科書局長は、「……あの日のことはよく覚えている。私の『メモ』によると、彼がやって来たのは午後二時だったが、〝突然〟という感じで私の部屋に入ってきて、口頭で指令したわけ。その内容というのは、なかなかショックなものだった。ひと口に云えば、それまでは教科書の編集はこちらの判断で、つまり日本側の自主的な方針によってつくることができると思っていたのに、急に英訳して、許可を求めろというんですから」と証言している。

（42）前掲 Textbook Revision Chronology.

この口頭指令については、前掲『有光次郎日記』（八四一頁）にも記されている。しかし占領軍側の原文よりも『有光次郎日記』の方が文章の表現が柔らかい。その原因として通訳の問題、有光教科書局長の理解の問題、報告書の書式の問題の三つが考えられる。いずれにしても、このように有光教科書局長が受け止めたことが、次の事件の遠因となったと考えられる。

（43）前掲『有光次郎日記』八四三頁。前掲 Suspension of Teaching Morals, Japanese History, and Geography（Censorship of Textbooks）. および Trainor Collection, Box 54, Textbooks Authorization（1945–51）, MEMORANDUM FOR THE RECORD: 17/ Nov/ 1945.

三番目の史料では日付が一四日になっている。このことから一四日にCI&Eで決定され、一五日に文部省に伝達されたと推定される。

（44）Herbert H. Wunderlich Papers, 1M13, 27 October 1945, MEMORANDUM TO: Chief of the Education, Religion and Fine Arts Division., SUBJECT: Report on visit to the Ministry of Education.

（45）前掲 Textbook Revision Chronology.

このような抜き打ち視察を行った理由として、一一月一〇日の口頭指令の実施を確認する目的があったと思われる。マーク・ゲインの『ニッポン日記』にも、同様に抜き打ち視察によって、日本人の指令に対するサボタージュを発見しようとする占領軍の行動が記されている。

(46) 前掲『有光次郎日記』八四三頁。福田繁『戦後日本の教育覚書』（金子書房、昭和五八年）七頁。当時、福田は文部省の連絡官としてCI&Eに出入りしていた。関係部分の回想は、以下の通り。

（前略）CIEに行くとキング・ホールが顔を真赤にして、恐ろしい見幕で、文部省の役人を首にすると言っている。なんのことか突然のホールの荒れ模様に戸惑いながら、段々聞いてみると、今朝ジープを運転して八王子の教科書工場に行ってみると、印刷発行を停止した筈の教科書がまだ印刷されているのを見た。これは明らかに指令違反だと言うのである。（後略）

(47) Trainor Collection, Box 54, Textbooks Authorization (1945-51), MEMORANDUM FOR THE RECORD: 1□（9ヵ）Nov/ 1945.

(48) 『朝日新聞』昭和二〇年一一月二八日。

(49) H・J・ワンダーリック著・土持ゲーリー法一監訳『占領下日本の教科書改革』（玉川大学出版部、平成一〇年）三三～三四頁。

(50) 高橋史朗、ハリー・レイ編『占領下の教育改革と検閲』（日本教育新聞社、昭和六二年）一一五頁。

(51) 前掲『教育のあゆみ』一一六頁。

(52) Trainor Collection, Box 54, Textbooks (1945-48), Nature of business: Inquire about the oral instruction given publishers to Romanize textbooks by the Mombusho, Time 2:45 10 Dec. 45. および Nature of business: Inquire about and ask for help am impossible task of Romaning Textbooks as per oral instruction of Mombusho.,Time 1445 10 Dec. 45.

(53) 前掲『占領下日本の教科書改革』三八頁。

(54) 同前四五頁。日付は一一月二七日となっているが、就任直後の状況と見る方が妥当であろう。

(55) Trainor Collection, Box 54, Textbooks (1945-48), INFORMATION SHEET, Nature of business: Problem of text-book Revision, Time: 1330-1630, 22 Nov. 45. および Trainor Collection, Box 54, Textbooks (1945-48), Meeting on Kishimoto & Kaigo 22 Nov. '45.

後者の史料は鉛筆書であり、ワンダリックが会合の内容を記録したメモと推定される。内容から、文部省の現状と現行の教科書制度についての情報が提供されたことが分かる。

（56）　Trainor Collection, Box 54, Textbooks (1945–48), 〝修身、地理、歴史教科書について〟. 鉛筆書（推定）にて一一月二三日の日付が書き込まれている。

（57）　Trainor Collection, Box 54, Textbooks (1945–48), Problem: Remove Militant Nationalism from Textbook. 本文書は、海後・岸本との会合後にワンダリックが自分の考えをまとめたメモと推定される。

（58）　Trainor Collection, Box 54, Textbooks (1945–48), Recommendation of Kaigo 23 Nov. '45. 本文書はワンダリックの直筆と推定される。文書の前半には海後の意見書の英訳があり、その後に以下のような教科書改訂計画の概要が記されている（筆者注：□は判読不能箇所）。

11月	①教師用手引書（筆者注：Teacher's Guide のこと）
↓	現在の出来事、現代史、民主主義の意味
1946年3月1日	□□□□□
4月1日	経済改革
1946年4月1日	「暫定」教科書
3月1日	②　および
↓	教師用手引書
1948年1月	「永久」教科書
↓	③　および
	教師用手引書

（59）　前掲 Suspension of Teaching Morals, Japanese History, and Geography (Censorship of Textbooks). また Trainor Collection, Box. 55, Textbooks (1945–48) に各校ごとの Conference report が残されている。

（60）　前掲 Suspension of Teaching Morals, Japanese History, and Geography (Censorship of Textbooks).

（61）　同前。

（62）　前掲『占領下日本の教科書改革』三九、二五〇頁。

（63）　同前三九～四〇、二五二～二五三頁。

（64）ニューゼントの略歴は以下の通り。スタンフォード大学卒業、同文学修士、極東史専攻で博士課程修了。地区教育長、メンロー短期大学講師を経た後、昭和一一年から一六年まで滞日し和歌山高商、大阪商大で英語と商業の講師を務めた。開戦後、海兵隊に入隊し、真珠湾から硫黄島まで従軍した後、教育課長に着任した（前掲『日本占領と教育改革』五四頁参照）。

当時、大学課長だった劔木亨弘はニューゼントの人柄について、「いわば一番アメリカの兵隊の悪いところでしょうね、点取り虫というか、いわゆる功名欲に燃えた、そして非常に陰険ですわな。要するに朗らかなとこがないんです。彼は和歌山高商の外国人講師を五、六年やっていますからね、話をすれば日本語はべらべらだし、だから日本人なりわれわれには非常に親しみを感じるべき人なんだけれども逆なんですね。もう絶対に日本語を話したことがないんですから」と評している（内政史研究会『劔木亨弘氏談話速記録』昭和五〇年、一三三頁参照）。多少オーバーに評していると思われるが、ヘンダーソンとは異なりニューゼントが日本側に対して厳しい態度で臨んでいたことがうかがえる点が重要である。

（65）Trainor Collection, Box 54, Textbooks (1945-48), INFORMATION SHEET, Time: 2:00～p.m. 15 Dec. 45, To see: Wunderlich & Banard.

本文書に記されているワンダリックとバーナードとの会合記録のうち、教科書に関する会話（訳文）は、以下の通りである。なお、発言者についてバーナードと推定されるものは「（Ｂ）」ワンダリックと推定されるものは「（Ｗ）」とするとともに、判読不能箇所は「□」と表記した。

（前略）

（Ｂ）昨日から□□《（会合カ）》を始めたか。

（Ｗ）そうだ。

（Ｂ）君の論じた問題は何だ。

（Ｗ）回答：１．教科書、２．四～五年の課程の延長、３．新しい民主主義の創造と軍国主義除去の方法。

（Ｂ）君の教師たちは何に現れたものを除去しようと努めているのか。

（Ｗ）文部省。

（Ｂ）君は、特定の頁を除去せしめたか。

（Ｗ）いいや。今から一般的な原則を作成する。

（B）誰が原則を適用するのか。
（W）教師だ。
（B）困難ではないか。
（W）いいや。問題は、教材を短縮することであり、文部省が教材を提供できないことだ。
（B）文部省は□□（会合カ）に出席したか。
（W）そうだ。彼らは最善を尽くすと述べた。
（B）何が問題だったか。
（W）1．許可審査のため、英訳して教科書を提出すること。君は、戦時教科書の使用に関し文部省を信用できたか。
（B）どの教科書が最も問題があったか。
（W）数学、物理、そして化学だ。それらは教科書として短い、すなわち、英訳も短く、□□□□である。

(66) Trainor Collection, Box 54, Textbooks (1945–48), 13 December 1945, MEMORANDUM: TO: Chief of Staff.

(67) 前掲『有光次郎日記』八五〇～八五二頁。

(68) 前掲『占領下日本の教科書改革』五〇～五一、二四三頁。ワンダリックは、このような文部省の対応を、CI&Eの指示に対する「時間稼ぎの戦術」、「抵抗」と評価している。

(69) たとえば、教科書調査会の改組のため、一二月七日に委員案、同一〇日に勅令案をCI&Eに提出している。この勅令は翌昭和二一年一月九日に出されたが、その後の教科書調査会の活動は不明であり店晒しにされた公算が高い。ただし、同調査会の下部組織である専門委員会は歴史教科書の編纂で機能しており、部分的ではあるが人的資源が引き継がれたと考えられる（前掲註(5)茨木智志「敗戦直後の文部省における教科書改訂構想―一九四六年一月公布の教科用図書委員会官制の検討過程に焦点を当てて―」参照）。

第二章　国定制から検定制への転換過程

はじめに

本章では、教科書制度が国定制から現行の検定制へと転換した昭和二二（一九四七）～二四年の動向を分析する。この転換過程を対象とした先行研究は、いずれも講和独立後に起きた教科書問題を見据えて分析している。久保義三は占領軍が教科書への検閲を必要としたため、検定制への改革が選択されたと理解し、後日の問題の起源をこの点に求めている。(1)また土持法一は、久保の視角を継承し、文部省の日教組排除の意図を包含し検定制が成立したと理解している。その上で逆コースの連続性という視点の提起を試みている。(2)一方、山口拓史は、終戦直後から検定制実施直前までの過程を行政学的な視点から緻密に分析し、検定制の制度理念が教育の分権化にあったことを明らかにしようと努めている。(3)

これらの先行研究に対して筆者は、次の二点について、制度の転換に関わった政治主体の評価が不十分だと考える。第一に文部省の自律性を軽視し、民間情報局教育課（Civil Information and Education Section Education Division、以下、CI&E 教育課と略）の動向に、重点を置いて分析を行っている問題が挙げられる。史料的な要因も大きいと思われるが、このような視角は、占領軍が政策の決定を行い、日本政府が立案・執行を担ったという間接統治の特質に対する分析が弱いと考える。確かに占領下においてCI&E教育課は大きな権限を有していたが、政策の執行過程で文部省の読み替えが可能であるため、CI&E教育課の動向を分析するだけでは全体像を解明したと言い難い[4]。同時に、文部省とCI&E教育課の意見の相違を、単に文部省の「抵抗」と描写するだけでは不十分である。文部省の事情も明らかにした上で、両者の関係を考察する必要があるといえよう。

第二に、久保や土持の研究を見てゆくと、当初はCI&E教育課対文部省という対立の図式で分析しているが、途中からCI&E教育課・文部省対日本教職員組合（以下、日教組と略）という図式に変化していることが分かる。こうした対立構造の変化は重要な問題であるが、先行研究ではその理由を説明していない。

これに対して筆者は、そもそもCI&E教育課・文部省対日教組という枠組み自体が誤っていると考えている。後に日教組委員長を務める槇枝元文によると、昭和二七年ごろまでの日教組と文部省の関係を「教育一家」や「蜜月の旅」と述べ、対立関係になかったと証言している[5]。これを裏付けるように、教育職員免許法（昭和二四年）や認定講習会旅費負担問題（昭和二五年）を巡り、日教組と文部省は協力関係にあったといわれている[6]。

こうした点を踏まえるならば、国定制から検定制への切り替えに際してCI&E教育課・文部省対日教組の枠組みで生じた紛争を、久保は占領政策の転換、土持は講和独立後の「逆コース」政策と関連づけて理解しているが、再評価の余地があると考えられる。

以上の点を踏まえ、本章では、第一に、CI&E教育課と文部省の関係を中心に考察する。そこでは、「改革」と「抵抗」だけでは描ききれない文部省とCI&E教育課の構想や立場の相違を検討したい。第二に、この転換の過程で日教組の果たした役割を再検討したい。すなわち検定制への転換に際して、大きな役割を果たしたと考えられる教科用図書委員会に、日教組の代表が多数選ばれていることに注目し、文部省と日教組が協調関係にあったことを確認したい。

一　制度転換への準備

本節では、学校教育法が成立した昭和二二（一九四七）年の三月から、教科用図書委員会が成立した同年一二月までの動向を分析する。後述するように日教組（昭和二二年六月発足）は、教科用図書委員会の成立を契機に政策過程との関係が生じており、この段階ではいまだ関与していなかった。このため本節では文部省とCI&E教育課の動向を中心に分析する。

1　教科用図書委員会設立に至る経緯

昭和二二年三月、学校教育法は成立・公布された。その第二一条には「小学校においては、監督庁の検定若しくは認可を経た教科用図書又は監督庁において著作権を有する教科用図書を使用しなければならない」と明記され、国定制から検定制への転換が不可避のものとなった。しかし、この時点では具体的な実施計画は全く決まっていなかった。そこで文部省は、CI&E教育課の指示に基づき(7)、同年三月に教科書制度改善協議会（以下、協議会と略）を設置して具体策の検討を開始した(8)。そして六月には協議会の答申案がまとまったため(9)、文部省はCI&E教育課へ提出して意向を探った。これに対してCI&E教育課は、具体的な意見をまとめて文部省に示した(10)。

このときの両者の意見と修正後の文部省の方針、および実際に成立した制度の概要を表1に示した。昭和二二年六月の段階での方針を比較すると、両者の間で改革に臨む姿勢が異なっていることが分かる。すなわち、文部省が現状

表1　検定に対する意見の変遷

構想／制度設計	文部省の方針（昭和22年6月）	CI&Eの方針（昭和22年6月）	文部省の方針（昭和22年10月頃）	実施の概要（昭和24年）
検定の開始時期	昭和24年以降～	昭和23年	昭和23年～（段階的に実施）	昭和23年
文部省著作教科書の編集	存続	廃止，暫定的に存続	存続	存続（改訂可，新編集不可）
文部省の役割	教科書の著作（複数可），検定	調査・研究	（教科書の著作，検定），調査，用紙割当	（教科書の改訂，検定），調査，用紙割当
編集基準の作成	学識経験者・教育実際家・関係官からなる委員会	都道府県代表から構成される委員会	都道府県代表から構成される委員会	都道府県代表から構成される委員会
検定の主体	教科用図書検定委員会	【記載なし】	【記載なし】	教科用図書検定調査会
地方検定	あり，ただし文部省の指導下	【記載なし】	【記載なし】	【記載なし】
検定の有効期限	3年	【記載なし】	【記載なし】	改訂時に失効
教科書採択	都道府県別採択委員会	学校	学校	学校責任者（教育委員会）
文部省著作教科書の発行	現状維持	契約期限切れ＝自由契約へ（昭和23年度を想定）	自由契約（昭和24年以降～）	昭和24年に入札制実施
配給制度	中央地方に機関設立	【記載なし】	中央地方に機関設立	【記載なし】

出典：前掲「教科書制度改善協議会答申案」，前掲「秘 教科書制度改善に関する司令部側の意向」等より作成。

重視の漸進的な立場をとっているのに対して、CI&E 教育課は米国教育使節団の勧告に沿った急進的な立場に立っていたのである。

このようなCI&E 教育課の意向を受けて文部省も方針を転換し、同年一〇月ごろまでに、①地方の代表から構成される委員会の設立、②国定教科書（文部省著作教科書）印刷の自由化、③検定制への早期転換、の三点を決めたのであった[11]。しかし、一方で国定教科書についてはCI&E 教育課の意向には従わず存続の方針を維持していた。このため後述のようにCI&E 教育課との間で意見の対立をみることとなった。

さて、このように文部省が軌道修正した後も、CI&E 教育課は協議会での審議や文部省の対応に不信感を抱いていたらしく、教科書の検定公開について、改めて新聞発表を行うよう文部省へ申し入れた[12]。これを受け文部省は九月一日に新聞発表を行った。この新聞発表は、協議会が九月一七日に正式な答申を出す前に行われたため、結果的に外部に対して「協議会案を無視するような印象を与え」ることとなったが[13]、同時に次年度から検定が実施されるという認識を一般の人々に与えることにもなった[14]。

昭和二二年一一月一二・一三日、先述の新聞発表に基づいて教科書協議会が開催され、新たに教科用図書委員会の設置を決定した。これを受け一二月九日に教科用図書委員会が正式に発足し、新制度の枠組みを審議することとなった。同委員会の性格を考える上で注目されるのが、委員の選出方法である。すなわちCI&E 教育課の意向を受けて、文部大臣が選任する委員一〇名とは別に、都道府県代表の互選によって二七名の委員が選出される方式が採られたのであった[15]。この結果、日教組の関係者が教科用図書委員として多数選出されることとなり、日教組が政策に関与する足掛かりとなった[16]。

2　文部省の認識

前項では、検定制実施の概要を巡るCI&E教育課と文部省の動向を見てきたが、本項では、この過程における文部省の認識について考察する。

最初に、文部省の構想に対する認識を見ていきたい。文部省自体の構想は、教科書制度改善協議会の答申に示されているといえよう(17)。昭和二二年九月の正式答申の他に、同年六月に作製されたと思われる答申案が残されているが、両者を比較してみると、表現的な差異はあるもののほぼ同一の文章であることが判明する。すなわち、CI&E教育課の示唆を受けた後も、文部省は内容に修正を施さなかったのである。前節でCI&E教育課の意向に合わせた文部省の対応を確認したが、このことと照らし合わせると、文部省は協議会の答申の枠内でCI&E教育課の意向に応じることができると判断していたのではないかと考えられる。

当然ながら文部省は、協議会の答申を青写真として制度改革を実施していった。たとえば、先述した教科用図書委員会は、選考方法でCI&E教育課の意図を織り込んでいるが、答申でも設立が提言されていた。また、供給制度の改善案の中に、教科書の中央配給機関を設置することが求められたが、同年九月ごろに文部省は、教科書公団という形で設置を検討していた(18)。

ちなみに、CI&E教育課の示唆を受けて行われた九月一一日の新聞発表も、新聞記事と発表の内容を比較してみると、検定制への転換を口頭で発表してはいるものの、概要の決定自体は白紙の状態にあることを強調している(19)。つまり文部省は、答申との整合性を持たせるため、柔軟性に富んだ玉虫色の発表を行ったのであった。

次に、国定制から検定制への制度転換に対する文部省の認識を検討してみたい。まず指摘しておかなければならない事実は、文部省が一〇月段階で検定課設立の予算を計上していたことである。[20]すなわち翌二三年からの検定実施に向けて、文部省は前向きな姿勢をとっていたことがうかがえる。

この背景には、文部省が国定制を維持する自信を失っていたことがあげられる。[21]敗戦により経済・社会が混乱するなかで国定教科書の全面改訂を行ったため、発行の遅延や供給の不手際が繰り返された。このため文部省は新聞の投書などで批判にさらされ続けていた。[22]こうしたなか先述のCI&E教育課の意向を受け、文部省は国定教科書の印刷を一般競争入札に委ねる準備を進めていた。[23]中小の印刷会社の能力は未知数であったため、場合によってはさらなる混乱が起きる可能性があった。

また、内容面でも文部省は批判にさらされていた。すなわち新たに発行した国定教科書の中で誤字や事実関係の誤りなどが見つかるたびに、新聞等で問題として取り上げられることが続いていた。[24]

一方で、上記のような消極的な理由以外に、文部省が検定制へ前向きとなる要素もあった。このことは、協議会の答申の描く新制度像が国定教科書と民間編集の検定教科書の二本立てだったことに示されている。[25]検定制への転換後も国定教科書が存続するということは、これまでの教科書の編集・改訂の他に検定作業が加わることとなり、文部省にとって業務の拡大という意味があった。折しも分権化政策の一環としてCI&E教育課によって文部省の縮小や廃止が検討されており、こうしたなかで文部省の固有業務が拡大することは重要な意義があったと考えられる。つまり文部省にとって検定制へ転換することが問題だったのではなく、どのような形で転換するかが問題だったのである。このため他の点ではCI&E教育課の意向にそって軌道修正したにもかかわらず、次節で確認するように、文部省は国定教科書の編集と検定の実施という二本立ての構想を最終段階まで譲らなかったのである。

また、文部省が段階的な転換を志向していたことも注意を要する。文部省としては、昭和二三年度からの完全実施は困難と認識していた。[26]このため次項で確認するように、検定制への転換を急ぐCI&E教育課の目には漸進的に進む文部省の姿が「抵抗」と映り、両者の間に軋轢を生じることとなった。

3　CI&E教育課の認識

本項では、CI&E教育課の認識を分析する。CI&E教育課の認識で最も重要な点は、改革実施のスピードに対する焦りである。昭和二二年一月、前年末の教育刷新委員会の建議を受け、文部省は従来から準備していた教育基本法案、学校教育法案、教育地方行政法案をCI&E教育課と内閣へ提出した。CI&E教育課は、これらの法案を成立させることにより教育分野での分権化政策の進展を期待していた。しかし、学校教育法は昭和二二年三月に成立したものの予算不足のため新学制への切り替えは不十分な状況であった。一方、教育委員会設置を盛り込んだ教育地方行政法案は、日本政府およびGHQ/SCAP内で異論が多く調整は暗礁に乗り上げていた。

これに対してGHQ/SCAPの他部局、たとえば民政局は、昭和二二年五月三日に地方自治法を公布して知事の公選制を実現するとともに、同年一二月三一日には内務省の廃止が決まるなど、分権化政策の実績を上げていた。GHQ/SCAP内において、CI&Eの立場は相対的に弱いものであった。[27]このため他部局が分権化政策で先行した結果、CI&Eは「他ノセクション及米本土ヨリ、地方分権ガオクレテキルトノ批判ヲウケ」る状況に置かれることとなった。[28]

このような状況下にあったCI&Eの教育課が、漸進的に改革を実行する文部省の仕事ぶりに苛立ちを覚え、検定制実施の態度を疑うのは当然の帰結であった。教科書局の事務官だった木田宏は、このようなCI&E教育課の不信感に腹を据えかね、同年一二月八日、CI&E教育課で教科書の担当をしていたハークネスに抗議に及んだ。敗戦後の社会・経済の混乱のため、仕事が思うように進捗しない状況を木田はハークネスに説明し理解を求めたのであった。

結果的に、ハークネスはこの説明を受け入れ理解を示した[29]。このことによって、少なくとも文部省への不信感は和らいだと思われる。このことは、一二月二〇日にハークネスが、オア教育課長宛に作製した内部覚書からも確認できる[30]。この文書では、文部省の検定実施を前提としてCI&E教育課の態勢を修正するように提起している。つまり、ハークネス自身が、文部省の姿勢に確信を得たからこそ作成したといえる。換言すれば、それまでは不信感があったため、このような文書を作成できなかったと考えられるのである。

さて、この提案を受けて翌二三年初頭からCI&E教育課内では意見調整が図られ[31]、二月ごろにはCI&E局長の承認を得て正式に対応が決定したのであった[32]。

二　日教組と検定制

前節では、主としてCI&E教育課と文部省の関係について分析してきた。本節では、この二者の他に、新たな政治主体として加わった日教組の動向を分析し、その政治的な立場を明らかにする。まず第1項では、教科用図書委員会の行動を通して日教組の政策への関与を検討する。その上で第2・3項では、日教組の登場により生じた枠組みの変化について分析する。

1　教科用図書委員会と日教組

昭和二三年一月一二～一六日にかけて、教科用図書委員会の第一回総会が開かれた。これに先立ち日教組は「一、この会（筆者注：教科用図書委員会のこと）に送りこんだ代表を通じてこの組織の中で教科書行政民主化のために闘う。

二、この会はいまだ十分民主化されていないから、全般的な問題については最終的な決定をなさしめないよう努力する。三、この会の組織に、そういう民主的な代表を送り得るように努力する」という方針を表明していた。(33) すでに多数の日教組関係者が委員となっていたこともあり、同委員会の委員長には日教組文化部長の黒岩武道、副委員長には日教組編集部長の石井一朝が選出されたのであった。(34)

このように日教組関係者が正副委員長を占めるという状況のなか、第一回総会では、①昭和二三年度からの検定の開始、②検定を実施する委員会の設置、③検定基準の作成、④原稿の提出期限、⑤教科書展示会の八月開催、などが決まった。

しかし、原稿の提出期限を巡り文部省と委員会との間で意見が対立した。印刷と供給の都合を考慮した文部省が二月末を提案したのに対し、教科用図書委員会は期間が短く教科書の自由出版が全く不可能になると反対した。議論は白熱し、委員会は会期を一日延長して話し合った。結局、七月末を一応の期限とし、それ以前に提出された原稿を随時検定するという修正案を委員会側が押し切る形で決定した。(35)

このような委員会の行動の基底には、米国教育使節団の勧告を独自に解釈し、早急かつ完全な検定制への転換を促進しようとする姿勢があった。(36) すなわち、これまでの事情や文部省の意図に束縛されることなく、委員会は独自の立場から審議を行おうとしていたのである。(37) しかも、こうした委員会の方向性は CI&E 教育課の意思と合致するものであった。そのためハークネスは委員会の行動を積極的に是認する姿勢をとった。(38) こうして日教組は、教科用図書委員会を通して教科書政策に意思を反映させる足がかりを得たのであった。

その後、教科用図書委員会は約一カ月の間に審議を重ね、二月二六～二八日に第二回総会を開いた。同総会では昭和二三年度の日程等を確認した上で、昭和二四年度から国定教科書を全面的に廃止し、民間編集の検定教科書に一本化することを決定した。この決定は、昭和二五年度以降も国定教科書を存続させようとしていた文部省の意図と相反するものであった[39]。このため文部省は、検定作業の主体となる教科用図書検定調査会（以下、検定調査会と略）の設立など[40]、二三年度の検定実施に向けた準備を行う一方で、国定教科書の存続に向けてCI&E教育課への働きかけを行った。

四月一四日、文部省とCI&E教育課の間で、国定教科書の扱いを巡って折衝が行われた。この協議において、文部省は全教科一冊ずつ国定教科書が揃った段階で編集をやめ、その後は改訂のみを実施することを主張した。これに対してCI&E教育課は文部省の改訂作業は認めたものの、新規の編集作業は今年度での打ち切りを強く求めた。稲田清助教科書局長は異議を唱えて食い下がったが、CI&E教育課は認めなかったのであった[41]。このように国定教科書の存続問題は、教科用図書委員会と文部省の意思が対立するなか、CI&E教育課によって暫定的に存続を認めるという妥協策が決定されたのであった。

2　戦後第一回検定の様相

前項では、検定制の概要が確定された最終過程を見てきた。本項では、その後に展開した戦後第一回検定がもたらした状況について見ていきたい（なお、検定の実態については第三章で分析するため、本項では検定制の成立過程との関係で必要な部分だけ見てゆく）。

さて、上述のようにCI&E教育課によって国定教科書の取り扱いが確定したことを受け、文部省は検定実施に必要な法制と組織の整備を一気に進展させた。まず四月中旬以降、各教科共通の一般的基準・評点基準、本年度の計画、検定の定義、そして申請方法等の具体的手続きを次々と公表していった[42]。こうしたなか五月一二日には、原稿の審査を行う検定調査会が発足した。同会の委員構成を見てみると、一六名のうち四名が日教組関係者だったことが分かる。すなわち、日教組は検定調査会においても一定の影響力を確保することに成功したのであった(43)。

このように検定を行う準備が着々と進むなか、日教組は四月中旬に教科書研究協議会を設立し、独自の教科書編集に乗り出していった(44)。同協議会は幹事長に日教組委員長の荒木正三郎が就任し、理事も日教組の中央執行委員たちが占めるなど、事実上、日教組の傘下にあった。同協議会は各出版社から印税の前渡しという形で約一〇〇〇万円の融資を受け、これをもとに五九点の教科書原稿を作成し、そのうち四一点を検定に出願したのであった(45)。

さて、実際の検定作業は、六月七日に出版社から検定調査会へ最初の原稿が提出されて審査が開始された。しかし初めての検定作業ということもあり、次々と問題が発生した。大きな問題としては、次の二つがあげられる。一つ目は、検定調査会による審査とCI&E教育課の審査の終了が八月上旬までずれ込んだことである。教科書を昭和二四年四月一日に間に合うように各学校へ供給するためには、八月二五日までに教科書採択の場となる教科書展示会を行う必要があった。このため約二カ月半で、原稿の審査と関連する事務手続きを完了する必要があり、文部省は体裁を整えるために苦心することとなった(46)。

二つ目は、原稿の不合格が非常に多かったことである。表2に原稿の審査結果の一覧を示した。これを見ると、全教科を通した合格率は三〇・八％に過ぎず、とりわけ数学（算数）と社会科の合格率が低かったことが分かる。占領下での検定は、検定調査会の審査を合格した原稿を、CI&E教育課がさらに審査するという方式が採られていた。表2を見ると、検定調査会よりも、CI&E教育課の審査で不合格となった原稿が多かったことが分かる。後にCI&E教育課は、不合格を多く出した原因として、①時間不足に起因する提出原稿の質の低さ、②検定調査会の能力の低さ、そして③CI&E教育課の審査方法の欠陥を指摘している(47)。とくに③の点については、原稿に問題箇所が一、二個あっただけで、原稿を不合格にするという方針をCI&E教育課がとっていたため、不合格原稿が量産される結果となった。ちなみに、原稿の何が問題にされたかということに目を向けてみると、この年は宗教的イデオロギーの理由で不合格とされた原稿が多かったことが分かる(48)。

表２　主要教科の検定結果（昭和23年）

審査状況／科目名	検定調査会			CI&E教育課		最終合格率（C／A）
	受領原稿（A）	合格（B）	合格率（B／A）	合格（C）	合格率（C／B）	
数　学	20	7	35.0%	1	14.3%	5.0%
英　語	112	84	75.0%	30	35.7%	26.8%
音　楽	48	42	87.5%	24	57.1%	50.0%
国　語	144	83	57.6%	33	39.8%	22.9%
理　科	100	89	89.0%	40	44.9%	40.0%
社会科	64	54	84.4%	9	16.7%	14.1%
総　計	584	427	73.1%	180	42.2%	30.8%

出典：Trainor Collection, Box 54, Action Taken on Textbook Manuscripts Submitted for 1949-1951 School Year Authorization, より筆者が作成。

注：原稿数は小・中・高の合計である。また，総計は主要教科以外の原稿を含めた数値である。なお数値の計算間違いや未記入と思われる部分があったが原史料の表記に従った。

以上のような検定の遅延と合格率の低さを日教組は、文部省が国定教科書の温存を図っているとして、厳しく批判することとなった(49)。また都教組は、教師が採択を拒否することによって、展示会自体を妨害する行動を取り抗議を試みたのであった(50)。このような抗議行動の背景には、日教組が被った経済的損失の大きさがあると思われる。先述したように、日教組は出版社から融資を受けて原稿を編集し、四一点を検定に出願したが、このとき合格したのは、国語二点と音楽五点のみであった(51)。しかも国語の合格は三年上と五年下であり、実際に教科書として使用できるのは、音楽教科書のみという結果だった。

3　その後の経過と評価

本項では、第一回検定後の展開について見てゆく。すなわち、その後の各政治主体の対応を明らかにすることにより、前項で述べた対立状態に対して一定の評価が得られると考えるからである。

第一に、不合格が多かった反省に鑑み、CI&E教育課は、情報の公開と認識の共有化を進めていった。一例を挙げれば、二三年の九月二八日、一〇月二六日の両日、CI&E 教育課は東京で説明会を開催した。この会には検定調査会の調査員、出版社、そして著作者が参加したが、CI&E 教育課の係官は、彼らに対して原稿の不合格理由や改善点を説明したのであった(52)。また、文部省もこれに歩調を合わせ、翌年の二月九日に「教科用図書検定基準」を発表した。この中で文部省は、各教科別の詳細な検定基準を示したのであった。つまり、これらの措置によって、著作者や出版社は、合格できる教科書原稿を編集するために必要な情報を入手し、検定調査会は CI&E 教育課の基準に合致した審査方法を取得することができたのである。

第二に CI&E 教育課は、原稿の審査方法に修正を加えた。先述したように、二三年の検定において CI&E 教育課は、問題箇所が一、二個あっただけで原稿全体を不合格にするという方法をとっていた。このため全体的に出来の良い原稿であっても不合格となったものがあった。CI&E 教育課内で審査の一翼を担っていた中等教育係は、この判定方法の欠陥を問題視し、同年一一月三日、修正指示付きの合格を認めるべきだという意見を CI&E 教育課内に対して提案した(53)。この提案は早速翌年の審査から実行に移された。そして同時に検定調査会も採用を発表したのであった(54)。以上のように民間編集の検定教科書を保護・育成する政策がとられたため、次年度の検定では合格率が五七・五％へと上昇したのであった（後掲表5参照）。

ところで第一回の検定結果に対し異を唱えた日教組は、CI&E 教育課、文部省、そして検定調査会の改善措置を受けて、どのように対応したのであろうか。結論から言えば、CI&E 教育課の審査に納得し、これを支持したと思われる。日教組の機関紙である『週刊教育新聞』の記事は昭和二四年から二六年までの間、検定教科書の充実を訴えた記事が中心となっており、文部省の検定や CI&E 教育課の審査を批判するような記事は見あたらない。また、昭和二三年以降も日教組は教科用図書委員会や検定調査会に中央執行委員クラスの代表を送り込んでおり、検定制の運用に対して一定の発言権を保持し続けることに成功していた(55)。

最後に、検定制への転換が当時どのように評価されていたのか、いくつか他の事例を見ておきたい。まず、CI&E教育課の認識である。昭和二四年に作成されたと推定される教科書係から局長宛の覚書によると、検定制導入によって米国教育使節団の勧告が達成できたと評価していたことが分かる(56)。次に、戦後教育改革に大きな影響を与えた教育刷新委員会の評価を見てみよう。昭和二五年に刊行された報告書によると、国定制から検定制への転換を前進として捉え、肯定的に評価していることが分かる(57)。

一方、一般の教師の反応について見てみると、日教組が非常に反発した戦後第一回の教科書展示会に対して教師たちも好感を持って迎えたことが分かる(58)。また、民間編集の検定教科書自体に対する批判も、当初はほとんど起きていなかった(59)（後に教科書裁判を起こす家永三郎も検定制成立時の制度上の問題点について言及しているが、占領下の検定制の運用を肯定的に評価している(60)）。

このように占領期の検定制に対しては、肯定的な評価が多いことが分かる。こうした評価が変化し、検定制に対する批判が出始めるのは、第四章でみてゆくように講和独立後のことであった。

小　括

本章のまとめを述べておきたい。第一節では、主としてCI&E教育課と文部省の関係性について見てきた。その際、注意しておきたいのは、CI&E教育課の進める政策に、文部省が正面から強く抵抗や反対をしていない点である。すなわち、文部省は種々の理由により国定制から検定制への転換を容認する立場にあった。しかし文部省が段階的な切り替えを志向したため、結果として功を焦るCI&E教育課の不信を招いたのである。つまり、CI&E教育課は教育の分権化政策の成果を上げるため、文部省よりもより積極的な立場にあったにすぎなかったのである。両者の主たる争点となったのは国定教科書の扱いであったが、第二節で見たように、CI&E教育課は文部省の希望を一部取り入れることで妥協したのであった。

次に第二節では、これまで明確な位置づけがなされてこなかった日教組に注目した。昭和二二（一九四七）年六月に誕生したばかりの日教組は、教科用図書委員会や検定調査会へ代表を送りこみ、CI&E教育課と同じ方向性を取りながら教科書政策に深く関与していった。

また、戦後第一回の検定結果に対して日教組は抗議行動を展開したが、それは思想弾圧に対する反発というよりも、むしろ経済的利益に起因するものであった。このため原因が解消されれば、対立関係は容易に消滅する性質のものであった。すなわち昭和二三年に生じたCI&E教育課・文部省と日教組という対立の構図は、昭和三〇年前後から顕著になる文部省と日教組の対立の起点ではなく、誕生して間もない日教組が他の政治主体と関係を構築する過程で一時的に生じた摩擦にすぎなかったのである。それゆえ日教組は昭和二三年以降も教科用図書委員会や検定調査会に代表を送り続け、教科書政策に対して影響力を保持し続けることとなった。

これに関連して、昭和二三年から実施された教育委員会の委員選挙においても、日教組は多数の関係者を当選させ、一定の影響力を確保した。このような状況の下で日教組は文教政策への関与を深め、文部省との「蜜月」関係を形成していったと考えられる。

しかし、第四章で見ていくように、講和独立後、占領政策の修正が政策課題として強く意識されるにともない、検定制、さらには文部省と日教組の関係も見直しが求められるようになっていったのである。

註

（1）久保義三「占領軍の教科書検閲と検定制度」（『季刊 教育法』四八号、昭和五八年七月。後に『対日占領政策と戦後教育改革』〈三省堂、昭和五九年〉に編修、再録）。

（2）土持法一「教科書検定と日教組」（中村隆英・宮崎正康編『過渡期としての一九五〇年代』〈平成九年、東京大学出版会〉所収）。

（3）山口拓史「戦後教科書検定制度の制度理念に関する一研究」（『名古屋大学教育学部紀要（教育学科）』三八巻、平成三年）。

（4）たとえば、荻原克男『戦後日本の教育行政構造』（勁草書房、平成八年）参照。

（5）「文教秘話シリーズ 槙枝元文氏が語る文教戦国史—中」（『学遊』〈第一法規出版、昭和六三年八月〉所収）。

（6）文部記者会・戸塚一郎・木屋敏和編『文部省』（朋文社、昭和三一年）一九八〜二〇二頁。

（7）久保前掲書四一四頁。

（8）委員は、稲田清助（教科書局長）、務台理作（東京文理大学長）、宗像誠也（教育研修所長）、緒方富雄（東大教授）、西尾実（東京女子大教授）、伊東亮次（東京工専印刷教授）、石引一朗（都立工芸校長）、児玉九十（明星中学校長）、山極武利（常磐小学校長）、浜井憲一（王子製紙製品部長）、白石亜細亜丸（印刷局抄紙部長）、斉藤義雄（静岡供給所長）、池田定（新宿取次供給所）石井満（日本出版協会長）、浅見喜平（冨山房編集局長）、平井四郎（三省堂編集局長）、増田義彦（実業之日本社長）、井上源之丞（東京書籍社長）、佐久間長吉郎（大日本図書社長）、守屋美智雄（帝国書院社長）である。教育関係者（六名）、学校長（三名）、業界関係者（一一名）で構成されている。従来の経緯をよく知る人物が多く、実情を重視した審議が行われたと思われる。

（9）「教科書制度改善協議会答申案」（広島大学文書館蔵『森戸辰男関係文書』MO〇二〇一〇一〇二三〇一）。この答申案は、編修・発行・供給・採択の分野ごとに改善案をまとめている。

（10）「秘 教科書制度改善に関する司令部の意嚮」（広島大学文書館蔵『森戸辰男関係文書』MO〇二〇一〇一〇二三〇〇）。

（11）同前の史料に、当時の文部大臣森戸辰男のメモ書が残されている。主管である稲田教科書局長が経過説明を行った際に、森戸が記したものと考えられる。

（12）久保前掲書四一六頁。

（13）水谷三郎編著『教科書懇話会の歴史・戦後の教科書事情・』（教科書懇話会清算人、昭和三六年）四一頁。

（14）たとえば、日教組はこの発表を受けて、文部省に日教組代表を委員として加えることを要望している。また、教科書の自主作成を主張するなど、教科書に対する積極的な姿勢がうかがえる（大木一郎「教育時評　教科書制度の問題」「日教組から代表を」〈『週刊教育新聞』昭和二二年九月二四日〉）。

また、出版社も検定の早期実施に向け、運動を始めたと思われる（『木田宏教育資料1』〈岐阜大学教育学部附属カリキュラム開発センター、平成八年〉一三～一四頁）。

(15) 久保は前掲書（四一六頁）の中で、「これは、伝統的な日本の教育行政の発想とはまさに異質のものであった」と評価している。

(16) 高橋史朗によれば、定員三七名のこの委員会で、一九名を日教組代表が占めたとしている（『戦後教育の総合評価』刊行委員会編『戦後教育の総合評価』平成一一年、図書刊行会）。これまでに筆者が把握しているのは、石井一朝（日教組編集部長）、石橋寿男（岩手県教組書記長）、黒岩武道（日教組文化部長）、常深伍（兵庫県教組委員長）、安田貞栄（鳥取県中教組組合長）の五名である（後掲表9参照）。

(17) 「編修制度改善案」国立教育研究所蔵『戦後教育資料』Ⅱ―一四五。久保は前掲書（四一六頁）で、検定制と関わりの深い編修の改善案は、文部省の担当官だった近藤唯一が三月にCI&E教育課との会見で示した私案とほぼ同一であることを指摘している。協議会の人選とあわせて考えると、この答申案は文部省の意思をかなり忠実に反映したものと考えられる。

(18) 「秘　教科書公団要綱案」（広島大学文書館蔵『森戸辰男関係文書』MO〇二〇一〇一〇三〇〇〇）。および前掲『教科書懇話会の歴史・戦後の教科書事情・』七三頁。

(19) 『朝日新聞』昭和二二年九月一二日、『戦後教育史料集成　第一巻』（三一書房、昭和五七年）二八二頁。

(20) 一〇月三一日、検定課立ち上げの予算案をCI&E教育課に提出している。Trainor Collection, Box 54, Textbook Authorization (undated), 6. Text Book Bureau.

(21) 「家永裁判」（広島大学文書館蔵『森戸辰男関係文書』TA〇五〇〇〇〇〇〇二三〇〇）。「稲田清助氏の話」、「稲田氏の意見」の各条参照。

(22) 実情については、「新教科書は届きましたか」（『朝日新聞』昭和二二年七月一六日）、「教科書供給状況」（『時事通信　内外教育版』第四六号、昭和二二年八月二七日）等を参照。

(23) 国定教科書の翻刻発行の公開は、昭和二五年度用の教科書から実施された。

(24) たとえば「間違いだらけの國定教科書」（『朝日新聞』昭和二三年三月四日）、「教育ダイジェスト　新教科書批判の情勢」（『時事

通信　内外教育版』昭和二四年三月一五日)、ハリー・レイ「一九四六年暫定歴史教科書・苦悶の誕生」(高橋史朗、ハリー・レイ『占領下の教育改革と検閲――まぼろしの歴史教科書』日本教育新聞社、昭和六二年)参照。

(25)　前掲「教科書制度改善協議会答申案」および「編修制度改善案」参照。

また、当時教科書局庶務課長だった近藤唯一は「よい検定教科書が出そろってくるまでは、学校に不自由と不便をかけないためにも、あるいは一著作者としてみずからの著作発行や改訂をやめるわけにはいかないであろう」と述べている(近藤唯一「新教科書發行の經過とその将来(二)」〈『文部時報』八四六号、昭和二三年二月〉)。

類似した問題として、同じく改善案には、検定の主体として、文部省と地方庁の二つが併記されているが、地方庁の検定は「文部省検定委員会との協議を経たものでなければ効力を発生しない」ものであった。つまり文部省が主導して行うという姿勢を示していたのである。

(26)　前掲「家永裁判ノート」および「文部省要領を得ず　教科書局長との会見」(『週刊教育新聞』昭和二三年七月二九日)。

(27)　「総司令部内では弱かった教育課―行われなかった大学内部改革―元連合国軍総司令部民間情報教育局教育課長マーク・T・オア博士に聞く(下)」(『内外教育』平成元年一月一三日)。

(28)　有光次郎著、楠三香男編『有光次郎日記』(第一法規出版、平成元年)一一七八頁。

(29)　前掲『木田宏教育資料1』(一三～一四頁)、および木田宏「入省の頃」(『文教』二一号、二四～二五頁)。国立国会図書館蔵GHQ/SCAP文書、Box 5595, CIE(D)03669, Conference Report, 12 December 1947, K. M. Harkness, Proposed Meeting of Textbook Committee.

(30)　Trainor Collection, Box 54, Textbook Authorization (1945-51), 20 December 1947, MEMORANDUM TO: Mr. Mark T. Orr, Chief of Education Division, From: Mr. K. M. Harkness, Textbooks and Curricula Officer.

この覚書には、占領開始以来のCI&E教育課の教科書政策の経緯、現状の問題点、そして今後のCI&E教育課の取るべき施策について詳細に記されている。

(31)　Trainor Collection, Box 54, Textbooks (1945-48) MEMORANDUM TO: Mr. Mark T. Orr, Chief of Education Division, FROM: Mr. K. Osborne, Secondary Schools Officer, CIE. DATE: 5 January 1948 SUBJECT: Handling of Textbooks. (Comments on Memo from Mr. Harkness to Mr. Orr, dated 20 December 1947).

(32) Trainor Collection, Box 54, Textbooks (1945-48) INTRA SECTION MEMORANDUM 13 February 1948 FROM: Chief, Education Division TO: Chief, CI&E Section SUBJECT: Processing of Textbooks.

(33) 『週刊教育新聞』昭和二三年一月一五日。

(34) 久保前掲書四一八頁。

(35) 『週刊教育新聞』昭和二三年一月二二日、二九日、および前掲『新教育と教科書制度』一九頁。

(36) 石井一朝「教科用図書検定調査審議会―新しい課題―」（『文部時報』八七六号、昭和二五年）。

(37) 前掲『新教育と教科書制度』一九頁。文部省が教科用図書委員会の要望に引きずられていったことが分かる。

(38) 「自主的に動け　CIEハークネス氏の見解」（『週刊教育新聞』昭和二三年一月二九日）、国立国会図書館蔵GHQ/SCAP文書、Box 5595, CIE (D)03669, Conference Report, 15 January 1948, K. M. Harkness, Standing Textbook Committee.

(39) 「「検定」一本に異論」（『朝日新聞』昭和二三年三月二日）。

(40) 前掲『有光次郎日記』一一五五頁。

(41) 前掲『有光次郎日記』一一七五～七八頁。

(42) 文部省は、四月二一日に「教科用図書検定の一般的基準について」、四月三〇日（奥付）に「教科書検定に関する新制度の解説」と「教科用図書検定規定」を発表した。

(43) 久保前掲書四一九頁。

(44) 「検定制実施促進へ　教科書研究協議会発足」（『週刊教育新聞』昭和二三年四月二九日）。

(45) 『中教出版十年史』（中教出版株式会社、昭和二八年）七五～七六頁。

(46) 前掲『教科書懇話会の歴史・戦後の教科書事情・』（五二頁）によると、展示会に必要な教科書目録の製本が遅れたため、国定教科書の発行社の社員が直接会場まで携行・運搬するという非常措置がとられたとのことである。

(47) Trainor Collection, Box 54, Textbook Authorization (1945-51), The 1950 Textbook Program Secondary Level. 第一、第二の理由については、文部省教科書局検定課長だった鈴木秀三氏も同様の見解を示している（鈴木秀三「現行教科書検定制度と二十七年度用の検定状況」〈『文部時報』八八七号、昭和二六年七月〉三七頁）。

(48) 国立国会図書館蔵、GHQ/SCAP文書、Box 5751, CIE(B)06620, 8 November 1948, MEMORANDUM: Mr. Orr, Mr. Trainor,

Mr. Webb, Mr. Harkness, FROM: Secondary Education Unit, SUBJECT: Change in Policy and Procedures in Examining Textbook Manuscript. この史料の解釈について、社会主義イデオロギー排除の萌芽という久保の評価だけでは、この史料の意味が十分に伝わらない。また、日教組排除の意図が隠されていたという土持の評価では、次節で確認するような昭和二四年度以降の日教組の対応が説明できない。

(49) Trainor Collection, Box 54, Textbook Authorization (1945-51), Statement. および同前 To All School Teachers.
このように日教組が文部省に批判の矛先を向けたことについて、徳武敏夫『教科書の戦後史』（新日本出版社、平成七年）では、占領下であり、CI&E 教育課への批判を差し控えたとしている。検定調査会や教科用図書委員会に、多数の関係者を送り出していたことと考えあわせると、妥当な解釈と思える。

(50) Trainor Collection, Box 54, Textbooks (Undated), TO ALL SCHOOL TEACHERS WHO TRULY LOVE CHILDREN.
都教組は、日教組の中でもとくに共産党色の強い集団であったといわれる。ちなみに前掲註(49)の史料も、共産党が日教組をコントロールするために設けたといわれる中央教育復興会議名で出された宣言である（高宮太平『大達文政と日教組』参照）。

(51) 久保前掲書四二一頁。

(52) Trainor Collection, Box 54, Textbook Authorization (1945-51), Textbook Authorization Program.
なお、本文書によると、同様の企画は昭和二四、二五年の検定実施後も行われていたことが分かる。および近藤唯一「今年の教科書事情について」（『文部時報』八五八号、昭和二四年三月）一〇頁。

(53) 前掲註(48)参照。なお、審査内容ではなく、審査方法が修正された点に留意すべきであろう。

(54) 『教育新報』昭和二四年一月二一日。なお『週刊教育新聞』はこの時期『教育新報』と改題している。

(55) 後掲表9および表10参照。

(56) Trainor Collection Box 54, Textbooks (Undated), INTRA-SECTION MEMORANDUM FROM: Textbook Officer TO: Chief, CIE Section THRU: Chief, Education division SUBJECT: Textbook Kodan.

(57) 教育刷新審議会『教育改革の現状と問題―教育刷新審議会報告書―』（日本放送出版協会、昭和二五年）一〇六～一〇七頁。

(58) 前掲『教科書懇話会の歴史』八、五二頁。および教科書検定訴訟を支援する全国連絡会編『家永・教科書裁判裁かれる日本の歴史 第二部 証言編5』（総合図書、昭和四四年）一〇頁、金沢嘉一証言。

(59)「時論　検定教科書の良心性」(『時事通信　内外教育版』昭和二五年四月一一日)。同論説では、「今日なお検定教科書に対する批判を聞かない。文部省著作にはすでに鋭いメスが加えられているのに不思議なことだ。種類が多いためか、あるいは世間の寛大さというものか」という現状認識を示している。

(60)家永三郎『教科書検定—教育をゆがめる教育行政—』(日本評論社、昭和四〇年)二〇頁。

第三章　CI&E 教育課による検定教科書審査の実態

——機構と問題——

はじめに

本章では、昭和二三（一九四八）～二五年にCI&E教育課が行った検定教科書の原稿審査を分析する。これまで原稿審査の実態については、ごく一部しか明らかにされてこなかった。(1) 原稿審査のあり方については、さまざまな体験談が語られているが、①社会科（とくに歴史分野）以外の証言が少ないこと、②関係する記録が二次史料であり検証が難しい、という限界がある。(2)

これに対して、本章ではCI&E教育課の一次史料を分析することで、原稿審査の仕組みと課題を明らかにする。そしてそのことを通じて、占領下の検定の特徴について考えてみたい。

一　CI&E 教育課の審査機構

本節では、占領下の検定作業の流れとCI&E教育課の役割について見ていく。第二章で明らかにしたように、

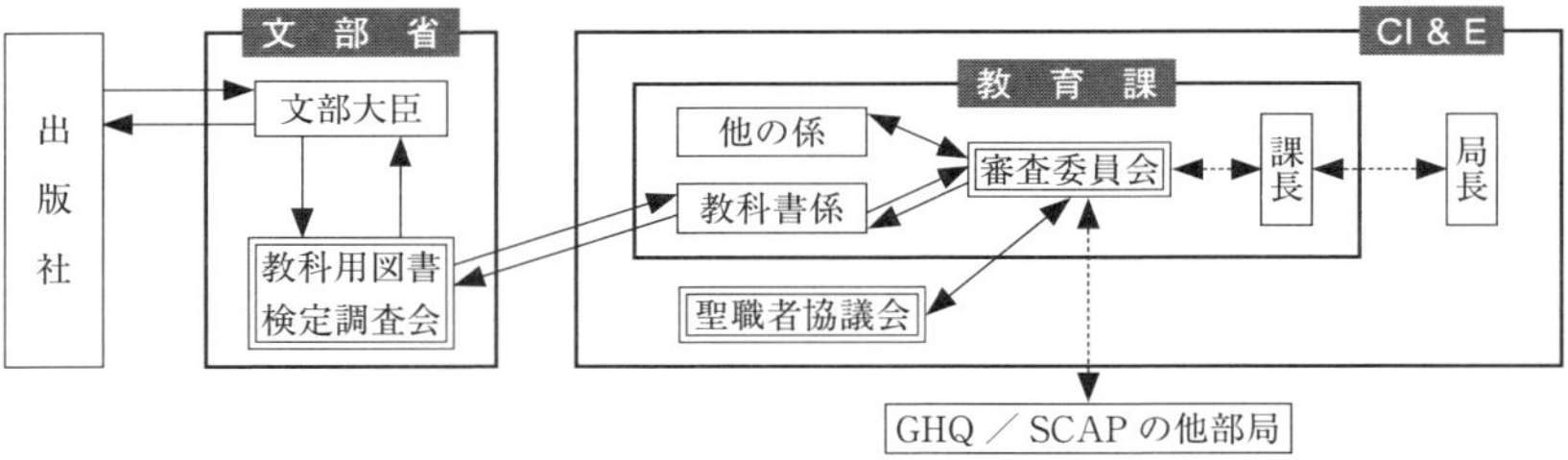

出典：“PROCESSING OF INSTRUCTIONALS MATERIALS FOR JAPANESE SCHOOLS”, “SOP in Handling Textbook Authorization”, “TEXTBOOKS AND CURRICULA UNIT”（Trainor Collection）をもとに作成。

図1　検定制度下での原稿審査の流れ

CI&E 教育課は、昭和二二（一九四七）年一二月に検定制への移行を確信するに至った。そこで CI&E 教育課は、翌二三年初頭から検定教科書を審査するための機構の整備に着手した。

このときに CI&E 教育課が構想した審査機構を図1に示した[3]。その後、手順については若干の見直しが行われたが、基本的は審査の仕組みは図1の通りであり、昭和二六年に CI&E 教育課の原稿審査が廃止されるまで維持された[4]。

さて、こうした審査機構のなかで原稿がどのように処理されたのか確認してゆきたい。図中の二重線で囲んだ部分は審査を担当した組織を示し、矢印は通常の原稿の流れを表している。点線の矢印で示した部分は、特別な問題が発見された場合に原稿が回される経路を示している。

こうした原稿の審査過程は、それまで CI&E 教育課が国定教科書（文部省著作教科書）に対して行っていた枠組みを一部変更しただけのものである[5]。最大の違いは、原稿を民間の出版社が編集し、それを文部省が審査するようになったことである。民間業者の作成した原稿は、まず文部省に提出された。これを教科用図書検定調査会が審査し、合格と判定した原稿を CI&E 教育課に送付した。

CI&E 教育課では、教科書係が窓口となって原稿の受け渡しを行い、審査は審査委員会（Review Board）が行った。そして必要に応じて、聖職者協議会や

GHQ/SCAP内の他部局へ照会が行われた。こうしてまとめられた審査結果は教科用図書検定調査会へ通知され、ここで初めて原稿の合否が確定した。

すなわち日本側（教科用図書検定調査会）は原稿の一次審査を行うことはできたが、最終的な原稿の合否はCI&E教育課の行う二次審査に委ねられていたのである。こうしたCI&E教育課の原稿審査は一般には公表されておらず、表面的には教科用図書検定調査会が合否を決定するという形がとられていた。

次に、審査機構の中での各組織の役割について見てゆく。

①教科用図書検定調査会（以下、検定調査会と略）

検定調査会は、文部省において原稿審査を行い、文部大臣に結果を答申する機関である。(6) 一六名の委員から構成され、その下に原稿の調査を行う調査員が置かれた。(7) 調査員には、大学の教官や小中高の教師が任命され、実質的な原稿の審査を任されていた。検定調査会は、この調査員たちの審査結果に基づいて原稿の合否を判定していた。

第二章でも指摘したが、占領期において日教組は検定調査会に代表を送りこみ、一定の影響力を保持していた。昭和二三年に検定調査会が発足したときには、一六名の委員のうち四名が日教組関係者であった。

②教科書係（Textbooks and Curricula Unit）

教科書係は、CI&E教育課内に設けられた係（Unit）の一つで、当該期はハークネス(8)が責任者だった。検定に関して教科書係が果たした役割は、CI&E教育課の窓口業務であった。すなわち文部省とCI&E教育課の審査委員会の間に立って、原稿の受付・返却を中心とした事務処理を行っていた。(9)

③審査委員会（Review Board）

審査委員会が、実質的にCI&E教育課の審査を担っていた。昭和二二年一一月一五日に設置され、四人の課員が常任委員となった。発足時の委員は、トレーナー（Trainor）課長補佐、ルーミス（Loomis）、ドノーバン（Donovan）、ペルゼル（Pelzel）だった。この委員会の任務は、調査報告、演説原稿、新聞発表・記者会見、教科書原稿、その他の原稿について、教育課長に助言を行うことであった[10]。

このうち教科書原稿は教育的見地と占領軍の政策的見地の両面から審査を行うことが求められ、審査委員会だけで判断できない場合は、教育課長、CI&E局長、およびGHQ/SCAPの他部局へ照会を行うことになっていた[11]。

④聖職者協議会（Board of Chaplain）

聖職者協議会は、キリスト教の聖職者が宗教的観点から教科書原稿を審査した機関である。この協議会は、昭和二二年後半に起きた『西洋の歴史（1）』問題を契機に、CI&E内に設置された[12]。ただ、聖職者協議会が設置された正確な年月日は不明であり、管見の限り昭和二三年三月に史料上で初めて存在が確認できる[13]。同史料によると、昭和二三年三月の時点で聖職者協議会へ社会科、西洋史、生物、国語の国定教科書の原稿が回送され、審査を受けていたことが確認できる[14]。

これらの組織の中で、とくに注目されるのが聖職者協議会である。同協議会が設置される契機となった『西洋の歴史（1）』問題とは、国定教科書『西洋の歴史（1）』の中に、「今日のわれらは福音書の記事の全部を信ずるわけには行かない（イエスの出生、行った奇せき、死後の復活）。しかし当時においてはこれがそのままに信ぜられたのであって、これが同時に初期のキリスト教徒をして勇敢な伝道者とし、死を恐れぬ殉教者としたのである」という記述があった。

これを『カトリック新聞』が問題のある記述として取り上げたため、情報がアメリカ本土へと伝わり、アメリカのカトリック信者からマッカーサーに対して抗議が行われたのであった。これを受けてマッカーサーはCI&E局長に善処を命じ、ニューゼントCI&E局長は『西洋の歴史（1）』の執筆責任者の処分を発表するとともに、再発防止策として聖職者協議会を設置したのであった。

以上が問題のあらましであるが、キリスト教に関する記述をチェックする特別な組織が設けられたことにより、以後、教科書原稿の審査に大きな影響を与えるようになっていった。すなわち昭和二三年二月には、『西洋の歴史（1）』に続き、今度は進化論を扱った生物教科書が問題とされたのであった。(15) このように昭和二二年後半から二三年初頭にかけて、キリスト教関連の記述が相次いで問題とされたことが、昭和二三年夏に行われた教科書検定に大きな影響を与えることとなった。

二　CI&E教育課の審査上の問題

前節では、CI&E教育課の審査機構について確認した。これを踏まえた上で、本節では、昭和二三、二四年のCI&E教育課による原稿審査の実態を分析し、その審査が内在的に抱えていた問題を明らかにする。

1　検定実施初年の状況

第二章でも述べたように、昭和二三年に初めて行われた教科書検定では合格率の低さ（約三割）が問題となった。日本側（検定調査会）と占領軍側（CI&E教育課）の審査結果を比較すると、とりわけCI&E教育課によって不合格と判定された原稿が多かった。この原因について、中等教育係長だったオズボーンは、昭和二三年一一月八日にオア教

育課長、トレーナー課長補佐、ウェッブ、ハークネスに向けて提出した意見書の中で、次のように述べている。(16)

（前略）

1. 教科書の分権化計画の中で、民間の著作者や出版社から提出される原稿の取り扱い方法を変更する必要がある。原稿が殺到した七月から八月の間の原稿の取り扱い方法が原因で、CI&E は相当の批判を受けてもおかしくない状況に置かれている。当時はそうするより他に方法がなかっただろうが、現在、我々はこの問題を省察する余裕があり、著作者にとってより公正であり、些細なイデオロギー上の配慮を理由に、授業で使用するための教育的・心理学的基準を満たした教科書を不合格にしない機構を整備するよう試みるべきである。

2. これまでの方法の主な欠点は、問題のある記述、段落、項目を含んでいるという理由で原稿を不許可にすることであった。一か所ないし複数か所の問題ある項目が含まれている事を理由に、原稿自体を不合格にすることを CI&E は正当化できないと我々は信じている。そのような手続きを経る限り、我々は良い教科書を学校に提供することはできない。極めて優れた英語教科書の一つが、おそらく最高のものだったが、二、三か所の項目が宗教的観点から問題があると考えられたため、不合格になったという事実をここで言及する。ルネサンス期に教会が科学者達を迫害したことを記載した部分が一、二か所あったため、複数の科学の教科書が不合格になった。

3. 教科書の内容について、我々は以下の方針の採用と実施を求めたい。

（後略）

オズボーンによると、昭和二三年の検定で CI&E 教育課が多数の原稿を不合格とした要因について、①原稿を審査する時間が十分なかったこと、②原稿全体で評価するのではなく数か所でも問題があれば不合格としたこと、③キリスト教に関連する記述が厳しく判定されたこと、の三点をあげている。とくに、キリスト教に関する記述については、CI&E教育課から見ても改善を要する問題だったことがうかがえる。

このようにキリスト教に関する記述が厳しく審査されたことについては、日本側も同様の認識だった。文部省教科書局の庶務課長だった近藤唯一は、「ダーウィンの進化論を盛込んだ教科書の検定を申請してきた教科書があってね。英訳本をCIEに持っていったら、進化論はいかんといわれました。理由をさぐってみると、担当者がカソリック教徒で、人間がサルだなんてとんでもない、という宗教的信念で検閲した人もいたのだから、やりきれない思いでした」と証言している(17)。

前節のCI&Eの審査機構とあわせて考えると、近藤の証言に出てくる「担当者」とは、聖職者協議会の構成員だった可能性が高いと思われる。また、同証言からは、日本側がこうした

表3　昭和23年（1948）の検定作業の進捗状況

月　日	検定調査会	CI&E教育課
6月7日	出版社より最初の原稿を受領	
7月3日	最初の原稿の審査を完了 ➡	検定調査会より最初の原稿を受領
7月19日		最初の原稿の審査を完了
8月3日	出版社から最後の原稿を受領	
8月12日	最後の原稿の審査を終了 ➡	検定調査会より最後の原稿を受領
8月25日	教科書展示会を各地で実施	

出典：Trainor Collection, Box 54, Textbooks Authorization (1945-51), First Year of Textbook Authorization Calendar of Date.

表4　昭和24年（1949）の検定作業の進捗状況

月　日	検定調査会	CI&E教育課
1月6日	出版社より最初の原稿を受領	
1月24日	最初の原稿の審査を完了 ➡	検定調査会より最初の原稿を受領
4月9日		最初の原稿の審査を完了
6月8日	出版社から最後の原稿を受領	
6月11日	最後の原稿の審査を終了 ➡	検定調査会より最後の原稿を受領
8月8日	教科書展示会を各地で実施	

出典：Trainor Collection, Box 54, Textbooks Authorization (1945-51), Second Year of Textbook Authorization Calendar of Date.

CI&E 教育課の内部事情を事前に察知していなかったことが分かる。このことが、多数の不合格原稿を生み出す一因になったと考えられる。

また第二章で述べたように、検定調査会の審査能力に限界があったことも不合格が多く出た原因であった。表3と表4は、昭和二三年と二四年の検定作業の進捗状況を示したものである。昭和二三年は時間的余裕がないにもかかわらず、検定調査会の審査が完了したのは八月一二日のことであった。これを受けて CI&E 教育課は八月二五日の教科書展示会に間に合うように審査をしなければならなかったため、綿密な作業は難しかったと考えられる。こうした反省を踏まえ、昭和二四年は一月から原稿の審査が開始され、時間的余裕をもったスケジュールのもとで検定が行われたのであった。

以上のような要因が重なったことにより、昭和二三年の検定は精度の低いものにならざるをえなかった。そのため、検定結果に不満を持った日教組は抗議行動を展開したのであった。(18) 一方、第二章で明らかにしたように、CI&E 教育課は合格率向上のための対策を講じていったのであった。

2　検定実施二年目の状況

本項では、昭和二四年の検定で発生した問題について見ていく。表5は、昭和二四年の検定結果を主要教科別に示したものである。昭和二三年の検定は、合格と不合格の二者択一であったことが合格率を押し下げる結果となった。そこで昭和二四年からは「修正指示付き合格」という救済策がとられた。表5を見ると、最終的に合格した三三六点のうち四二%にあたる一四二点が修正指示付き合格であり、合格率の向上に寄与していたことが分かる。

また、合格率は教科によってばらつきがあった。表の右端にある最終合格率を見てみると、数学や英語は合格率が

表5　主要教科の検定結果（昭和24年）

審査状況／科目名	検定調査会 受領原稿（A）	検定調査会 合格（B）	検定調査会 合格率（B／A）	CI&E教育課 合格（C）	CI&E教育課 修正指示付き合格（D）	CI&E教育課 C＋D（E）	CI&E教育課 合格率（E／B）	最終合格率（E／A）
数　学	44	36	81.8%	27	6	33	91.7%	75.0%
英　語	80	64	80.0%	18	44	62	96.9%	77.5%
音　楽	50	20	40.0%	8	11	19	95.0%	38.0%
国　語	150	119	79.3%	53	47	100	84.0%	66.7%
理　科	99	70	70.7%	53	9	62	88.6%	62.6%
社会科	30	18	60.0%	2	2	4	22.2%	13.3%
総　計	584	412	70.5%	194	142	336	81.6%	57.5%

出典：前掲 Action Taken on Textbook Manuscripts Submitted for 1949-1951 School Year Authorization.
注：前掲表2参照。

七〇%を超えているのに対して、国語と理科は六〇%台、音楽と社会科は五〇%以下という結果になっており、決して高い水準にあるとは言えない。

ただ、CI&E 教育課の審査結果だけをみると、社会科以外はいずれも八〇%以上の合格率となっていることが分かる。すなわち昭和二四年度の審査では、社会科以外の教科では、おおむね検定調査会の判定とCI&E 教育課の判定が一致していたことが分かる。

このため社会科の不合格率が高いことが、一層際立つ結果となっている。この問題については『朝日新聞』が八月二七日付の記事で取り上げた(19)。同記事は坂西志保（評論家）へのインタビューという形で、社会科に不合格の多かった理由を次のように紹介している（筆者注：文章の一部を現代かなづかいに改めた）。

（前略）小学校の先生や学者から出来ている検定委員はこの基準（筆者注：検定基準のこと）に従って指定された項目を調べあげ、基準にあてはまっていれば文部省の方はパスになる。

ところが最終審査機関（筆者注：CI&E 教育課のこと）になると、項目よりも、教える際に問題をどんな角度から説明したら子供によく理解させ得るかの内容が中心になる。たとえば、警察や医者が社会でどんな役割をするか、こういう社会施設と自分はどういう関係にあるかが問題にされる。

国定教科書二年の「火事」の説明には、はんしょうが鳴った。まさおはとび起きた。お母さんは火事は遠いからというので、安心した、とある。これでは少しも深みがない。日本のような国では、なぜ火事がおきるか、火事の時、どうしてそれを知らせるか、消防署、消火設備、警察官や町の人々はこのときどう行動するか、火事を防ぐにはどんな心がけが必要かというように視野の広い説明がほしい。（後略）

このインタビューからは、CI&E 教育課の審査の観点が日本側のものと異なっていたことが分かり興味深い。しかし、社会科で不合格が多く発生したのは、必ずしも教育上の認識の差だけではなかった。上述の八月二七日付の『朝日新聞』の報道を受けて、ニューゼント CI&E 局長は、オア教育課長の見解を求めた。[20] これに対してトレーナー課長補佐が作成した回答の中に、次のような説明がなされていた。[21]

（前略）

2．この結果についていろいろな理由が言えるだろう。国語や数学といった教科の場合よりも社会科は、日本人が学習指導要領から逸脱する傾向が見られる教科である。その上さらに、いくつかの原稿については、学習指導要領の規定やその目的により削除されたというよりも、むしろ特定政党の視点ゆえに削除されたという明確な証拠がある。教科書が書かれた全教科のうち、社会科の教科書は、適切となるために複数の著作者による共同作業が求められた。提出された原稿にこの編集方法の使用に伴う反映がなかった。占領目的の観点から見て危険信号となるこれらのことは、他教科に比べ社会科の分野に多い。そしてそれゆえ、他教科の場合に比して占領政策の視点から見て不適格な物として教育課は教科書を不合格とした。言葉を換えると数学は全く「安全な」教科であるに対して社会科はそうではない。

3．関連する問題の一つとしては、文部省著作の社会科教科書は教育課の課員から念入りな指導と助力を受けた日本人著作者の多様な委員会によって生み出された。関係するたくさんの要素ゆえに、原稿に対する教育課の注意はほぼ一文一文に向けられている。まさに教育課の信念そのものなので、しばらくの間、ある程度の統制に加え支援を続けてきた。教育課程や教科書への一般的統制がなくなる時であっても、社会科の分野で教育課によって支援が形成されなければならないだろう。教科書原稿に関しての経験がこの信念を強固なものとする。

（後略）

この記述からは、CI&E 教育課の審査において、「特定政党の視点」（共産主義と考えられる）が不合格の理由の一つであったことがうかがえる。ただ、注意を要するべき点として、不合格の主たる理由は「学習指導要領からの逸脱」であり、その一部に「特定政党の視点」が見られるとされていることである。前掲の坂西志保のインタビュー記事とあわせて考えるならば、戦後新しく導入された科目である社会科に対して、日本人の著者および検定調査会と、アメリカ人の CI&E 教育課の係官との間で理解に大きな差があったと考えられる。引用史料の後半にある CI&E 教育課の支援とは、こうした理解の差を埋めるための方策を指していると考えられる。

このような問題認識は、中等教育係が昭和二四年に審査結果を報告した次の文書からも確認できる。(22)

（前略）

社会科

この分野で教科書原稿を準備しようと試みた著作者は、ほとんどいなかった。おそらく昨年の高い不合格率のためだろう。提出された二つの総合社会科の原稿のうち、両方とも中学一年用だが、一つは同じ分野で現在ある文部省著作教科書と大体同じレベルであり合格した、一方残りのもう一つは政策の観点から見て大量の問題ある教材を含んでいるために不合格となった。

（中略）

5．教科書問題に対する提案

a．既にGHQによって承認された如く、CI&Eは一年間計画に対する統制を続けるべきである。社会科教科書に対する統制は無期限に保持されるべきである。

b．教科用図書委員会に対し、社会科教科書の潜在的著作者を対象とした一連の会合を、中等教育係の係官が出席するのだが、主催するよう求めるべきである。この会合は九月に始められるだろう。そして数週間の間、週一回の割合で開かれるだろう。中学段階の社会科教科書の執筆に興味を持つすべての著作者が出席するよう招かれるだろう。（後略）

この史料では、各教科別に批評が加えられているが、他教科の部分には、共産主義に関する問題は記されていない。そのため共産主義の影響という問題は、中等教育係でも社会科固有の問題と認識されていたことがうかがえる。また同史料にある会合（講習会）はCI&E教育課の支援の具体策を指している思われる。

以上、昭和二四年の検定を見てきたが、CI&E教育課の審査において共産主義に関する記述が問題視されたことは注目される。ただ、この問題は社会科だけで見られた問題であり、昭和二三年のキリスト教の問題と比較するならば、影響は限定的だったと考えられる。

三　CI&E 教育課による審査の特徴

前節では、昭和二三年と二四年の審査でキリスト教と共産主義が、それぞれ問題になったことを明らかにした。本節では、CI&E 教育課による審査方法を分析し、その中でキリスト教と共産主義の位置づけを見てゆく。

1　CI&E 教育課の審査基準

本項では、CI&E 教育課がどのような基準に従って審査を行っていたのかという点を見ていく。審査委員会の責任者であったトレーナーの手許文書には、次のような配点表とその解説が残されている[23]。

教科書評価配点表

1．地方事情に対する適応　一一〇

A視学（二〇）　B教授（二五）　C児童（三〇）　D学級（一〇）　E施設（二〇）　F学習期間（五）

2．教材　四〇〇

A児童の経験（六五）　B目的（五〇）　C個人差（四五）　D選択と排列（一〇〇）　E道徳的公民的価値（六五）

F信憑性（三五）　G文章（四〇）

3．排列と組織　一二〇

A区分（四〇）　B構案法（八〇）

4．授業と学習への便宜　一七〇

A使用し易いこと（九〇）　B教材選択についての配慮（五〇）　C索引（一〇）　D語彙一覧表（一〇）　E目次（一〇）

5．技術的な体裁　一五〇

A魅力(二五)　B挿絵(四五)　C印刷(三〇)　D製本(二五)　E紙質(二五)

6．その他の諸点　五〇

A著者(三〇)　B出版者(五)　C序文(五)　D出版日時(一〇)

合　計　一〇〇〇

教科書評価配点表の解説

(中略)

2．教材の問題―問題の特徴は何か。

A　児童の経験、以下のことに関係する。―子供の興味・もともとの性向を高めること。遊びの本能への認識。劇性の付与。科目や生活における成長の付与。

B　目標―地方の要求に合致すること。認められている一般的な目標との調和。研究機関・図書館または暗唱法に適合するであろうこと。

C　個人差、以下のことに備えるべし。すなわち、理解の遅い、速い、そして普通の生徒にふさわしい教材を提供すべし。文学的、科学的、言語学的又は歴史学的嗜好に訴えるのに充分な余裕。

D　選択と排列―以下のことが認識されているか。(1) 項目ごとの分量、(2) 必要な項目の精選、(3) 必要に合わせた不可欠な事実の反復、(4) 特にセットになった教科書で不必要な重複がないこと、すなわち見かけが違うだけでさして重要でない項目。

E　道徳的公民的価値―行為や行動の理念を提示すること。市民にふさわしい道徳的動機を持つことと差別観を助長しないこと。判断の留保を教えること。忠誠心とアメリカニズムを促進すること。

F　信憑性―正確かつ最新の事実。根拠のある出所の教材。

G　文章―学年やクラスに合致する言葉や文体。低学年においては簡潔で、次第に文や語の難易度を上げる。短文を強調する。可能な所では言葉は華麗にかつ鮮やかに。

（後略）

この配点表は、アメリカの州の教育委員会が教科書を採択するときに使用していたものと同じであり、実際の教授に適した教科書を選ぶための基準という性格が強い(24)。CI&E 教育課がこの配点表を実際に使用したかどうかは不明であるが（後掲註(24)参照）、何らかの形で審査の参考にしたと考えられる。すなわち CI&E 教育課の審査は、係官の主観によるものではなく、教育的な基準に基づいて行われたと考えられるのである。

しかし、この配点表はアメリカの国情に適合するように作られたものである。そこで日本の実情に合わせて、別に基準が設定された。次に引用する史料は、昭和二四年、または二五年の審査に際して、中等教育係が作成したマニュアルである(25)。

教科書原稿評価のための目安、中等教育係

A．処理過程

（中略）

B．内容評価

1．中等教育係は次のように原稿を評価するだろう。

a．子供の興味、教育目的、構成に関し学年の段階に適合する事

b．新教育の計画の目標との調和

c．健全なイデオロギー
d．良好な学力の基準の厳守
e．基礎課程としての総括的な取り扱い
2．評価の上で特殊な点
a．特に政治的観念と宗教的事実に関し、客観性や公平さについての表現の性格
b．学年の段階に応じた表現の難しさ
c．公平な取り扱い
d．最新の概念と状況に応じた事実
e．事実と力点の正確さ
f．超国家主義的記述
3．国語と英語の教科書と漢文、根本的に選集であるのだが、偉大な宗教的指導者の著作からの抜粋が含まれる。これらの著作は一般的に文学作品と見なされ、文学的長所ゆえに選ばれるのである。
4．宗教、宗教史そして共同生活に関係のある宗教団体の働きに関する事実は教科書に含まれるだろう。
5．科学と宗教の摩擦は、どの教科でも取り扱うべきではない。科学的経験についての教材の提示は人間性あふれる生徒の姿勢を促進すべきものである。
6．神話もそのように同一に扱うべきである。「奉天事件」や「支那事変」といった用語は削除すべきである。
7．原稿の適合性を判断するに際し日本語の教科書の中で以下の課程の目的は、考慮すべきである。
a．考えを効果的に表現する能力

b．適切な速さで口語や文語を理解する能力

c．優れた文学の鑑賞力

d．生徒の興味による選択の決定

e．課程全体の機能的な部分としての文法の取り扱い

「B．内容評価」のうち、評価全体の基調を示した「1．中等教育係は次のように原稿を評価するだろう」の項目を見てみると、教育的な見地に基づいた項目が大半を占め、思想的な問題と関係しそうなのは、「c．健全なイデオロギー」だけである。

「2．評価の上で特殊な点」以降で個別に留意事項が取り上げられているが、教育的な見地によらないものは、宗教（2のa、3、4、5）、軍国主義・超国家主義・国家神道（2のf、3、4、5）、共産主義（2のa）の三つである。このうち共産主義は明示されておらず、「政治的観念」の中に包摂されていたと解釈される。一方、軍国主義・超国家主義・国家神道と宗教の区別がつきにくいが、多くの項目で詳しく説明されている。こうして見ると、CI&E 教育課の関心は、共産主義よりも軍国主義・超国家主義・国家神道や宗教の問題に向けられていたと考えられる。

ただ、同時に注意すべきは、これらの留意事項は評価点の一つにすぎず、大半の評価点は教育的な見地に基づくものであったことである。さらに、こうした基準があるということは、審査は担当者の主観に依拠したものではなく、客観的な立場から統一的に行われようとしていたことがうかがえるのである。

2　不合格の理由

次に原稿の評価を見てゆく。検定制二年目の昭和二四年に CI&E 教育課が教科書審査の結果について報告書をま

とめている。この報告書に記載された小学校教科書の不合格理由を表6に示した。さらに筆者はこれらの不合格理由を次の四つに分類し、表6に併記した。

A：技術的な理由によるもの（挿絵と文章の不一致、読みにくい文等）

B：特定の問題によるもの（狂信的国家主義を教えている、特定宗教を教えている等）

C：何らかの基準に違反しているもの（学習指導要領からの逸脱、日本史の内容）

D：その他の理由によるもの

このうちA、B、Cは、前項で確認した審査基準との関係が明確な理由である。しかし表6を一見すれば明らかなように、A、B、Cに該当するものは少なく、大半はDに分類される。不合格の多かった社会科についてDに該当するものを見てゆくと、「2田舎の人へのあざけり」、「3卑しい振る舞いの手本」、「4公衆衛生において不適切な習慣の描写」、「6年長者を敬わない子供たちの話」、「7失敗した人があざけられる話」などがあげられる。こうした不合格理由に共通するのは、教科書の登場人物の行動が問題視されていることである。すなわち、審査担当者が社会規範に照らして好ましくないと判定したことが分かる。こうした観点から上記の「教科書評価配点表」を見てゆくと、これらの不合格理由は「道徳的公民的価値」の項目に該当していた可能性が高い。

また、昭和二四年に問題となった共産主義が、不合格理由として明記されていない点も注意を要する。先述の「道徳的公民的価値」の解説には「忠誠心とアメリカニズムを促進すること」とあり、共産主義と相入れない価値観が評価基準となっていた。すなわち共産主義という思想が直接不合格の理由となったのではなく、不適切と判断された登場人物の行動の中に、審査の担当者が共産主義の影響を見て取ったのではないかと考えられるのである。

表6 教科別審査不合格の理由一覧（昭和23・24年分，小学校）

国語（ローマ字も同一理由）	区分
1 挿絵と文章の不一致	A
2 問題行動の容認	D
3 不正確	A
4 迷信的行動	D
5 低学年における運動競技の過度な強調	D
6 お粗末な内容	A
7 両親に対する尊敬を欠いた子供の話	D
8 ばかげたつまらない内容	D
9 年長者を軽蔑する子供の話	D
10 大人達が子供たちをあざける話	D
11 価格に対する激しい競争の話	D
12 子供たちが自分たちの仕事を否定する話	D
13 自然や公共施設の不必要な破壊をする話	D
14 ぞっとするような怖い話	D
15 本の構成が貧弱	A
16 教授の補助が不足	A
17 都市の人々が田舎の人々の優越を感じる話	D
18 結末のない話	A
19 あまりにも教訓めいている	D
20 他の人々の言葉に対するあざけり	D
21 社会的価値の全くない内容	D
22 失敗した人を嘲笑する子供たちの話	D
23 あまりにも感傷的すぎる	D

理科	区分
1 つまらない内容	D
2 不正確	A
3 単調な面白くない話	D
4 読みにくい文	A
5 児童が自分の病気を診断し自分で治癒することを勧めている	D
6 不健康な習慣を推奨している	D
7 必要のない自然破壊の話	D
8 感傷主義	D
9 学習指導要領からの逸脱	C
10 お粗末な挿絵	A
11 不十分な内容	A
12 子供に医師への恐怖を植え付ける話	D
13 不衛生な掃除方法の叙述	D

算数	区分
1 不十分でつまらない内容	A
2 難しく意味のない計算問題が多すぎること	A

音楽	区分
1 狂信的国家主義を教えている。	B
2 ある特定宗教を教えている。	B
3 音楽表記のミスである。	A

社会科	区分
1 挿絵と文章が一致しない	A
2 田舎の人へのあざけり	D
3 卑しい振る舞いの手本	D
4 公衆衛生において不適切な習慣の描写	D
5 不正確	A
6 年長者を敬わない子供たちの話	D
7 失敗した人があざけられる話	D
8 一般のありふれた教科の問題を仰々しく扱っていること	A
9 不健康な習慣の推奨	D
10 迷信	D
11 学習指導要領からの逸脱	C
12 教師が生徒を支配する話	D
13 子供たちがお互いの健康記録を研究すること	D
14 つまらない内容	D
15 日本史の内容	D
16 子供が親に命令する話	D

書き方	区分
・練習手段の不備	A
・反復練習の不足	A
・翻訳原稿の質の低さ	A
・印刷の質の低さ	A

出典：Trainor Collection, Box 54, Textbook Authorization (undated), REPORT ON EVALUATION OF ELEMENTARY TEXTBOOKS.

注：この文書には各教科の審査結果と簡単な批評がつけられている。そのうち，不合格理由が明示されたものを取り上げた。

小括

本章では、まずCI&E 教育課の審査機構を明らかにし、その上で審査の実態を分析した。CI&E 教育課の審査において、中心的な役割を果たしていたのは教科書係ではなく審査委員会だった。この審査委員会が審査した原稿は、必要に応じて関係部署へ送付された。

こうした関係部署のなかで、とりわけ注目されるのが聖職者協議会である。昭和二二（一九四七）年後半に起きた『西洋の歴史（1）』事件を契機に聖職者協議会が設立されたことにより、キリスト教に関する記述が厳しく判定されることとなった。このため昭和二三年の検定では、宗教問題を理由に不合格とされた原稿が多数出ることになった。その上さらに、昭和二三年は新制度のもとでの初めて検定であったため、審査方法や原稿処理などで不備が重なった。こうした諸事情が影響し、合格率は約三割に留まった。

こうした事態を受け、CI&E 教育課は昭和二三年末に審査方法の改善を図り、翌昭和二四年の検定では社会科以外の教科で合格率が大幅に上昇した。このように社会科の合格率が低くなった原因の一つとして、CI&E 教育課は共産主義の影響をあげている。しかしCI&E 教育課の審査基準や評価のコメントを見てゆくと、審査は主として教育的見地に基づき行われていることが分かる。すなわちCI&E 教育課の係官たちの主観によって不合格にされたのではなく、審査基準と適合しなかったため不合格となったのである。

また、CI&E 教育課は共産主義以外にも、宗教や軍国主義・超国家主義・国家神道に特別な注意を払っていた。これらの事項を比較するならば、CI&E 教育課は宗教や軍国主義・超国家主義・国家神道の方に重点を置いており、共産主義は限定的な問題だったと考えられるのである。

註

（1）　たとえば、茨木智志「CIE史料に残された「世界史」教科書の英語原稿について—一九五〇年実施の「世界史」教科書検定の経緯に対する検討—」（『歴史教育史研究』一一号、平成二五年）や家永三郎作成『「密室」検定の記録』（名著刊行会、平成五年）がある。

（2）　浦山太郎、菱村幸彦『教科書の話題』（第一法規出版、昭和四九年）参照。同書には文部省担当者の見解がまとめられている。本書を見ると、原稿審査に関する風聞を安易に信用できないことが分かる。

（3）　Trainor Collection, Box 54, Textbooks (undated), PROCESSING OF INSTRUCTIONAL MATERIALS FOR JAPANESE SCHOOLS.

　本文書に日付はないが、内容から判断して昭和二三年一月一五日から三月三一日の間に作成されたものと推定される。同文書は加筆を加えたものと加筆後の二種類の文案が存在する。このことから、検定制への移行を受けてCI&Eが原稿審査の処理機構を再編する際に作られたと考えられる。

（4）　Trainor Collection, Box 54, Textbook Authorization (1945–51) 27 March 1948, MEMORANDUM TO: Mr. Orr, Chief of Education Division, FROM: Mr. Harkness, Textbooks and Curricula Officer, SUBJECT: Consultant Service for Textbook Compilation.

（5）　Trainor Collection, Box 54, Textbook Authorization (undated), Summary of the Steps Taken in Processing Textbooks and Educational Materials for Japanese Elementary, Secondary, and Vocational. および同前 STANDARD PROCEDURE FOLLOWED BY CIE IN AUTHORIZATION, PAPER ALLOCATION, AND PRINTING OF JAPANESE EDUCATIONAL MATERIALS PUBLISHED OR SANCTIONED BY MINISTRY OF EDUCATION.

（6）　教科書図書検定規定（昭和二三年四月三〇日）。同規定には「第二条　図書の検定は、教科用図書検定調査委員会の答申にもとづいて、文部大臣がこれを行う。第三条　図書の著作者又は発行者は、その図書の検定を文部大臣に申請することができる」とある（「戦後日本教育史料集成」編集委員会『戦後日本教育史料集成　第二巻』〈三一書房、一九八三年〉三四一頁）。

（7）教科用図書検定調査会令（昭和二四年七月五日）。同令には「第二条　調査会は、一六名で組織する。二、特別の事情を調査するため必要があるときは、調査会に臨時委員を置くことができる。三、検定申請のあった教科用図書の原稿を調査させるため、調査会に調査員を置く」とある（前掲『戦後日本教育史料集成　第二巻』三五〇頁）。

（8）ハークネスについては、「CIE ははじめのころ、小、中学校の社会科の指導をハークネス氏一人にやらせていたが、局長ニューゼント中佐はこの人をあまり信用せず、二十二年春、部内機構改革を断行してハークネス氏を教科書の紙の割当係に左遷してしまい、新しく本国から迎えたヘッファナン女史に小学校を、オズボーン少佐に中学校を担当させた」と伝えられている（読売新聞社社会部編『日本の新学期』〈読売新聞社、昭和三〇年〉六二頁）。

（9）Trainor Collection, Box 54, Textbooks（undated）, SOP in Handling Textbook Authorization Commission Manuscripts and Proof Copies. および同前 TEXTBOOKS AND CURRICULA UNIT.

前者の文書は昭和二四年ごろ作成されたと推定される。後者の文書は昭和二四年に向けて作成された教科書係の年次計画書である。この中でも教科書係の役割は CI&E の窓口業務が中心となっている。

（10）Trainor Collection, Box 54, Textbooks（1945–48）, 15 November 1947, FROM: Chief, Education Division, TO Education Division Personnel, Subject: Appointment of Board of Review.

（11）前掲 PROCESSING OF INSTRUCTIONAL MATERIALS FOR JAPANESE SCHOOLS. なお、審査委員会の説明は、Trainor Collection, Box 54, Textbooks（1945–48）にも同文が存在する。

（12）『西洋の歴史（1）』に関する問題は、片上宗二『日本社会科成立史研究』（風間書房、平成五年、八四二〜八四五頁）、茨城智志「上智大学編『西洋史上の諸問題―「西洋の歴史」への補遺―』について―一種検定本教科書『西洋の歴史』（一九四七年）へのカトリック教会の対応―」（『歴史教育史研究』八号、平成二二年度）に詳しい。

（13）Trainor Collection, Box 54, Textbooks Authorization（1945–51）, MEMORANDUM TO: Mr. Orr, Chief of Education Division, FROM: Mr. Harkness, Textbooks and Curricula Officer, DATE: 22 March 1948, SUBJECT: Manuscripts for Board of Chaplains.

本文書と同じものが、Trainor Collection, Box 54, Textbooks（1945–48）にもある。この文書では、検定制実施の際に、国語（全課程）、社会（全課程）、生物（中学課程）、歴史（全課程）、文法の学習指導要領、家庭科（一部）の原稿が、聖職者協議会へ送付されるという見通しが述べられている。

（14）同前。

（15）Trainor Collection, Box 54, Textbooks Authorization（1945–51）, 7 February, 1948, To W. K. Bunce, From P. H. Vieth, Subject: Vol. II, Biology, Senior High School. Title "Evaluation of Living Things", "Community of Healthy People".

（16）国立国会図書館蔵、GHQ/SCAP 文書、Box 5751, CIE(B)06620, 8 November 1948, MEMORANDUM: Mr. Orr, Mr. Trainor, Mr. Webb, Mr. Harkness, FROM: Secondary Education Unit, SUBJECT: Change in Policy and Procedures in Examining Textbook Manuscript.

（17）日本教育新聞編集局『戦後教育史への証言』（日本教育新聞社、昭和四六年）一四二頁。

（18）Trainor Collection, Box 54, Textbooks Authorization（1945–51）, 8/14/'48 Statement A.

本文書の発信者は「Committee of Textbooks Research Workers Organization」と表記されている。文書の内容から判断して、発信者は日教組が四月中旬に設立した「教科書研究協議会」と推定される（本書第二章第二節参照）。

この文書では、検定について「内容について、我々（筆者注：日教組のこと）は、自分達の教科書原稿をごり押ししようとしなかったと言える。現在、検定制が行われており、いくつかの教科書原稿が不合格になることは、当然の問題だろう。納得のいくもっともな理由によって教科書原稿が不合格になったのであれば、我々もあえて異議を唱えない。しかし我々の教科書原稿に関する限り、不合格になった小学六年国語は、合格になった小学五年国語よりもかなり出来が良かったと思われる。しかし文部当局は、頑として譲らず、我々の真摯な要請にもかかわらず、理由の開示を拒むのである」と述べ、審査の杜撰さを非難している。

（19）「全滅した社会科の教科書……その理由は?――坂西女史に聞く」（『朝日新聞』昭和二四年八月二七日）。

（20）Trainor Collection, Box 54, Textbooks（1949–51）, Date From: CHIEF OF SECTION, TO: Chief. Educ. Div. For Comment.

本文書は『朝日新聞』の記事の英訳に添付されており、「社会科の教科書に関する状況を考えなさい、よろしいかね?」というニューゼント CI&E 局長のコメントが書き込まれている。

（21）Trainor Collection, Box 54, Textbooks（1949–51）.

同文書には、発信者・受信者・主題の記載がなく、「1. Of the major subject Language, ……」という書き出しから始まっている。前後のファイリングの状況から判断して、本項で述べたような経緯で作成されたものと思われる。

（22）Trainor Collection, Box 54, Textbooks Authorization（1945–51）, The 1950 Textbook Program Secondary Level.

同文書は、内容から判断して昭和二四年六月から九月の間に作成されたと考えられる。

(23) Textbook Authorization (undated), Trainor Collection, Box 54, SCORE SHEET FOR THE EVALUATION OF TEXTBOOKS, Explanation for Items on Textbook Score Sheet.

(24) 木田宏『新教育と教科書制度』(実業教科書、昭和二四年)九一～九四頁。同書のアメリカの採択事情の説明の箇所において、この教科書評価配点表が紹介されている。著者の木田(当時、教科書局事務官)は、この本の作成経緯について、「これ(筆者注:『新教育と教科書制度』のこと)なんか大変な原典になってるらしいんですね。私は、教科書制度切り換えのことを一人で担当させられたものですから、一生懸命アメリカの制度だとか、いろんなところを勉強した。それから、CIEというのはたいしたものので、やっぱりいろんなデータを持ってきますね。行くと「おいおい、それだったら、これを読め」というのを貸してくれるわけですよ。ですから、アメリカは国定でなくて、それぞれが教科書をどのように作っているのかなと思って、わからないものですから、私なりに乏しい語学力で盛んにそれを読んで頭に入れたりなんかいたしました。それで、検定に切り換えるという仕事をしたものですから、最初の検定の規則をつくった経緯と、その考え方というのは、明らかにしておかねばならないだろうというので、書いたものでございます」と証言しており、CI&E 教育課より提供された情報に基づき執筆されたことが分かる(『木田宏教育資料1』〈岐阜大学教育学部附属カリキュラム開発センター、平成八年〉一五頁)。

(25) Trainor Collection, Box 54, Textbook Authorization (undated), SECONDARY BRANCH GUIDE FOR EVALUATING TEXTBOOK MANUSCRIPTS.

先述のように昭和二三年一一月に中等教育係は審査方法の修正を提議している。この動きに合わせて、昭和二三年末から二四年初頭に、審査方法修正後の審査基準案として作成された可能性が高い。

第四章　一九五五年前後の文教政策と教科書問題
――「逆コース」の理解に対する一考察――

はじめに

本章では、昭和三〇（一九五五）年前後の文教政策について教科書問題を軸に分析する。当該期の教科書問題は、通史的には教科書の内容統制の強化（検定教科書の国定化）という文脈で理解されている。すなわち昭和三〇年に起きた「うれうべき教科書の問題」を契機に、政府・与党は民主的な教科書制度への攻撃を開始し、教科書の実質国定化を実現するために昭和三一年の第二四回国会へ教科書法案を提出したとされている。こうした観点から教科書法案は、第二四回国会で同時に審議された地方教育行政の組織および運営に関する法律案（以下、地教行法案と略）や臨時教育制度審議会設置法案と一括して「教育三法案」[1]と呼ばれ、「逆コース」を代表する法案の一つとして評価されてきた。[2]

これに対して中央教育審議会（以下、中教審と略）の委員で教科書法案の原型となった答申の作成に深く関わった森戸辰男は、国会の公聴会で次のような興味深い証言を行っている。[3]

（前略）私ども（筆者注：中教審のこと）のとりました立場は、現行制度というのは戦後教育改革の一環として、その基本的政策は堅持されるべきであるということでございます。従って国定とか自由裁量は適当でないと考えたのでございます。（中略）また十年近い経験でいろいろと問題のあるところを改善すべきものについての示唆も得られたわけでございますので、こういうふうな立場から問題を、基本的な制度を維持しながら改善を企てたわけでございます。（後略）

森戸は教科書法案についても、「政府案は中教審の答申に基づきまして、現状に即して民主的な教科書制度を確立しようと努力したもの」と位置づけており、占領改革・中教審答申・教科書法案を同一線上で発展的に理解している。森戸は戦前、社会主義運動に尽力し、占領期は社会党政調会長・文部大臣を務め改革を推進した人物である。国定制から検定制への転換も文部大臣在任中に行った改革の一つであり、森戸は改革の当事者だった。確かに教科書法案には、統制的な条項が含まれ集権化の傾向が強い。しかし立案過程を見ていくと、記者会見等において文部省が国定制への回帰を繰り返し否定していることに気付く。文部省が本当に国定制への回帰を志向していたならば、森戸が教科書法案を「逆コース」ではなく「改善」と見なした理由をいかに理解すべきであろうか。そこで本章では、当該期の教科書問題を検討し、「逆コース」という従来の評価について再考したい。

なお、「逆コース」の問題については一九八〇年代から九〇年代にかけて議論が積み重ねられ、中村政則氏が問題を簡潔に整理している。(4) その最大の特徴は、連合国の政策転換と日本国内の「逆コース」現象を関連づけて理解した点にあると思われる。ただ、本章ではこのような国際的枠組みの問題には立ち入らず、もっぱら日本国内の「逆コース」現象を対象とする。この場合の「逆コース」とは、占領改革の成果（民主化・分権化）に対する保守勢力の巻き返し（政治反動）と国民全体の復古的風潮（自然反動）を指す。本章ではこのうち政治反動に相当する「逆コース」について考察を加える。

また、本章では文教政策をめぐる当該期の政治構造についても分析したい。戦後の文教政策について語るとき、日本教職員組合（以下、日教組と略）対文部省の構図が広く受け入れられている。しかし、この日教組対文部省の構図が、いつ、どのように形成されたかという点については明確な共通理解がない。対立構造が政策過程に与える影響を考えると、この点をきちんと把握する必要がある。筆者は第二章において、占領期の文部省・日教組・占領軍の関係について検討し、文部省と日教組が親密な関係を築いていたことを明らかにした(5)。当該期は五五年体制の成立期に当たり、文部省と日教組の関係が教科書問題に大きな影響を与えたことは想像に難くない。そこで本章では与党（民主党→自由民主党）の動向に着目して、日教組と文部省の関係がどのように変容したのか分析したい。

一　教科書制度の問題と『うれうべき教科書の問題』

本節では、昭和二〇年代後半から昭和三〇年までの状況を見ていく。一般的には、民主党が『うれうべき教科書の問題』というパンフレットを作成・配布したことが、教科書法案の起点として位置づけられるとともに、パンフレットの意図と法案の意図とが同一線上に理解されている(6)。これに対して本節では昭和二〇年代後半の状況を分析することによって、パンフレットと教科書法案の関係を再確認し、その上でパンフレット発行に関する出来事が教科書法案の形成に与えた影響を明らかにしたい。

1　教科書制度改革の背景

昭和二三（一九四八）年の検定開始以来、教科書業界へ企業の参入が相次いだ。表7に検定開始以後の業者数を示

表7　教科書発行者数増減一覧　（社）

	前年度より継続の発行者数(A)	当該年度より参入の発行者数(B)	当該年度より中止の発行者数(C)	計(A＋B)
昭和24年度	7	15	1	22
昭和25年度	22	31	0	53
昭和26年度	51	18	2	69
昭和27年度	63	18	6	81
昭和28年度	74	8	7	82
昭和29年度	77	11	5	88
昭和30年度	80	12	8	92

出典：文部省初等中等教育局編『現行教科書制度の概要』（昭和30年）より作成。
注：原文書は『石川二郎文書』Ⅶ－215（国立教育政策研究蔵）。

した。これによると当初は二二社にすぎなかったが、年々増加の一途をたどり、昭和二九年（昭和三〇年度用教科書）には九二社に達していた。教科書市場の規模は短期間で大きく変動するものではないため、各会社が販売活動にしのぎを削ることとなった。

　このため昭和二〇年代後半には、教科書の採択に関して不正の風聞や汚職事件が相次ぎ、検定制度の弊害ともいうべき状況が一般に強く認識されていた(7)。これを受けて昭和二七年六月七日に公正取引委員会は、文部省と教科書懇話会（教科書会社の業界団体）に対して改善を求める勧告を行った(8)。この他にも、一般に「教科書の種類が余りに多すぎる」、「定価が高すぎる」等の批判が恒常的にあったといわれ、世論の高い関心が注がれていた(9)。

　このような状況を反映して文部省は問題の解決を図っていった。たとえば価格については、採択数が確定してから原価計算を行って定価を算出するという方法をとっていた。この方法では採択数によって教科書ごとの価格が変動し、一部当たり二〇円から一〇〇円の価格差が生じていた。そのため、毎年夏に開かれる教科書展示会(10)で教員が採択する際には価格が表示されておらず、定価が予想外に高い場合があった。このことが「価格が高い」という批判の一因と考えられたため、文部省は昭和二七年から教科書展示会の見本に価格を表示させた(11)。

　一方、採択については、教科書展示会の期間（約一〇日間）が短すぎるという批判があった。表8に小中学校の主要教科の教科書の種類数を示した。この表からも分かるように、教科書の種類数に対して一〇日という期間は、各教員が会場に出向き教科書の内容を十分に比較・検討するには短い。そのため安易に採択が行われたり、教科書会社の営業活動（接待や贈賄など不公正な方法も含む）が教員の採択に強い影響を与えたりしていると考えられていた。

そこで文部省は教科書業界の要望を受け、昭和二九年に都道府県教育委員会に教科書展示会の常設化を指示し、教員が日常的に教科書研究を行う環境を整備することで採択の教育性と公正さが確保されることを期待した（ただし、大蔵省との折衝で国の補助が削除され、全面設置には至らなかった(12)）。

また、検定教科書に「杜撰なものが少なくない」という批判があった。これに対して文部省は、昭和三〇年に①合格点の引き上げ、②調査員の増員、③検定の合理化を行い、検定作業の厳格化を試みた（ただし、昭和二九、三〇年度の予算案で専門職の増員を要求したが、ここでも大蔵省との折衝で削除された(13)）。

表8　昭和31年度用教科書種類数一覧（種）

	国語	社会	数学（算数）	理科	英語
中学校	20	26	26	25	19
小学校	18	13	19	22	—

出典：前掲『現行教科書制度の概要』より作成。教科書課の調査結果（昭和30年9月20日現在）に基づく。

このように文部省は個別に対策を講じていたが、予算的に限界があり効果は限定的にならざるを得なかった。また教科書会社の存立にとって売り上げの確保は必須の条件であり、検定制度の弊害は依然として解消されなかった。そのため昭和二九年六月二八日に公正取引委員会は、再び文部省と教科書業界に対して勧告を行った。この中で公正取引委員会は文部省に対して「これらの弊害もしくは欠陥について十分御承知のことであり、これが除去もしくは改善について御努力のことと存ずるが、独占禁止法の観点からも検定教科書制度に一貫性を付与し、もって実情に即応させるため教科書に関する法令の整備の必要が痛感せられるので以上の諸点につき格別の御検討御配慮を願いたい」と要請しており、文部省は制度の抜本的改革が不可避の情勢となった(14)。そこで昭和三〇年三月に安藤正純文相（第一次鳩山内閣）が教科書制度の改革を言明し、文部省は対応策の検討に着手した。(15) そして同年六月二二日に検討結果を受けて松村謙三文相（第二次鳩山内閣）が、全面的な制度の見直しを記者会見で表明した。(16)

これに対し日教組や社会党の文教関係の議員たちは文部省の改革に積極的に反対せず、むしろ協調的な雰囲気であったと言われる。(17) この背景には、社会党の議員たちも検定制の弊害是正を強く認識していたことの他に、松村文相の政治姿勢も影響していたと考えられる。就任直後の国会答弁で松村文相は、「是非やってみたいと思いますことは、教育の中立性、中正の立場に教育をおきたい。大臣がかわり政党が変るごとに教育の根本が変るというようなことのないこの教育の中立性を保ちたい、こういうふうに考えておるものでございます。従いまして、その中立性を害するようなことはほかにも許しませんが、みずからもまた戒めて、そういうことのないようにいたしたいと考えます。従いまして党務とそれから文部の仕事とは截然と区別をいたしてやっていきたい」という方針を表明していた。このような姿勢に対して社会党の議員が好感を示していることが議事録から看取される。(18)

また、小林武（当時日教組委員長）も「一二代の文部大臣とわたりあって、なかには尊敬する人物もあった。それは松村謙三氏である。自民党の文教政策が、いまのような方向にいくか、それともまともな方向へいくか、そのわかれ道になるところに松村さんがいたと思う。松村さんの考え方が、自民党のなかで十分通ったかどうかはわからない。がわたくしはこの人には、もっとながく文部大臣をやってもらいたかったし、文教政策について、独自の考え方をもった人であった」と評している。(19)

このときの制度見直しの方針表明に対して日教組や社会党が表立って反発した形跡が確認されないことや、上記のような関係者の評価を踏まえるならば、文部省による制度改革の作業は順調にスタートしたと考えられる。

2　『うれうべき教科書の問題』の発生と問題の変質

昭和三〇年六月二四日から、衆議院行政監察委員会で教科書問題が取り上げられた。事前の観測では、教科書業界の問題や検定事務の問題など、前項で見てきた検定制の弊害が論議の中心になると考えられていた。[20]しかし与党民主党は元日教組中央執行委員の石井一朝[21]の証言に基づき、文部省が検定した教科書に「赤い教科書」というレッテルを貼り、思想的に「偏向」していると批判した。また検定制度の弊害と日教組を結びつけ、日教組に対しても攻撃を行った。

これに対応して社会党は教科書会社（学校図書）と文部省の人的つながりを批判し、検定制度の民主化を主張した。一方、日教組も内容統制という観点から文部省の検定の制度の運用を批判し、[22]日教組の内情を暴露しようとした石井一朝の証言を自由党議員と示し合わせた上での八百長として一蹴した。[23]こうして論議は平行線をたどり、泥仕合の様相を呈したのであった。

続いて民主党は同年八月一〇日にそれまでの主張をまとめ、『うれうべき教科書の問題』というパンフレットを発表した。このパンフレットに問題を主導した民主党の意思が強く反映されていることから、これら一連の紛争を「うれうべき教科書の問題」と一般的に総称している。

さて同パンフレットの内容を見ていくと、「第一部　商品化されてしまった教科書の実情」、「第二部　教科書にあらわれた偏向教育とその事例」、「第三部　教科書に対する日共と日教組の活躍」という三部構成になっている。第一部では当時の教科書業界の過当競争の実態と日教組の関与が述べられ、第二部では各社の社会科教科書を分類して問題箇所を取り上げ「赤い教科書」とレッテルを貼っている。また、第三部では日本共産党と日教組が協力して教科書検定に関与し、教育赤化を進めたと述べられている。このようにパンフレットの記述は日教組と共産主義を結びつけることに主眼が置かれており、そのことによって日教組のイメージ・ダウンを企図していたと考えられる。

これに対し日教組は、八月二九日に民主党幹部へ質問書を手交し、パンフレットの内容を質した。しかし民主党が文書による回答を拒否したため、日教組は態度を硬化させて民主党の政策を全面的に否定する立場を示した(24)。九月一

昭和 24 年 5 月		昭和 22 年 12 月	
氏　名	肩　　書	氏　名	肩　　書
石井一朝	**元日教組編集部長**	青柳武門	不明
石橋壽男	**盛岡市杜陵小学校教諭**	有馬純次	不明
石山修平	東京文理科大学教授	安藤五郎	不明
井関好彦	大同印刷株式会社社長	**石井一朝**	**日教組編集部長**
出田節雄	大分師範学校教授	**石橋寿男**	**岩手県教組書記長**
今山政三郎	新潟県教育委員会委員	石山修平	東京文理科大学教授
岩屋亮	秋田市立泰平中学校教諭	井関好彦	大同印刷株式会社社長
宇都宮興四	石川県特約供給所	出田節雄	大分師範学校教授
大内覚之助	福岡外事専門学校講師	稲田清助	文部省教科書局長
岡部定	千葉佐倉高等学校長	今山政三郎	不明
岡本明	**広島高等師範学校教授**	岩屋亮	秋田市立泰平中学校教諭
小野謙次	北海道教育委員会指導室長	内田正助	不明
		宇都宮与四	石川県特約供給所
勝田正之	日本銀行外国為替局総務課長	大内覚之助	不明
		緒方富雄	東京大学医学部教授
菊地龍道	都立第一高等学校長	岡部定	千葉佐倉高等学校長
熊谷三郎	愛知県教育委員会	小谷正二	不明
倉知栄雄	和歌山師範学校教授	北沢新次郎	不明
黒岩武道	**前日教組文化部長**	**黒岩武道**	**日教組文化部長**
郡清	栃木師範学校教授	佐久間正一	香川師範附属小学校教諭
佐伯英雄	宮崎県大宮高等学校教諭	佐藤寛次	東京農業大学学長
佐久間正一	香川師範附属小学校教諭	田代中穂	不明
佐藤寛次	東京農業大学学長	田中良夫	不明
須田正平	松江市教育研修所主事	塚本清	大阪市立八阪中学校校長
塚本清	大阪市立八阪中学校校長	**常深伍**	**兵庫県教組委員長**
常深伍	**元兵庫県教組委員長**	中野効四郎	岐阜師範学校教授
坪井忠二	東大理学部教授	浜井憲一	王子製紙製品部長（本州製紙ヵ）
中野効四郎	岐阜師範学校教授		
中村壽之助	教科書懇話会副幹事長	平井四郎	三省堂編修局長
平井四郎	三省堂編修局長	藤岡由夫	東京文理大学教授ヵ
平湯邦輔	長崎市立淵中学校校長	細川栄松	金沢市長土塀小学校校長
福島愛次郎	**日教組文化部長**	保田史郎	不明
古川暉重	山梨県教育委員会指導主事	真野常雄	山形師範学校長
		三谷栄一	青森師範学校教授
古旗安好	福島師範学校教諭	**安田貞栄**	**鳥取県教育委員会委員**
細川栄松	金沢市長土塀小学校校長	山口一雄	徳島県会議員
森田新三	京都府教育委員会委員	六川勝治	不明
安田貞栄	**鳥取県教育委員会委員，元鳥取県中教組組合長**	渡辺利勝	福井県森田町町会議員
山口一雄	徳島県会議員		
吉田太郎	神奈川師範学校教授		
和達清夫	東京中央気象台長		

5)，学術文献普及会『文部省職員録』昭和 27 年 11 月，『時事教育年鑑』昭和 30 年
『日教組三十年史』，『人事興信録』(第 15 版：昭和 23 年 9 月，第 16 版：昭和 26 年
和 25 年に教科用図書検定調査会と統合して教科用図書検定調査審議会となった。
科用図書分科審議会の委員を記載した。

表９　教科用図書委員会（教科用図書分科審議会）委員一覧

昭和 31 年 11 月		昭　和　29　年		昭和 27 年 11 月	
氏　名	肩　書	氏　名	肩　書	氏　名	肩　書
伊藤栄四郎	香川県教育委員会指導主事	青木律雄	不明	**石橋寿男**	**岩手県教組委員長**
伊藤忠二	静岡県教育委員会学校教育課長	有吉正勝	不明	井関好彦	大同印刷株式会社社長
菊地俊一	秋田県教育委員会指導主事	池田利明	不明	岩崎真澄	和歌山大学学芸学部長
千葉清治	川崎市教育委員会教育長	岩崎真澄	和歌山大学学芸学部長	内山良男	不明
仲島秀夫	京都府教育委員会学校教育課長	榎本丹三	文祥堂専務	岡部定	千葉佐倉高等学校長
萩島達太郎	福岡県教育委員会指導課長	太田可学	不明	**岡本明**	**広島大学文学部教授**
本島寛	東京都教育委員会教育長	岡島正平	不明	菊地龍道	都立第一高等学校長
松田正雄	日本経営者団体連盟専務理事	岡部定	千葉佐倉高等学校長	熊谷三郎	愛知県教育委員会
馬淵克己	岐阜県教育委員会学校教育課長	**岡本明**	**広島県教組委員長，広島大学文学部長**	倉地栄進	和歌山師範学校教授
円山田作	弁護士	沖田武雄	不明	**黒岩武道**	**福岡県教組委員長**
三沢貫吾	広島県教育委員会教育次長	恩賀一男	不明	高山政雄	不明
水田直昌	全国銀行協会専務理事	柿崎勘衛右門	不明	郡清	栃木師範学校教授
山口友吉	千代田区立番町小学校長	柿崎守忠	不明	佐伯英雄	宮崎県大宮高等学校教諭
横田実	日本新聞協会事務局長	金井英一	中教出版専務	進野久五郎	不明
龍沢良芳	江東区立深川第二中学校長	菊地龍道	都立第一高等学校長	須田正平	松江市教育研修所主事
両角英運	東京都立九段高等学校長	木島俊太郎	不明	高塚寛	不明
		城戸義彦	弁護士	千葉大作	不明
		斉藤義雄	中教出版取締役	中谷久弥	不明
		佐藤寛次	東京農業大学学長	中村亀蔵	不明
		柴沼陽	不明	中村壽之助	教科書懇話会副幹事長
		銭谷庫之助	不明	**西村時衛**	**元高知県教組文化部長，高知県教育委員会委員**
		高山政雄	不明	平井四郎	三省堂編修局長
		竹田鉄二	不明	弘津徹也	不明
		千葉大作	不明	**福島愛次郎**	**元日教組文化部長**
		富沢友治	不明	古川暉重	山梨県教育委員会指導主事
		仲新	不明	古籏安好	福島師範学校教諭
		中野効四郎	岐阜大学教授	正木俊二	不明
		納富善六	不明	森田新三	不明
		野間忠雄	東京都教育長事務局指導部長	山下精寿	不明
		平井四郎	三省堂編修局長	山本梅雄	不明
		村上暁太	不明	山本栄喜	不明
		森田新三	不明	吉田太郎	神奈川師範学校教授
		安田貞栄	**鳥取県教育委員会委員，元鳥取県中教組組合長**	米田貞一	不明
		山本梅雄	不明		
		山本松市	不明		
		和田勇	不明		
		和田敬久	**日教組情宣部長**		
		和保貞郎	不明		

出典：委員名については，中沢賢郎『教科書制度の再吟味』118 ～ 121 頁，『辻田力文書』(14-1-10、14-11-
版，『時事通信内外教育版』昭和 31 年 12 月 11 日による。また委員の肩書きについては，日本教職員組合
11 月，第 17 版：昭和 28 年 9 月，第 18 版：昭和 30 年 9 月）を参照した。なお教科用図書委員会は，昭
その際に分科会が設けられ，教科用図書委員会の機能を継承した。そこで本表でも昭和 25 年以降は教

三〜一四日に日教組は全国緊急書記長会議を開催し、第三八回中央委員会への闘争方針案を決定した。またパンフレットの非合理性を訴えて日本学術会議へ働きかけた。そして一〇月二五日には、パンフレットの内容が日教組の業務に支障を与え名誉を毀損したとして民主党首脳を告訴した。このように日教組は、『うれうべき教科書の問題』を契機に民主党（政府）との全面対決の姿勢を取り、組織をあげて闘争態勢の強化に努めたのであった。(25)

この過程で留意すべき点は、日教組の批判が民主党のパンフレットの「第二部　教科書にあらわれた偏向教育とその事例」に絞られ、第一部と第三部が争点から外されたことである。(26) この点を理解するためには、当時日教組が置か

昭和27年11月		昭和24年5月	
氏　名	肩　　書	氏　名	肩　　書
大西正道	**前日教組中央執行委員，衆議院議員**	**大西正道**	**弘前女子高校教官**
大町芳文	慶應義塾大学経済学部教授	勝田道	精華女学校長
岡田要	理学博士，日本学術会議第四部長，日本学術振興会理事	**北浜清一**	**香川県玉越中学校教官，のち日教組教文部長**
勝田道	不明	**重野幸**	**新潟県鐘淵小学校教官，前日教組書記長**
河田龍夫	東京工業大学教授	篠田英雄	出版協会出版部長
佐原六郎	慶應義塾大学文学部教授	末網恕一	東京大学教授
篠田英雄	不明	**土橋兵蔵**	**船橋中学校教官**
空間一三	**元日教組法制部長**	土岐善麿	著作家
塚原典夫	**日教組会計委員，のち書記次長**	玉蟲文一	武蔵高等学校教頭
土橋兵蔵	**日教組，渉外副部長**	**中島健蔵**	**東京大学講師**
中島健蔵	**作家，日教組講師**	中野好夫	東京大学教授
中野好夫	東京大学文学部教授	西尾実	東京女子大学校教授
野口彰	愛宕中学校校長，全日本中学校長会会長	野口彰	愛宕中学校長
原田実	早稲田大学文学部教授	畠山久尚	中央気象台次長運輸技官
向山嘉章	不明	波多野完治	東京女子高等師範教授
		向山嘉章	文海小学校長

昭和30年版，『時事通信内　外教育版』昭和31年12月11日による。
16版：昭和26年11月，第17版：昭和28年9月，第18版：昭和30
の教科用図書検定調査分科審議会の委員を記載した。

表10　教科用図書検定調査会（教科用図書検定調査分科審議会）委員一覧

昭和31年11月				昭和29年	
氏名	肩書	氏名	肩書	氏名	肩書
青山定雄	横浜市立大学教授	中野猿人	気象研究所海洋研究部長	稲葉捨己	不明
天野貞祐	独協中学・高等学校長	長浜恵	東京都立上野高等学校長	大町芳文	慶應義塾大学経済学部教授
安藤□	東京都立上野高等学校教諭	中村益造	大田区立田園調布小学校長	荻野三七彦	早稲田大学文学部教授
石川欽一	アジア文化財顧問	長与善郎	芸術院会員	片山徹	不明
石橋貞吉	国学院大学講師	西垣久実	早稲田大学教授	小松勇作	東京工業大学教授
板沢武雄	法政大学教授	西川寧	慶應義塾大学講師	佐藤省吾	不明
伊藤隆吉	成蹊大学教授	西田正秋	東京芸術大学教授	佐原六郎	慶應義塾大学文学部教授
伊藤廉	東京芸術大学教授	野口尚一	工学院大学長	鈴木虎秋	不明
伊橋虎雄	市川市立市川小学校長	野津謙	日本蹴球協会会長	**土橋兵蔵**	**日教組教文部長**
岩田九郎	学習院大学教授	野村秀雄	国家公安委員	**中島健蔵**	**作家，日教組講師**
浦本三嗣	東京工業大学教授	長谷部忠	朝日新聞社顧問	中野三郎	不明
大高常彦	渋谷区立代々木中学校長	原田健	元イタリア大使	野口彰	愛宕中学校校長，全日本中学校長会会長
太田敬三	東京医科歯科大学教授	土方辰三	東京大学教授	原田実	早稲田大学文学部教授
大谷茂	逗子市立逗子中学校長	平尾誠一	芝浦工機株式会社社長	宮崎利邦	不明
大津イチエ	東京都立雪谷高等学校教諭	福井玉夫	横浜市立大学教授	山田忠雄	日本大学教授
大橋広	日本女子大学理事	藤崎寛行	江東区立深川第一中学校長	読谷山朝宣	不明
大町芳文	慶應義塾大学教授	藤間伸七	江東区立第一大島小学校長		
落合矯一	東京都立新宿高等学校長	麓保孝	防衛大学教授		
降旗章吉	東京都立八潮高等学校長	古屋一雄	山梨県立甲府工業高等学校長		
神蔵為治	目黒区立第十中学校長	堀江知彦	東京国立博物館美術課書跡課長		
喜田新六	中央大学教授	間崎万里	慶應義塾大学教授		
木村重義	東京大学教授	真篠俊雄	東京芸術大学教授		
黒沢愛子	東京学術大学教授	溝口幸豊	津田塾大学教授		
高山岩男	日本大学教授	桃井耕一	港区立城南中学校教諭		
児玉寛一	日立製作所常務取締役	八木秀次	武蔵工業大学長		
小松勇作	東京工業大学教授	柳川昇	東京大学教授		
近藤頼己	東京農工大学教授	柳田友輔	農林省関東山農業試験場高冷地土地利用部長		
桜井勘重	港区立麻生小学校長	矢野兵四郎	江東区立白川小学校長		
颯田琴次	東京芸術大学教授	山岸忠夫	千葉大学教授		
佐藤博	弁護士	山口太三郎	千葉大学教授		
白石謙作	三井厚生病院長，東京大学講師	山口勇松	中央区立久松中学校長		
白石早出雄	埼玉大学教授	山田忠雄	日本大学教授		
杉山文雄	東京都立小松川高等学校長	大和資雄	日本大学教授		
属啓成	国立音楽大学教授	山名文夫	多摩美術大学教授		
高田元三郎	日米通信社社長	湯河元威	農林省顧問		
高橋儀六	岩槻市立慈恩寺中学校長	和田忠蔵	文京区立第二中学校長		
滝井悌介	千代田区立富士見小学校教諭	和田富起	埼玉大学教授		
次田潤	立正大学教授	和田文吉	東京大学教授		
土屋順三	東京都立武蔵丘高等学校長				
豊田実	青山学院大学教授				
永田清	日本放送協会会長				

出典：『日本教育年鑑』昭和24年版，学術文献普及会『文部省職員録』昭和27年11月，『時事教育年鑑』
また，委員の肩書は，日本教職員組合『日教組三十年史』，『人事興信録』（第15版：昭和23年9月，第
年9月）を参照した。表9と同様の事情により，本表でも昭和25年以降は教科用図書検定調査審議会

れていた状況を検討する必要があると思われる。

表9は、諮問機関として教科書に関する事項を審議した教科用図書委員会の委員一覧、表10は、実質的に検定の可否を決めた教科用図書検定調査会の委員一覧である。(27) 表中にゴシック体で示した人物は、筆者が現在までに確認している日教組関係者である。これによると検定制の開始以来、日教組の中央執行委員クラスの人物がそれぞれの委員として参加しており、教科書検定に一定の関与をしていたと思われる。(28)

また、日教組の厚生部を母体とする学校生活協同組合（以下、学生協と略）が、教科書の供給事業に進出していた。教員組合との関係が深い学生協は採択に大きな影響力を持つと一般に見なされていたため、既存の供給機構（特約供給所）は学生協の参入を脅威と見なし複数の県で対立していた。(29) そのため最初の公正取引委員会の勧告後、文部省は学生協に対して供給業務からの撤退を促していた。しかし昭和二九年の公正取引委員会の勧告では、「学校生活協同組合事業部から改組された特約供給所（以下、新興特約という）の運営は、本来の責務である完全供給面よりはむしろ、採択勧誘面に重点が指向されているようであって、このため独占禁止法の「不公正な取引方法」に該当する行為が行われている疑いがある」と指摘されていた。(30)

このように日教組は、教科書の検定と採択について全く無関係ではなかった。民主党もこのような事情を踏まえ、行政監察委員会で教科書問題を取り上げたと考えられる。これらの点を踏まえて先述の日教組の告訴状の内容を見てみると、虚偽の記載としてとくに問題視されているのは、「あたかも日教組が日本共産党にあやつられて」、「おそるべき教育赤化を意図している」ような印象を与えるような部分と、第二部の思想的な偏向の事例に絞られていることが分かる。(31)

以上のような事情のため、『うれうべき教科書の問題』をめぐる保革の争点は、教科書内容の思想的な評価を中心に形成された。この結果、当初予期された検定制度の弊害は埋没し、代わって思想問題が対立軸として浮上したのであった。

3　文部省の対応と中央教育審議会の答申

民主党のパンフレット発行後、九月一日に日教組は文部省に対して質問および交渉を行った。日教組側が文部省とパンフレットの関係を問い質したのに対し、松村文相は「まったく知らない。参画していない」と文部省の関与を否定し、民主党との距離を強調した(32)。また、一〇月五日には衆議院文教委員会全員協議会で、辻原弘市・野原覚（社会党）がパンフレットの内容について文部省の見解を質したが、松村文相は終始表明を避け、民主党と社会党の問題として文部省は無関係という立場をとった(33)。

前項で確認したように、文部省は行政監察委員会において与野党から挟撃されるという状況にあった。また、松村文相自身も「局外に立とうとつとめていたようだ。彼は終始沈黙、むしろこれを苦り切って眺めていたものである」と伝えられており、文部省は事態の早期沈静化に期待を寄せ中立的な立場を取っていたと考えられる(34)。

この背景には、前年度末から文部省内で進められてきた教科書制度改革案の検討に一応の区切りがついたことがあげられる。細部に課題を残していたが、文部省は八月に改革の基本構想をまとめ記者会見で発表した。このときの記者会見で注目されるのは、松村文相が中教審への諮問の順番を、従来の教育委員会問題優先から教科書問題優先に変更すると言明した点である(35)。平垣美代司（当時日教組書記長）は、松村文相の政治手法について「松村さんは、省議で文教政策を決定するとき、（ら脱）必ず事前に日教組の意見を聞いた。銀座の中華料理に呼び出しを受けたこともある。呼び出しを受けるのは、たいていの場合、私と小林委員長の二人だけであったが、彼は、われわれの意見に真剣に耳を傾けた。そして、文部省と日教組の意見が対立するものは後まわしにし、一致するものから省議にかけて決定するという慎重さであった」と証言しており、このときも松村文相は事前に日教組への根回しを済ませた上で、教科書問題優先を打ち出したのではないかと推測される[36]。また、このように制度研究と政治的折衝を積み上げていたからこそ、文部省が日教組と民主党の争いに巻き込まれ、努力が水泡に帰することを松村文相は危惧していたのではないかとも考えられる。

さて九月八日に文部省は民主党政調会との折衝に入った。しかし当時、保守合同が進展中であったため、民主党はこの問題について自由党との意見調整を容易にする必要性に迫られていた。そこで民主党と文部省は中教審の論議に一任することを決め、一〇月三日に教科書問題が中教審に諮問された[37]。

一〇月一〇日に中教審は総会に参考人として関係者を招き、意見を聴取し質疑を行った[38]。そして同月一七日に開かれた総会では自由討議を行った後、答申案を起草するための特別委員会の設置を決めた[39]。同特別委員会は一〇月三一日に検定・採択・発行・供給につき問題点を逐次検討した上で、一一月一日に佐藤幸一郎（日教組文化部長）、木下宗一（全日本高等学校教職員組合教文部長）を呼んでそれぞれに意見を求めた。こうした過程を経て答申案が作成され、一一月二八日に森戸辰男主査が総会へ報告し、一二月五日に総会で答申案の一部を修正し可決した。

答申は、前文に続いて①検定、②採択、③発行・供給、④価格、⑤その他の各項から構成され、項目ごとに改善点を列挙している。内容を見てみると、事務的な問題を指摘するにとどまり、『うれうべき教科書の問題』で焦点となった思想的な問題を排除していることが分かる。また、政治的な論議を呼ぶ可能性の高い「審議会（筆者注：検定を実施する組織）を独立の機関とすること、発行や供給機構を一元化して公共性を与えること、教科書を無償とすること等といったような重要な改革」は、「実行するについては国の政治組織や経済・財政その他関連する面が広く、その研究に相当の時日を要」するため将来の検討課題とした。このように中教審は政治的な問題を棚上げした上で、答申内容を「当面改善を要請されており、急速に実行することの可能と考えられる」問題に限定し、文部省と同様に中立的な立場を示したのだった。(40)

そのため、この段階では日教組も答申に対して「検定教科書の制度をあくまで堅持するのか、逐次国定化への道をひらこうとしているのかあいまいになっている」と評価するにとどまり、答申に盛り込まれた広域採択・発行供給の欠格条項・登録制・副読本の届け出制など、個別の事項について不満を表明したにすぎなかった。(41)

二　五五年体制の成立と教科書法案

本節では、前節で見てきた保革の対立が、保守合同・社会党の両派統一という二大政党の成立を受けて激化していった過程を見ていく。その際、教育委員会制度の改革問題（地教行法案の作成）が教科書法案の形成に与えた影響に注目したい。現在に至るまで地教行法案は、教科書法案とともに「教育二法（案）」と称され、一括して評価されている。この地教行法案と教科書法案との間に不即不離の関係が生じた過程を本節で明らかにする。

1　文部省の法案作成と自由民主党

昭和三〇（一九五五）年一二月一九日、文部省は第二四回通常国会に提出予定の法律案を発表した。その中に教科書法案は含まれていたが、教育委員会制度見直しのための法案（地教行法案）は含まれていなかった。(42)また、昭和三一年一月六日に清瀬一郎文相は教科書法案の提出を明言したのに対して、教育委員会制度見直し（地教行法案）は政務調査会の方針決定を待つという態度を示すにとどまった。[43] そして一月中旬の時点で教科書法案はほぼ完成し、文部省は予算案の決定を待って法案を最終決定する予定だった。[44]

このように一月中旬までは、教科書法案が教育委員会制度見直しに先行する形で作成されていたことを確認できる。そもそも教育委員会制度の見直しについては、旧自由党と旧民主党の間で市町村教育委員会の改廃をめぐって厳しい政治対立があったため、自由民主党（以下、自民党と略）成立後も見直しの方向性が決まるまで相当の時間が必要と見られていた。[45] しかし大方の予想に反して昭和三一年一月一六日に、自民党文教制度調査会は文部省案に従い基本方針を決定したのであった。これを受けて清瀬文相は、二月一日に政調会政策審議会へ文部省の改正案を説明した。この段階においても、教育委員会制度見直しが各議員の選挙の利害関係に絡むため、与党内での合意の形成は困難と一般的に見られていた。[46] しかし二月七日に政調会政策審議会は、文部省案に修正を加えた教育委員会改正要綱を決定し、二月一四日の総務会・議員総会で政策審議会案が了承された。そして二月一七日に文部省と自民党の間で最終調整が成立し、二月二九日に政策審議会が四カ所の修正を施して法案を最終承認したのであった。[47]

こうして、党内に厳しい意見の対立を抱えていたにもかかわらず、自民党はわずか二カ月の間で地教行法案を党議決定にまでこぎ着けたのであった。その主因としては、自民党が日教組対策の手段として地教行法案に期待を寄せていたことが挙げられる。[48] 昭和三〇年一一月一五日に自由民主党が結成され新党の文教政策が策定されたが、このときに清瀬文相や文教関係の議員たちの間で日教組対策が緊急の課題として認識され、その対応策として教育委員会制度見直し（地教行法案）に白羽の矢が立てられたのであった。[49]

教科書法案が自民党へ提出されたのは、まさに自民党内で地教行法案について政治的な合意を形成している最中だった。文部省は二月二日に中教審の答申をほぼ踏襲した教科書法案要綱を決定し、自民党の政調会政策審議会の承認を経た上で二月二〇日ごろに法案を国会へ提出する予定だった。(50)しかし文部省の予想に反し、二月二五日になってようやく自民党の文教制度特別調査会・政調会文教部会は教科書法案を了承し、総務会が教科書法案を決定したのは三月五日のことだった。(51)こうして結果的に地教行法案が教科書法案に先行する形で承認されたのであった。この間に自民党内で教科書法案が問題になった形跡がないため、教科書法案自体の承認に時間がかかったとは考えにくい。つまり教科書法案の承認が遅れたのは、自民党が日教組対策として地教行法案の承認を優先したためと推測されるのである。

この点については、法案の提出日を確認すると明確になる。三月五日の段階で文部省は三月第一週に教科書法案を国会提出することを企図しており、地教行法案の提出予定よりも前だった。(52)しかし実際には、地教行法案は三月八日に衆議院へ提出され、教科書法案は三月一三日にようやく提出されたのであった。つまり自民党は党の利害と関係が深く、国会審議の難航が予想される地教行法案を重視して先議権を与え、利害関係の薄い教科書法案を後回しにしたと考えられるのである。(53)

2　日教組の反応と対立軸の先鋭化

昭和三一年一月一九〜二〇日に日教組は第三九回中央委員会を開いた。このときに示された情勢判断の中で教科書制度の改革は「教科書の国定統一をなしとげようとする」、「本質的改悪の企て」と見なされ、「反動的文教政策」の一つに位置づけられた。ただし、「教育委員会の改廃が、教科書制度と教育課程の改悪による教育内容の規制と、教師の政治的中立規制等の、反動文教政策を強行する中央集権による行政機構をつくりあげ、決定的に教育の国家統制をなしとげようとする企てである」と見なしており、教科書制度の改革は派生的な問題として評価されていた。(54)ここで留意すべき点は、未だ教科書法案・地教行法案ともに政府と与党が最終的な結論を出していない段階で、日教組の執行部がこのような評価を下していたことである。つまり日教組の執行部は、法案の内容とは関係なしに早い段階から与党と全面衝突する姿勢をとっていたのである。(55)

二月二〇～二一日、日教組は第一三回臨時大会を開いた。ここで示された情勢分析によると、教科書法案は、「現行の検定教科書を国定化する」ものであり、「教育行財政の国家統制と相まって、広く国民の思想統一、言論圧迫、自由剝奪をねらう」ものと見なされていた。(56)依然として教育委員会制度の「改悪」と絡めて理解しているものの、制度そのものではなく制度の運用に着目することで、教科書法案自体を問題視する方向に評価が変化したことが注目される。(57)そして保革の対決ムードが盛り上がる中で日教組は、教科書法案＝「反動法案」という先鋭化した評価を与え、法案の内容を問うことなく「反動法案」という紋切型の批判を繰り返していった。(58)

このような教科書法案に対する評価が広く世上に認知される契機となったのが、いわゆる「十大学長声明」（昭和三一年三月一九日発表、矢内原忠雄東京大学総長・南原繁元東京大学総長他八名）であった。この声明を詳しく見てゆくと、前半部分で地教行法案と教科書法案を「民主的教育制度を根本的に変え」、将来的に「言論・思想の自由をおびやかすおそれのあるもの」と抽象的に評価し、後半部分では地教行法のみを対象に具体的な批判を展開していることが分かる。しかしこの「十大学長声明」に対するマスコミの報道を見てゆくと、前半部分の抽象的な評価のみを強調し、教科書法案と地教行法案を同一に扱っていることが分かる。すなわち一般の国民に対して、法案の内容ではなく否定的な評価だけを伝える報道が展開されたのである。

また、日教組は社会党と折衝した上で対案を作成していった。その内容を見ると、①将来的に都道府県教委が検定を実施、②検定制度の民主化、③学校等が教科書採択権を保持といった特徴を持ち、(59)政府案とは全く正反対の方向性を打ち出したのであった。

第1項で明らかにしたように、自民党は教育委員会制度の改正を企図し日教組対策を明確に打ち出していった。これに対し日教組は、以上見てきたように自民党への対決路線を先鋭化していった。その過程で日教組は地教行法案と関連づけて理解することにより、教科書法案自体も「反動法案」として評価し、次第にステレオタイプ化させていった。そのため、教科書法案は本来の性格とは異なる評価を付与され、後に地教行法案とともに「教育二法（案）」と見なされるようになったのであった。

小括

昭和二〇年代後半、教科書業界は過当競争の状態にあり、種々の風聞や事件が社会的に注目を浴びた。このような検定制度の弊害の顕在化に対して文部省は個別の対処を図っていったが、効果は限定的なものに留まった。そのため公正取引委員会より二度にわたり改善勧告を受け、抜本的な対策が求められていた。

この作業に文部省が着手した矢先に起きたのが、『うれうべき教科書の問題』だった。衆議院行政監察委員会の議題に決まった当初は、検定制度の弊害が焦点になると考えられていた。しかし実際は証人喚問を通じて民主党が日教組攻撃を行い、社会党・日教組がこれに応じるという泥仕合が展開された。この過程で保革の対立軸が、教科書記述の評価という思想問題を中心に形成されたため、教科書問題は検定制度の弊害是正という実際的な問題から思想を巡る対立へと変質していった。

一方、文部省はこのような保革の対立とは一線を画す姿勢を示していた。すなわち、民主党の日教組攻撃に対して距離を置き、弊害を是正するための方策を研究していた。この過程で中教審に諮問し、その答申に沿って教科書法案の作成を進めていった。こうした文部省の行動は、占領改革の成果の否定や革新勢力に対する巻き返しといった能動的な対応ではなく、検定制度の弊害顕在化という状況を踏まえた受動的な対応だった。すなわち、教科書法案の立案は政治反動というよりも、状況の改善を目指した占領政策の修正という性格を強く帯びたものだった。このため、事情に精通していた森戸は教科書法案に対して「はじめに」で紹介したような認識を持つに至ったと考えられる。

これに対して教科書法案が一般に「反動法案」と認識された原因は、保革の対立の激化とそれによって生み出された言説によるところが大きいと思われる。その萌芽は、『うれうべき教科書の問題』にも見られたが、社会党の両派統一・自民党の誕生に伴う対立の激化によって一層鮮明になっていった。すなわち保守合同直後から自民党は日教組対策を検討したが、この過程で教科書法案よりも教育委員会制度の改革（地教行法案の作成）を優先したのであった。つまり自民党は、日教組の攻撃の手段として地教行法案に期待を寄せていたのである。こうした自民党の行動は革新勢力への能動的な攻撃であり、まさに政治反動と評価される行動そのものであったと言える。そのため攻撃を受けた日教組や社会党は反発し、両者の対立はより激化していった。

この結果、対立する保革の言説の中で地教行法案にとどまらず教科書法案までもが、本来の政策意図とは異なる「反動法案」というレッテルを貼られ、「教育二法（案）」として同一視されることとなった。このように「反動法案」という教科書法案への評価は時代状況に規定された言説の影響が大きかった。そしてその言説が再生産されるに伴い、本来の政策意図は言説の中に埋没してゆき、それがあたかも実体であるがごとき状況が生じ、現在に至るまで教科書法案が「逆コース」を代表する法案と見なされる基盤を醸成していったのであった。

最後に政治構造が言説に与える影響について注意したい。本章では、検定制の弊害とその対応策（教科書法案）に対する評価が、保革の対立の中で変化した点に注目して分析した。『うれうべき教科書の問題』以前に、日教組が文部省の対応に比較的好意的だったのは、未だ本質的に両者が対立関係になかったためと考えられる。先に掲げた表9、表10から、文部省の審議会に日教組関係者が委員として参加していたことを確認できるのは、その一例である。

しかし本章で見たように、日教組は民主党（後に自民党）に反発する過程で、文部省との距離を急速に形成していった。そしてそれに伴い文部省も自民党寄りの姿勢を示していくこととなる。この変化は、第二四回国会で自社両党が激突したことによって決定的になった。第二四回国会後、文部省は教科用図書検定調査審議会の委員を入れ替え、前掲表9、表10から分かるように日教組関係者を一掃した。このことは、同時期に行われた教育委員会の委員任命でも同様だった。すなわち、この時点で初めて日教組と文部省の人的つながりが断ち切られ、日教組対文部省の対立構造が確定したのであった。

註

（1） 当該期の史料では、一般的に地教行法案と教科書法案を一括して「教育二法」または「教育二法案」と称しており、臨時教育制度審議会設置法案は含まれていない。本章では、史料上の用法に即して、以後「教育二法（案）」と略すことにする。

（2） たとえば、前掲久保義三『昭和教育史』（三一書房、平成六年）参照。当該期の教科書問題を扱った研究として、山口拓史「一九五六年教科書法案についての研究―一九五五年前後の教科書制度改革動向関連を中心に―」（渡部宗助編著『講和独立後のわが国教育改革に関する調査研究』〈国立教育研究所、平成四年〉所収）と土持法一「教科書検定と日教組」（中村隆英・宮崎正康『過渡期としての一九五〇年代』〈東京大学出版会、平成九年〉所収）がある。実証度に差があるが、両論文とも、教科書法案を「逆コース」の枠組みで分析している。

（3） 『第二十四回国会衆議院文教委員会公聴会議録第三号』（昭和三一年五月一一日）、森戸辰男公述。

（4） 高野和基「日本占領研究における「逆コース」」（『中央大学大学院研究年報　法学研究科編』一五号I―1、昭和六一年度）、明神勲「占領教育政策と「逆コース」論」（『日本教育史研究』一二号、平成五年）、中村政則「占領とはなんだったのか」（歴史学研究会編『日本同時代史2　占領政策の転換と講和』青木書店、平成二年）参照。ただし以上の研究は占領期に中心したものであり、占領終結後については、サンフランシスコ体制に対応した国家体制・政治構造の構築（集権化）を重視する見方がある（古関彰一・青木哲夫「サンフランシスコ体制下の政治」歴史学研究会・日本史研究会編『講座　日本歴史11　現代1』〈東京大学出版会、昭和六〇年〉所収）。

（5）本書第二章参照。

（6）久保義三、米田俊彦、駒込武、児美川孝一郎編著『現代教育史事典』（東京書籍、平成一三年）二〇九～二一〇頁。

（7）たとえば昭和二七年に鹿児島県では地方検察庁が調査に着手し、佐賀県では県議会で取り上げられ問題になっていた（『時事通信　内外教育版』昭和二七年七月四日、七月一一日、八月一日）。一連の経緯については、水谷三郎『教科書懇話会の歴史』（昭和三六年、図書印刷、二四二～二七三頁）が詳しい。

教科書懇話会とは教科書会社の親睦団体であり、次に述べる公正取引委員会の勧告を契機に、自主規制を強化するため教科書協会へと改組した。

（8）「教科書発行会社の不公正競争方法について」（昭和二七年六月七日、公正取引委員会委員長横田正俊発、文部大臣天野貞祐宛）。この中で公正取引委員会は「教科書発行会社間の競争は、内容及び価格についての競争よりは、寧ろ、採択勧誘面における競争に重点がおかれ、これがため検定教科書制度の本来の目的である教科書の供給における公正且つ自由な競争が阻害され、ひいては教科書の競争を通じて齎さるべき、価格引下げ、ならびに、内容向上という消費者利益が必ずしも十分に実現されていない憾のあることが認められる」と問題を指摘している。

（9）『朝日新聞』昭和二六年一二月一日。同記事では、同年一一月上旬から文部省が東京・名古屋・大阪・福岡など全国七カ所で開いた「教科書発行制度に関する協議会」で寄せられた意見を紹介している。それによると全国的に多い意見として「教科書の種類が多すぎるから厳選して欲しい」、「業者の宣伝を制限せよ、展示会前の直接宣伝はよくない」、「展示会は期間が短いから十分の研究が出来ない、会場を多くしてほしい」があげられている。

また、『朝日新聞』昭和二七年七月五日では文部省が小学校教科書について編集執筆者・検定調査員・採択委員・教員・ＰＴＡ・学識経験者など六〇三人に対して行ったアンケート調査の結果を紹介している。それによると、六四％が教科書の「種類が多すぎる」と回答するとともに、七五％が教科書の価格が「高すぎる」と回答したと伝えている。

(10) 教科書展示会とは各社の教科書見本を展示し、教員が比較・検討して翌年度の教科書を選定する場のことで、当時は毎年夏に約一〇日間開催されていた。

(11) 『時事通信　内外教育版』昭和二七年二月八日、『朝日新聞』昭和二七年二月一四日。

(12) 『時事通信　内外教育版』昭和二八年九月二五日、昭和二九年六月一一日、同年六月二二日、同年七月九日。文部省の通達名は「教科書常設展示場の設置について」（文初中三七八号）。

(13) 『時事通信　内外教育版』昭和三〇年二月四日、同年三月二二日。後者の記事によると、検定調査や展示会の経費でも文部省が予算獲得に苦労していると伝えている。

(14) 「教科書発行供給に関する不公正取引方法について」（文書番号：二九公審監第七七号、昭和二九年六月二八日、公正取引委員会委員長横田正俊発、文部大臣大達茂雄宛。広島大学文書館蔵『森戸辰男関係文書』MO〇四〇八一一〇〇三〇〇）。

(15) このときの記者会見で安藤文相は国定制への回帰は明確に否定し、検定制度の見直しであることを強調している（『朝日新聞』昭和三〇年三月二、一一日。『時事通信　内外教育版』昭和三〇年三月一一日）。また、この段階での改革構想については『時事通信　内外教育版』昭和三〇年四月八日参照。

(16) この段階で文部省は、現行制度の問題点（『毎日新聞』昭和三〇年六月二三日）および諸外国の事例の調査は完了しており（文部省調査局調査課『教育調査第四一集　各国の教科書制度』文部省調査局調査課、昭和三〇年六月）、その成果に基づき改革案の検討が進められていたと考えられる（『時事通信　内外教育版』昭和三〇年七月八日）。

(17) 『第二二回国会衆議院文教委員会議事録第三号』（昭和三〇年三月三一日）、辻原弘市の発言。『朝日新聞』昭和三〇年一〇月二五日。

(18) 『第二二回国会参議院文教委員会議事録第二号』（昭和三〇年三月二九日）参照。

(19) 小林武『教育の証言』（三一書房、昭和四二年）一七一頁。

(20) 『朝日新聞』昭和三〇年六月二四日、『毎日新聞』昭和三〇年六月二三日。『朝日新聞』の記事では、採択・検定・価格・供給の制度的欠陥が、論議されると予想している。

(21) 石井一朝は、愛媛県師範学校卒。終戦後は愛媛県教員組合設立に尽力し、日教組中央執行委員として編集部長・出版部長を歴任した。昭和二三年からは文部省の教科用図書委員会（教科用図書検定調査審議会の前身）副会長も務めた。その後は『日教組教育新聞』の編集長を務めていたが、昭和二九年に突如として『失われた教育』（芳文社、昭和二九年）を発表し、日教組批判を展開した。

（22）「主張　教科書制度検討のために」（『日教組教育新聞』昭和三〇年七月八日）。

（23）『日教組教育新聞』昭和三〇年七月一五日。

（24）『朝日新聞』昭和三〇年九月八日。『日教組教育新聞』同年九月一六日。

（25）『日教組教育新聞』昭和三〇年一一月四日。「このごろの日教組」（『朝日新聞』昭和三〇年一〇月一一日）。

（26）たとえば『教科書はどこへ行く』（日本教育新聞社、昭和三〇年一〇月）参照。翌年の教科書法案に関する論議でも、『日教組教育新聞』等では、国家による思想統制という側面のみが強調された。また現在でも『うれうべき教科書の問題』は、思想を巡る問題として一般的に認識されている。

（27）昭和二五年に両審議会は統合して教科用図書検定調査審議会となり現在に至っている。

（28）検定制発足の経緯については、久保義三『対日占領政策と戦後教育改革』（三省堂、昭和五九年）、および本書第二章参照。

（29）日高第四郎『民主教育の回顧と展開』（学習研究社、昭和四一年）七五～七六頁。日高は、昭和二六年三月から二七年八月まで文部次官を務めた。前掲『教科書懇話会の歴史』一九五～二〇一頁。『教科書懇話会の歴史』によると、愛媛、佐賀、栃木、秋田、山梨、福岡、山口、香川、徳島、熊本が取り上げられている。その他に昭和二八年に愛媛県八幡浜市では、教科書販売店が反対陳情を行い、自由党が県教組攻撃の材料にした（『時事通信　内外教育版』昭和二八年六月二三日、九月一日）。また、昭和二九年には山口県で公正取引委員会が実情調査に乗り出した（『時事通信　内外教育版』昭和二九年七月二三日）。

（30）文部省は「教科書展示会と採択について」（昭和二七年七月一日、文調刊第一七九号）を通達している。この中で「四、教科書の選定や採択に密接な関係を有する者が、自ら教科書関係の業務に従事することのないようにすること。従って学校生活協同組合が、教科書の供給業務に従事することも好ましくないと考えている」と述べている。

（31）『日教組教育新聞』昭和三〇年一一月四日。

（32）『日教組教育新聞』昭和三〇年九月九日。

（33）『第二十二回国会衆議院文教委員会協議会会議録第一号』（昭和三〇年一〇月四日）。松村謙三と辻原弘市および野原覚との質疑応答。

(34)『朝日新聞』昭和三〇年一〇月二五日、文部記者会・戸塚一郎・木屋敏和編『文部省』（朋文社、昭和三一年）二三〇頁。

(35)『朝日新聞』昭和三〇年八月一六日。『毎日新聞』同年九月二日、九月七日。『時事通信　内外教育版』同年八月一九日。

(36)平垣美代司『日教組とわが戦い』（暁書房、昭和五七年）一五六～一五七頁。

(37)『朝日新聞』昭和三〇年九月七、九日。『毎日新聞』同年一〇月二日（夕刊）。また日教組との会見でも松村文相は改めて国定化を否定し、中教審には文部省の改正構想を示さずに諮問することを明言している（『日教組教育新聞』同年一〇月一四日）。実際に文部省からの諮問事項を見てみると、問題点を列記するのみで中教審の審議に問題が委ねられたことがうかがえる。審議の流れ全般が分かる史料としては、「教科書制度に関する中教審の審議経過」（広島大学文書館蔵『森戸辰男関係文書』ＴＡ〇二一〇二七〇〇六〇〇）がある。

(38)「教科書制度の問題について中教審で意見を述べた参考人の氏名」（前掲『森戸辰男関係文書』ＴＡ〇二一〇〇二七〇〇五〇〇）。意見を開陳した人物は以下の通り。石山修平（東京教育大学教授）、北川若松（横浜市教育委員会教育次長兼指導室長）、神谷四郎（茨城県教育委員会教育長）、永井茂弥（教科書協会会長）、今井兼文（教科書供給協議会全国連合会幹事長）、大塚卓二（千葉県東金小学校ＰＴＡ会長）。

(39)特別委員会の委員は以下の通り（「中央教育審議会各特別委員会委員名簿」〈国立教育政策研究所蔵『石川二郎旧蔵資料』Ⅶ―七八〇〉）。浅尾新甫（日本郵船社長）、安藤哲治郎（千代田区千桜小学校長）、児玉九十（明星学苑長）、田辺繁子（専修大講師）、野沢登美男（都中央区久松中学校教諭、元都教組中央区支部委員長）、松沢一鶴（都教育委員長）、森戸辰男（広島大学長）。なお、野沢は教員組合を代表した委員と見なされていた（『朝日新聞』昭和三〇年一月二五日）。

(40)「教科書制度の改善に関する答申案についての森戸主査説明要旨」（前掲『森戸辰男関係文書』ＴＡ〇二一二〇〇〇一一〇〇）。

(41)「主張　中教審の答申案について」（『日教組教育新聞』昭和三〇年一二月九日）。後述の論点とも関わるが、この論説では答申＝教科書国定化という枠組みで見ていない。間接的に答申に不満を表明しているにすぎない。

(42)『時事通信　内外教育版』昭和三〇年一二月二三日。

(43)『朝日新聞』昭和三一年一月七日。

(44)『時事通信　内外教育版』昭和三一年一月一三日、『毎日新聞』同年一月一六日。『毎日新聞』によると法案の要点は「◇検定非常勤調査員三百名（現在千四百名）常勤調査官百名（現在なし）をおき、常勤調査官は十二、三級職（教授級）とし、氏名はすべて公開する（現在は非公開）。一、教科用図書検定審議会の委員は七十名（現在は十六名）とし、十数分科会にわけて最終検定を分担する（これによって非常勤調査員がフルイにかけ、常勤調査官がさらに厳選したものを、審議会委員が最終的に検定を与える三段階の選択過程をとる）。一、検定有効期間は原則として五年とし、すでに検定をうけたものは三年以内とする。◇採択　地理的条件および教育条件を考慮して、一科目につき府県一種、または府県を二、三地区に分けて一種を採択するものとする（これによって小県は一課目《（ママ）》一本とし、大きな道府県では実情に応じ採択単位を定めることになる）。一、採択は都道府県ごとに教育委員、学校長、教職員から成る三十名内外の採択委員会で決定する。◇供給　府県もしくは府県内の二、三地区に分れた教科書採択単位ごとに、特約供給所から小売店まで一本の共販組織にまとめる（現在は供給販路が重複競合しているが、これに地区一本の共販制をしき販路を整理する。「配給公社案」とは全く別）。◇価格　運賃を三種または五種に引下げ、中間手数料を制限するほか、種類の圧縮によってコスト低下をはかる（運賃が三種になっても実際は一冊二銭安にしかならないので、主として種類の限定で生産コストの低下をはかる）」であった。後述の論点とも関わるが、大蔵省との折衝によって人員が削減された他は、自由民主党の承認を経て国会に提出された教科書法案の枠組みとほぼ同じであり、この段階で法案等は完成していたと推測される。

(45)『朝日新聞』昭和三〇年一二月二六日（夕刊）。

(46)『時事通信　内外教育版』昭和三一年二月七日。

(47)『朝日新聞』昭和三一年三月一日。

(48)『朝日新聞』昭和三一年三月一一日（夕刊）。そもそも保守合同の契機が、躍進する革新勢力への危機感であったことにも注意を要する。また、当時しばしば「党の小間使い」と揶揄されたように、清瀬一郎文相の姿勢が党議優先であったことも関係があると思われる。この点は、教育の中立性を目標に掲げて与党の政策と一定の距離を置いた松村文相と対照的である。小林武（当時日教組委員長）は、このような清瀬の姿勢を酷評している（前掲『教育の証言』一七四〜一七六頁）。

(49)『朝日新聞』昭和三〇年一二月一〇日、『毎日新聞』昭和三一年一月一五日。『朝日新聞』の記事では、①教員の政治活動を制限した教育二法が実効をあげていないこと、②翌三一年六月の参院選を考慮した結果、と推測している。

(50)『朝日新聞』昭和三一年二月二日。また、中教審答申と教科書法案との関係については、「中教審の答申は、教科書法案にいかに盛られているか」（前掲『森戸辰男関係文書』MO〇六〇一〇二〇〇六〇〇）、「中教審答申と政府案との差異」（同前MO〇六〇一〇二〇〇七〇〇）を参照のこと。

(51)『朝日新聞』昭和三一年二月二六日（夕刊）、三月五日（夕刊）。

(52) 註(47)(51)参照。

(53) この時点で文部省は、すでに教科書法案の成立を前提に準備していたと思われる。たとえば教科書制度の整備改善のため、約四三〇〇万円を予算に計上している。このうち三〇〇〇万円が、全国六〇〇カ所に教科書研究センターを創設するための補助金で、一九一八万円が文部省に専任の教科書調査官四五名を置くための費用だった（「昭和三十一年度文部省事業計画」〈『文部時報』九四五号、昭和三一年五月〉）。

(54)「資料一　反動文教政策の粉砕を（一九五六年一月一九日第三九回中央委員会「当面の重点」より）」（日本教職員組合編『日教組二〇年史　資料編』労働旬報社、昭和四五年）六八二～六八四頁。

(55)「日教組は、どう乗り切る？　春季攻勢の方向と課題をみる」（『時事通信　内外教育版』昭和三一年一月一七日）。ただし同記事によると、改正反対→現行維持という執行部の主張に対して、実情を知る下部組織の理解が十分に得られていないと伝えている。この後、日教組の抗議運動が盛り上がりを見せなかった原因を考える上で興味深い。

(56)「資料二　三法案をめぐる情勢（一九五六年二月二〇日第一三回臨時大会「春季統一行動の展開に関する件」より）」、「資料三　闘争宣言（一九五六年二月二一日第一三回臨時大会）」（前掲『日教組二〇年史　資料編』六八四～六八五頁）。ただし大会での論議において地方代表は教員の経済問題を主眼とした闘争を求め、執行部との意識の違いを見せた（『時事通信　内外教育版』昭和三一年二月二四日）。

(57)『日教組教育新聞』昭和三一年三月三日。一般紙も制度自体ではなく、成立後に制度が政治的に運用される可能性を問題点として取り上げている（『朝日新聞』昭和三一年三月二五日）。

(58)『日教組教育新聞』昭和三一年三月一六日、「主張　反動法案を撤回せよ―十大学長声明に寄せて―」同四月一日。また、この「十大学長声明」は日教組の世論工作の成果だったことが知られている（望月宗明『日教組とともに』〈三一書房、昭和五五年〉一五九～一六〇頁、大槻健『戦後教育史を生きる』〈大月書店、平成三年〉七三～七四頁）。

(59)『時事通信　内外教育版』昭和三一年三月一六日。『日教組教育新聞』同年三月九日、四月六日。

第五章　中央教育審議会と教科書問題

――「教科書制度の改善に関する答申」の形成過程を中心に――

はじめに

本章では、中央教育審議会（以下、中教審と略）が、昭和三〇（一九五五）年一二月五日に決定した「教科書制度の改善に関する答申」について分析する。この答申は、翌昭和三一年の第二四回国会に文部省が提出した教科書法案の根拠となったものである。教科書法案は、「反動法案」という当該期の評価に基づいて、長らく「逆コース」を代表する政策の一つとして理解されてきた。これに対して筆者は、前章で確認したように、こうした評価は五五年体制成立という当時の政治状況に強く影響を受けたものであり、法案の実態とは全く異なることを明らかにした。

ただ、前章においては政治過程の分析が中心であり、当該期の政策的背景や関係者の意識を十分に分析することができなかった。そこで本章では、教科書法案の基礎となった中教審の答申形成過程を分析することによって、これらの問題を明らかにする。

また、本章で分析する中教審の答申については、これまで文部省の政策の方針を示すものとして、多くの分析や論評が行われてきた。しかし、これらの研究の大半は答申の本文のみを分析したものにすぎず、審議の実態を踏まえたものではない[1]。このように先行研究の分析が答申に限定された最大の原因は、中教審の議事録が非公開とされてきたことによる。このため議事録に基づいて、先行研究の妥当性を検証することは事実上不可能であった。

しかし、近年になって中教審の議事録が公開されるようになり、ようやく議事録に基づいた審議過程の解明が可能となった[2]。そこで本章では、こうした史料状況の改善を踏まえて「教科書制度の改善に関する答申」の形成過程を分析するとともに、答申の性格についても考察を加える。

一 答申決定への過程

1 中教審への諮問に至る経緯

中教審での議論の背景を確認するため、本項では諮問に至る経緯について見てゆく[3]。教科書の発行制度は昭和二三(一九四八)年に国定制から検定制へと大きく変化した。当時の文部省は制度の転換自体に反対ではなかったが、用紙の不足など物理的条件から改革を漸進的に進めることを主張していた。ところが占領軍(民間情報教育局)が改革の断行を主張したため、文部省は制度の整備が不十分な状態で検定制を発足させることとなった。

このため昭和二〇年代後半には、こうした法制度の不備が早くも露呈することとなった。その最大の原因となったのが、教科書発行会社の過当競争であった。検定制度発足時、教科書発行会社はわずか二二社にすぎなかったが、その後は増加の一途をたどり昭和三〇年には九五社に達していた。児童・生徒の数がほとんど増加しない状況で教科書発行会社が増えたため、各社はさまざまな手段を講じて製品(教科書)の売り込みを行うようになった。その結果、①学校関係者に対して発行会社が不公正な売り込みを行っている、②過剰な宣伝費が価格に転嫁されている、③教科書の改訂や使用教材の変更が頻繁に行われ、兄弟で同一の教科書が使えず教科書代がかかる、④年度の途中に転校すると在庫の少ない中小の発行会社の教科書の入手が困難である、といったようなことが検定制度の問題点として指摘されるようになった(4)。

昭和二七年、独自に調査を進めてきた公正取引委員会は、文部省および関係団体に対してこれらの問題の解決を求める勧告を行った。しかしその後も状況が十分に改善されなかったため、昭和二九年に公正取引委員会は再び勧告を行った。こうした事態を受け文部省は、昭和三〇年三月になってようやく制度の抜本的な見直しに向けた研究に着手したのであった(5)。

ところがこうした法制度上の問題とは別に、同時期に教科書の内容についての問題が持ち上がった。すなわち、当時与党であった民主党が、衆議院行政監察委員会において教科書の内容が左翼思想に「偏向」しているとして糾弾したのであった。民主党は、こうした問題の原因は日本教職員組合（以下、日教組と略）にあるとして、同団体に批判の矛先を向けた。このため日教組は激しく反発し、支持団体である両派社会党を巻き込みながら、民主党に対する対決姿勢を強めていった。

これら一連のできごとは、民主党が発行した小冊子の題名にちなんで「うれうべき教科書の問題」と称されるようになった。このように教科書の内容が政治問題化するなか、昭和三〇年八月に文部省は検定制度改革の基本構想を固めたのであった。そして九月初めから文部省は、与党民主党との折衝を開始した。ところが当時民主党は保守合同に向けて自由党との協議を行っている最中であった。そこで自由党との政策調整を円滑に進めるため、民主党はこの問題を文部省の間で決定するのではなく、中教審の審議に全面的に委ねることとしたのであった。

こうした経過を経て昭和三〇年一〇月三日、文部省は中教審に対して「教科書制度の改善方策について」を諮問したのであった。

2 中教審における審議の経緯

前項では、制度の問題に加えて教科書の内容が政治問題化するなかで、中教審への諮問が行われたことを確認した。これを踏まえて本項では、どのような経緯を経て中教審が答申を形成していったのかを確認する。

先述のように昭和三〇年一〇月三日、中教審の第四七回総会において文部大臣から諮問があった。同総会では引き続き事務局から説明が行われ、その後に出席者との間で質疑応答が行われた(6)。一〇月一〇日の第四八回総会では関係者を参考人として招致し、実情や意見を聴取するとともに質疑応答が行われた。参考人として選ばれたのは、石山修平(東京教育大学教授)、北川若松(横浜市教育委員会教育次長兼指導室長)、神谷四郎(茨城県教育委員会教育長)、永井茂弥(教科書協会会長)、今井兼文(教科書供給協議会全国連合会幹事長)、大塚卓二(千葉県東金小学校PTA会長)だった(7)。

ここで注意すべきは、教職員組合から参考人が招致されなかったことである。前項で確認したように、教科書の「偏向」問題をめぐって日教組と民主党は政治的に対立していた。これに対して当該期の文部省は、両者の政争に巻き込まれないように努めていた(8)。このため当初は文部省も教職員組合からの参考人招致を検討していたのであるが、最終的に招致を見送ったのであった(9)。

その後、一〇月一七日に中教審は第四九回総会を開き、教科書問題について自由討議を行った。その上で中教審は、答申の原案を起草するため第六特別委員会(以下、特別委員会と略)の設置を決定した。特別委員会の委員に選ばれたのは、浅尾新甫(日本郵船社長)、安藤哲治郎(東京都千代田区千桜小学校長)、児玉九十(明星学苑長)、田辺繁子

（専修大学講師）、野沢登美男（東京都中央区久松中学校教諭・元都教組中央区支部委員長）、松沢一鶴（東京都教育委員会委員長）、森戸辰男（広島大学長）の七名であった。(10)

議事録によると、これらの人選は天野貞祐会長の指名によって行われており、事前の準備がすんでいたことがうかがえる。この時点において中教審は、特別委員会の原案作成、総会での討議（二回）を経て、一一月末までに答申を文部省へ提出する予定であった。(11)一方、事務局（文部省）の計画でも、一〇月二四日、三一日、一一月七日（またはその間に二日連続で行う）に特別委員会を開いて原案をまとめ、一一月一四日に総会を開催して答申を決定する予定であった。(12)

ところが実際の特別委員会は、一〇月三一日、一一月一日、一四日、一五日、二八日（総会前）の計五回開かれた。また、これとは別に森戸主査は、天野会長、河原春作副会長との会合を二回開いている。(13)ここで注目されるのが、一一月一日に特別委員会が佐藤幸一郎（日教組文化部長）と木下宗一（全日本高等学校教職員組合教文部長）を招致して、意見の聴取を行っていることである。(14)先述したように文部省は、中教審の総会での参考人招致から教員組合の代表を意図的に外していた。事務局の計画にもこの参考人招致は予定されておらず、あくまでも特別委員会（中教審）独自の判断による措置であったと思われる。すなわち、特別委員会は、幅広く関係者からの意見を聴取するとともに、予定を変更して慎重に審議を行った上で答申の原案をまとめたのであった。

このため特別委員会が答申の原案を総会に報告したのは、一一月二八日のことであった。この第五〇回総会においては、答申の原案とその内容の説明のみが行われた。(15)そして一二月五日の第五一回総会において、中教審は答申案の審議を行い、その一部を修正した上で答申として決定したのであった。(16)

3　答申形成に至る中教審の議論

本項では、答申形成に至る中教審での議論について見てゆく。前項で審議の経緯について確認したが、答申に直接関係する議論が展開されたのは、第四九回総会での自由討議、特別委員会での審議、第五〇回総会での答申原案の報告、第五一回総会での答申原案の審議である。特別委員会の審議については議事録の存在が確認できないため、本項では第四九、五〇、五一回の各総会の議論について見てゆく。

また、すべての議論を網羅することは紙幅の関係で難しいので、本項では、検定と採択に焦点を合わせて分析する。検定については、まさにその行為が制度の中枢であるため、原則論にまで踏み込んだ議論が展開されており、この問題を検討することは制度の本質を考える上で欠かせない。一方、採択についても、制度上の懸案事項であった教科書発行会社の過当競争と直接関わりがあるため、とくに議論が重ねられており、当該期の問題を考える上で重要と思われる。

さて、個別の議論を分析する前に、答申全体の性格について確認しておきたい。答申案をまとめた特別委員会の主査である森戸辰男の説明によると、この答申案はあくまでも「当面改善を要請されており、急速に実行することの（ママ）可能と考えられる事項について意見をまとめた」ものであったということである。このため、検定を行う教科用図書検定調査審議会を文部省から切り離して独立の機関とすることや、弊害の温床として認識されていた発行や供給機構を一元化して公共性を与えることや、教科書を無償にすることなどの問題は、「国の政治組織や経済・財政その他関連する面が広く、その研究に相当の時日を要」するため答申案に盛り込まれなかったのである(17)。すなわち、答申案は、教科書の「偏向」問題など政治的な問題に関することは避け、制度上の改善点に内容を絞り込んだものであった。こうした答申案の方向性は、「うれうべき教科書の問題」と一線を画そうとしていた文部省の姿勢と一致するものであった。

このように答申案では、審議に時間を要すると思われる問題が棚上げされた。このため、第四九回総会の自由討議では政治問題や原則論に議論が及んだのに対して、第五一回総会の審議では、主として制度面に議論が限定されたのであった。(18)

(1) 検定についての議論

①第四九回総会　第四九回総会の自由討議では、どこが主体となって検定を行うのかという検定権の所在や結果に対する責任のあり方、さらには教育への政党の介入をどのように防ぐのかという教育の独立について議論が交わされた。(19)

矢内原忠雄委員（東京大学総長）は、検定制度の維持に賛成であるという私見を示した上で、「検定が国定に近付かないように」するために検定を行う審議会の組織のあり方を問題とした。すなわち、矢内原委員は、政党出身の文部大臣が裁量によって委員を選任するという方法では、「何が偏向であるかということを政党がいろいろとそれについて意見を述べ、それが政府を通して検定に影響をもつということになると、政党の政策の好むところが教科書に検定を通して国民思想を統制する危険が多分にあると」した。そこで矢内原委員は、日本学術会議や現場の教員の団体（校長会など）が委員を推薦し、文部大臣が形式的に任命するという方式を提案した。

これに対して小汀利得委員（日本経済新聞社顧問）は、現行の検定制度のあり方をふまえて異論を唱えた。すなわち、教科用図書検定調査審議会の結論を文部大臣が追認し、形式的に責任を負うという現在の制度では責任の所在が曖昧であり問題を引き起こしているとした上で、矢内原委員の提案する制度で「簡単に一部の学者とか専門家の言うことなんかを聞いてうっかり（筆者注：検定を）やったならば、今あるようなおろかな教科書が続々と出る。もっと巧妙に変なことをやられるおそれがある」という認識を示した。そして小汀委員は、教育と政党政治の関係についても「片寄った、きわめて少数のいわゆる専門家の間でうまくスクラムを組めばうまくごまかせるようなことをやれる団体よりも、これは国民全体に基礎を置き、平均二年に一回選挙が行われて代議士がかわる政党の方がよほど弊害が少ない」という認識を示した。

一方、野沢委員からは、教育の独立および政治的中立性の確保という観点から、矢内原委員の提案をさらに進めて検定の主体の独立機関化が提案された。

これらの意見を受けて森戸委員は、審議会の人選について「現場の教育に関係している者については、私は矢内原委員の指摘されたような十分な考慮が払われるべきだと思う」と一定の理解を示した上で、日本学術会議から委員の半数を選ぶという提案に対しては「（筆者注：日本学術会議が）直接学問の研究と違う、主として教育の場面にそういう強い責任を持つことは非常に危険なこと」と反対の姿勢を示した。

また、政治と教育の関係について森戸委員は、「政党内閣と教育の中立性をどう結ぶかということでございますが、その点については断然切離してこれが別なものになり得るかというと現実的には非常に難しいことではないかと思います」、「政党内閣の制度が認められている限りは、そういう声の聞かれることもこれはある程度やむを得ないのじゃないかと思います」と述べた上で、この問題については「その責任をもっておられる大臣に信頼するよりほかにないと思います」という認識を示した。

こうした森戸委員の認識について増田栄委員（評論家）も賛意を示し、「あまりに無責任な、責任をもたないところの地方化、責任をもたない民主化、細分化というようなことが、今日のこういうことをすでに惹き起しているのだと思います」、「文部当局のかたも国家の将来のためにはっきりした、誠実にして熱心なご研究を積まれてこれを解決の方に導かれることを希望いたします」という意見を述べた。

こうした意見に対して、矢内原委員は、「文部大臣を信頼して文部大臣はかくあるべきだという理想論は別といたして現実に（筆者注：戦前のように）文部大臣を信頼してその指導のもとに日本の教育を行うということは根本的に間違っておった、それを改めなければならないというのが戦後の教育制度の改革であります」、「教育のことについては教育家が責任をもってこれに当たる。そうして政治の関与を排するということが新しい憲法の思想でもありますし、教育制度の改革された趣旨である。それを崩してはいけない」という反論を述べた。

ここで、増田委員から「私は文部大臣専制政治を行え、と言った覚えはないのであります」、「政府とか議会とかというものは国民の意思とか理性とかいうのが集中した機関であるからその方に国民の意思が反映されないということはこれは遺憾だと思うのであります」と矢内原委員の誤解を正す発言があった。このように政党政治と教育の中立性の関係、検定制度への文部省の関与について、それぞれの立場から議論が交わされた。

一方、松沢委員からは、教科書の偏向問題について「これはもちろん教科書そのものが都合の悪いものはいかぬと思いますが、同時にある意味では現在程度のものでしたならば現場の教員の扱い方ではどちらにもなる」とした上で、「現在の教員仲間には相当堅実な思想をもった者が多数占めていると私は考えております」という認識が示された。そして松沢委員は、「常識的な採択という点において相当この検定その他を規制し得るので、発行業者もあるいは文部省の鼻息をうかがうとか、あるいは日教組の鼻息をうかがうということでなしに、きっと制度自身が自由、公正の立場において堂々とやっていかれるようになされたらいいのじゃないか。それについて採択については十分現場の教員の意向を聞き入れるような制度を作るべきだ」という意見を述べ、採択の重要性を強調したのであった。

②第五〇回総会　こうした検定のあり方をめぐる議論に対して、答申案では現行通り文部大臣が検定を行うこととした[20]。特別委員会では、その理由として「わが国の現状ではやはり国家がやるのが適当だということに致しました。仮に都道府県教育委員会もやることが適当であると致しましても、その現状、能力等の点からみて、現実の問題として甚だ困難と思われる」ことを指摘している。

また、政党政治の影響を避けるため独立の審議会に検定を行わせるべきだという意見に対して特別委員会は、「教育の政治的中立の問題はひとり教育内容、教科書の検定に限らず、教育全体に係るものであります。だからそれは責任内閣制度との関連において、国家行政組織全体に関する根本問題にも触れる問題なのであります。そこで、ここでは検定の最終的責任は、現行通り文部大臣にあることと」したのであった。

そして答申案では、検定について次のような制度を提案した[21]。

一　検定は、現行どおり国（文部大臣）において行うものとし、都道府県においてはこれを行わないものとすること。

二　文部大臣の検定権の行使を適正ならしめるため、現行の審議会を拡充強化し、その委員は学識経験者・教職員その他のうちから、中正かつ適切な方法により選任するものとすること。

三　審議会には、教職員・専門家その他のうちから適正な方法（たとえば、教職員にあっては、教育委員会に校長の意見を聞いて推薦させる等）により、選任した非常勤の調査員を置き、第一次調査にあたらせるものとするが、調査審議の責任は審議会自体が負うようにすること。

この場合、非常勤調査員の職・氏名を公開すること。また審議会の拡充強化に資するため非常勤の調査員のほか、別途、常勤専任の調査職員を相当数置くこと。

四　審議会は、編著者から申し出があったときその他必要があると認めるときは、編著者の意見を聞くものとすること。

五　検定基準を整備すること。

六　検定は常時行うものとするが、不合格図書の同一年度における再申請は、これを認めないものとすること。

七　検定には一定の有効期間を定めること。

このように答申案では、基本的に現行の制度を拡充する方向性が示された。ただ、注意を要すべき点としては、特別委員会において、審議会の委員が適切・中正に選任されるような方法について検討が重ねられたが、「的確なものを示すことが困難でありましたので、ここ（筆者注：答申案）では学識経験者、教職員等のうちから任命されるものといたし、その任命は、中正適切な方法によって行われるべきことと致すに止め」たのであった。

③第五一回総会　上述のように答申案では、国（文部大臣）が主体となって検定を行う方針が示された。この点について第五一回総会では、異論は出されなかった。同総会で議論となったのは、主として検定の運用の問題であった(22)。最初に増田委員が、「検定というのはこれは消極的な意義をもっているものであって最低限度に言うことは望ましくない。ああしてはならないというのが検定の基準で、こうせよという積極性はないものであります。そこで検定の基準というものはそう簡略になりすぎればこれはなきに等しい」という私見を示した上で、第五項の「検定基準を整備すること」の後に「たとえば社会科等において過去の国民の歴史、文化、伝統、感情等を強いて私見において歪曲し、あるいは非難しまたは特定のドクトリンをもって叙述することをさける」という一項を挿入することを提案した。

この提案に対して矢内原委員は、「ある人がたとえばそれは著者の私見だと言えば、しかし著者の方はそのシッペ返しといたしまして、それはあなたの私見だということになって来ますね。そうすると議論が果てしないことになるのじゃないかと思います」という反論を示した。

これに対して増田委員は、①共通の社会感情や利益からみて「良識あるところの多数が判定」した場合はどうするのか、②当時話題になった『チャタレイ夫人の恋人』を例にあげ、「いいものを撰び青少年の諸君にプラスになるところの基本的なものを選ぶ、適正なものを選ぶということが教育の問題でありまして、学問思想の自由という問題を教科書にもってくるということ」がふさわしくないことの二点をあげ、修正案の妥当性を主張した。

これらの点について矢内原委員は直接反論せず、「この答申案というのは制度に関することですね、検定、採択、供給等の制度に関する答申でありますから、この検定基準はいかにあるべきか、どういうことを検定基準にすべきかという内容についての答申ではないと思うのであります」と述べ、答申の性格から反対論を展開した。

この修正案をめぐりさらに増田委員と矢内原委員の間で議論が交わされたが、森戸主査より、「特別委員会の考えといたしましては、こういう簡単な形に盛りましたのは検定基準自身についてはいろいろ問題があり」ますが、「ここでいろいろそれを審議してその内容をきめるということは適当ではないかということでその項目は述べなかったのであります」という説明があり、双方がその説明を受け容れるかたちで議論の収拾が図られたのであった。こうして、検定に関する項目は、特別委員会の原案がそのまま承認されることとなった。

⑵ 採択についての議論

①第四九回総会　第四九回総会の自由討議では、一定の地域において教科書を統一的に採択するための組織のあり方が議論の中心となった。(23)

最初に小林道一委員（栃木県立宇都宮高等学校長）より、宇都宮市の実態に基づいて①「採択の主体は現行法通り」地方教育委員会とすること、②市町村の教育委員会単位で教科書を統一した方が便利であるから教科書を採択するための協議会を設置すること（学校関係者・教育委員会事務局・大学関係者・研修所関係者で構成、ＰＴＡ関係者・教育委員は含めない）、③教科書の常設展示会場を設けること、という提案があった。

こうした小林委員の提案を受け、その後の議論は採択のための協議会設置を前提とした上で、主として協議会の構成をめぐって展開された。

まず、小汀委員は、協議会に教員以外を入れないという小林委員の案に対して、「教育委員やＰＴＡであれば、業者（筆者注：の勧誘）に動かされがちである。専門の教育家ならばそうでないなんということはそれは言えないことである。いわんや教員だけでやれば、今のように日教組の影響をまともに受けやすいという虞れがある（中略）少なくとも教育委員なんというものは、それは入れないという法はない、大いに入ってもらって、それはばんばんやってもらわなければならん」という意見を出した。

野沢委員からは、「現場の教員としますと、やはり現場の教師というのは、教育の自主性を持ってやっているという確信を持っておるつもりなんでございます。決して私は日教組の方針に引きずられるような、教員の自主性というものは全然失っておらないというように考えたいと思うのであります」という認識が示された。その上で、地方教育委員会が、現場（教員）の意見を重視して採択権を行使すべきであるという意見が出された。

これに対して森戸委員は、「教科書の採択の仕方についてはできるだけ広い意見が入れられて、いろいろな意見のバランスがとれることが必要であると思うのであります」、「少ないものの決定にはある程度の危険が伴う虞れがあります。最後の決定は地教委が決定することにいたしておりまして、これは私は妥当だと思っております。同時にこれらのうちで広い地域、全体を通じて、相当のスタッフをもちよってある程度公正にこの問題を検討できるのはおそらく県教委ではないかと思いますので、県教委の意見というものは相当重視されていいのではないか」と採択に都道府県教育委員会が関与すべきという意見を述べた。

一方、原田譲二委員からは地教委の採択権は手続き上のものにとどめ、「公正に、公平に本当に採択の審議をするという一つの機関を別個にこしらえた方がいいのではないか」という意見が出された。

また、松沢委員は、「事実地教委にその権限があるといたしましても、東京都におきましても、区の教育委員会ですらなかなかこの教科書全部について調査したり、採択したりするということは困難」という実情を説明し、「実際問題としては、森戸先生のいわれるような形にならざるを得ないと思う」という意見を述べた。矢内原委員も「学校長の意見を聞いて、もしくは今お話のような協議会の意見を聞いて地方教育委員会が決定するとしていただきたいと思います」と同調する意見を出したのであった。

②第五〇回総会　こうした議論を受けて特別委員会としては、採択のための協議会設置を打ち出した(24)。すなわち、①「公立の小、中学校については、それが義務教育であり、教科書および教科の共同研究、転校等の便宜をはかり、地域的一体感を増すとともに、教科書の需給の調節及び価格の低廉化等をはかる上において、自然的、社会的、教育的等の諸条件の類似する一定の地域においては、できるだけ少ない種類の教科書を使用するように調整をはかることが必要であ」ること、②「大部分の府県（すなわち三二府県）においてこの圧倒的な多数が郡市単位地域において教科書の選択を調整し又は選定を行っている状況であ」ること、という二つの理由から「郡市等のごとき一定の広さをもつ地域を単位として、できるだけ少ない種類の教科書を使用するようにすることとしたので」あった。

同時に特別委員会は、「採択については、できるだけ現場の学校の意見を反映させることが、教師の教科書に対する関心と熱意をもたせるため必要」であるため、「広地域で統一する際にも、学校の意見を基礎として決定するような方針」を採用したのであった。

そして具体的に答申案では次のような採択方式を提案した。(25)

(一)都道府県の教育委員会は、自然的・社会的・教育的諸条件を考慮して、採択地区を設ける。

(二)採択地区には、採択協議会を設け、校長・都道府県および市町村の教育委員会の委員・職員ならびに学識経験者等で構成する。

(三)採択協議会は、採択地区内の学校の校長の申し出を基礎として、採択地区内の学校で使用すべき教科書を選定する。

(四)市町村の教育委員会は、右の選定に基づいて、所管の学校において使用すべき教科書を採択する。

この方式について、特別委員会は「協議会では、校長の申出を基礎として審議するものとして、現場の意見を十分反映せしめる」とともに、「教員は、後述の常設の教科書研究施設を利用して、その意見を校長に伝えることができますので、その意味では、教科書の採択について、教員の意思は校長を通じて採択審議会に反映させられる」と考えていたのであった。

③第五一回総会　第五一回総会では、採択における不正行為の防止と採択協議会の構成について議論が交わされた。(26)

不正行為の防止については、まず増田委員から採択の第五項の次に「採択協議会委員以外の者より教科書の採択に影響を及ぼすような基準を示しまたは採択協議会委員の意思の自由を妨げるような行為があってはならない、それに違反して行われる採択は無効とし、あらためて採択し直す」という一文を挿入することが提案された。

これに対して答申案にすでにある「不正行為という中に含めて十分解釈できるのじゃないか」という意見（森戸主

査）や、「これはやはり記録にとどめていただきまして、それで法文化するような場合に採択の項目で十分練っていただくということにしたらどうか」（野沢委員）、「処罰規定を設定されるときにその意味のことを入れた方がいいのじゃありませんか」（田島道治委員）という意見など、修正に消極的な発言が相次いだ。

しかし増田委員は、「現在の教科書製造会社が（筆者注：日教組が作成した）そういう採択基準というものに目をつけてその方向に作っているということは事実なんであります。（中略）そういう不正ということが（筆者注：法文化の際に）第一義的にぴたっとなって来るものがあればいいが、こちらがそれは不正じゃないと、向こうは不正だと。だからこれはどうにもならないのです」と法律化に際して予想される問題点を指摘した。

ただ、この問題は時間の関係から議論が打ち切られ、河原副会長の提案によって昼食時間に協議されることとなった。昼食休憩後、天野会長から「採決に関連する不正行為について厳重な処罰規定を設けて禁止するとともに、採択基準を示す等採択の公正と自由を阻害するような第三者の行為を禁止すること」という修正案が提示された。

これに対して矢内原委員から「（筆者注：教科書の採択について発言する）権利は国民誰もが皆もって」おり、上記のような修正案は「憲法で保障されている言論の自由を拘束する疑いが多分にあると思」われるため、「中教審で言うべき筋でない」という反対意見が出された。

一方、増田委員からは「（筆者注：教科書の採択について）個人が何を発表しようといいのでありますが、一つの社会的な力のある政党や団体がそういうものをその関係ある者に流すということは、これはそのこと自身が自由を圧迫するので、（中略）そういう意味におきましてこれだけのことをぜひ入れていただきたい」という修正案への賛成意見を述べた。最終的に挙手による採決が行われ、賛成多数で修正案が可決されたのであった。

次に採択協議会のあり方、採択権の所在について議論が交わされた。まず、矢内原委員から、①公立学校の校長に採択権を認めず、国立・私立学校の校長に採択権を認めることはアンバランスであること、②教科書の採択は教育内容に関わるため教育の任に当たっている校長が責任を持つべきであること、の二点を理由にあげ、公立学校の校長に採択権を与えるべきだという修正案が出された。

この点について小林委員からは、①採択協議会の構成員に教員を加え教育委員を外すこと、②「市町村の教育委員会は採択の結果を所管の学校に通告する」という一文を挿入することが提案された。

こうした修正意見に対して森戸主査は、特別委員会としては、①一定の地域で教科書を統一することは教科書の共同研究や児童・生徒の転入学において便利であること、②ほとんどの県で実際に統一採択が行われていることなど「実際の根拠」を考慮した上で、答申案を決定したと説明し、原案への理解を求めたのであった。

ただ、この問題も時間の関係から途中で議論が打ち切られ、昼食時間に協議されることとなった。昼食休憩後、天野会長から、採択協議会の構成員に「教員」を加えるという修正案が提示された。これに対して矢内原委員から「都道府県の教育委員会は自然的、社会的、教育的諸条件を考慮して採択地区を設ける。採択地区には校長からなる採択協議会を設ける。教科書採択地域内における教科書の採用は校長が採決する」という修正動議が出された。しかし採択の結果、矢内原委員の提案は否決され、前者の修正案が採用されたのであった。

このように採択については、答申で統一的な採択の実施が盛り込まれた。これについて中教審では、現場の意見をどのように反映させるかという方法をめぐって議論が交わされたのであった。

二　教科書問題の背景と中教審との関係

前節では、中教審答申の形成過程について見てきた。これを踏まえ本節では、答申の基礎となった資料を分析することによって、関係団体の利害や国民の関心と中教審との関係を明らかにする。

1　関係団体の認識

昭和三〇（一九五五）年から三一年にかけて、各種団体が独自の教科書制度改善案を発表した。中教審への諮問が行われた昭和三〇年一〇月前後について見ると、右派社会党（九月上旬）、日本教育学会（一〇月一〇日）、錦会（一〇月上旬）、教育問題調査会・新日本教育者連盟（一〇月一五日）、教科書協会（一一月七日）、日本ＰＴＡ全国協議会（一一月一二日）、全国都道府県教育委員会委員協議会（一一月二九日）などが改革案を発表している。

これらのうち中教審の審議で参考にされたのは、右派社会党、教科書協会、日本教育学会、錦会の改革案であったと思われる。すなわち、「教科書制度に関する各方面の意見」（謄写版）という事務局（文部省）作成の審議資料があり、この中にこれら四団体の案が一覧表の形で記載されている[27]。

ただ、その内容を見ていくと、一一月七日に教科書協会が公表した「教科書制度改正に対する意見」と上記一覧表に教科書協会の意見として記載された事項との間に多数の相違点が認められる。これは同一覧表が、「教科書制度改正に対する意見」の完成前に作成されたことによるものと考えられる[28]。同時期において、他にも改革案を検討している団体があった。こうした中で教科書協会の意見のみが同一覧表に記載されたのは、文部省が同協会の意見を答申作成に不可欠なものと認識していたと推測される。さらに、こうした選別は他の団体についても作用したと考えられる。

さて、表11に検定と採択に関する事項を中心に四団体の意見をまとめた。これによると日本教育学会の案が、他三団体の案と大きく異なっていることが分かる。たとえば、検定の主体について同会の案では、国に加えて都道府県教育委員会も検定を行うとしている。また、国の検定については、独立機関として「教育課程委員会」を新たに設置し、同委員会が行うこととしている。これに対して他の三案は、国による検定、文部大臣による審議会委員の選任を打ち出しており、現行制度の枠組みを維持するものであった。

このように日本教育学会の案は、制度の大幅な改変を求めるものであった。これに関して石山修平（起草の中心人物）は、「私たちの学会ではすぐにどうこうというよりも理想として、あるいは理念と申しますか、究極の願いとしてはこういうところへいきたい」と同案の性格について述べている。(29) すなわち、日本教育学会の案は、実態よりも原

錦　　　会	中教審答申
文部大臣による検定とする。	検定は，国（文部大臣）において行うこと。都道府県においては行わないこと。
文部大臣による検定とする。教科書審議会を設け，委員は文部大臣が委嘱する。	文部大臣の検定権の行使を適正ならしめるため，現行の審議会を拡充強化し，その委員は学識経験者・教職員その他から中正かつ適切な方法により選任する。
調査員氏名は公開する。	教職員・専門家その他から適正な方法により，選任した非常勤調査員を審議会に置く。非常勤調査員の職・氏名は公開。審議会に常勤専任の調査職員を相当数置くこと。
教委による種類限定・特定教科書の推薦等は禁止する。	公立の小・中学校については，採択に関連する校長の権限を明確にすること。一定の地域においてできるだけ少ない種類の教科書を使用するようにすること。
各教科担当教員が選定し学校長が承認する。公立学校では更に所管の教委の許可制とする。	採択協議会は学校の校長の申し出を基礎として採択地区内の学校で使用すべき教科書を選定する。教育委員会は協議会の選定に基づき教科書を採択する。
県教委は一定地域を定め学校指定により常設展示所を設置する。	適正な採択と教職員の研究に資するため，教科書の常時研究施設を設けること
発行者は供給計画書の記載時期までに供給履行の義務を負う。文部大臣は供給状況について報告を求め職員を派遣，調査，又は帳簿書類の提出要求を行うことが出来る。	発行者について欠格条項を設け，これに関連して登録制度を設けること。

表11　各方面の意見

項目＼意見の主体	右派社会党	教科書協会	日本教育学会
検定の主体	文部大臣による検定とする。	【記載なし】	国または県教委の検定とする。県検定は当該地域のみ有効とする。
審議会	教科書審議会を設ける。委員は学識経験者を大臣が任命する。	【記載なし】	国に独立機関としての教育課程委員会を設置し，教育内容の大綱決定，教科書検定を行わせる。県に教育課程諮問委員会を設置し，学習指導要領作成，検定事務を行わせる。
検定調査員	検定調査員の氏名は公開とする。学識経験者より任命する。	調査員の氏名を公開，検定調査員の資格基準を設ける。	検定委員，調査員を委員会におく。常勤及び非常勤とする。委員，調査員の氏名を公開する。
採択地区	【記載なし】	【記載なし】	市町村郡区域内に教科担当教員からなる協議会を置き，採択に関する調整を行うことができることとする。教科書採択委員会の制度化には反対。
採択権者	採択は学校長が教員会議の意見を聞き選択する。公立学校については所管教委の承認を受ける。	選定採択は学校長とする。採択を公正にするために必要な管理制度を設ける。	学校長が教員会議の議を経て採択する。
教科書研究の場	常設展示所を学校に附設。	府県に常設展示場を設ける。	県教委は郡市ごとに一ヶ所以上の教科書閲覧室を常置し全種類教科書を国が備置する。
発行者への規制	発行者の資格審査を行う。発行に先立って教科書審議会の議を経，政令で定める審査基準に基き事業能力信用状態を調査する。	発行者の義務を明確にする。	発行者の資格及び教科書種類に制限を加えないこと(一教科一社一種限定反対)。

出典：前掲「教科書制度に関する各方面の意見」より作成。

理・原則を重視して作成されたのであった。このため、現行制度の改善が内容の中心である他の三案との違いが大きくなったと考えられるのである。

次に、中教審の答申と四団体の案との関係について見ていく（表11参照）。これによると、検定調査員の氏名公開や教科書研究を目的とした施設の設置など、四団体の意見が一致している部分は答申でも踏襲していることが分かる。また、検定の主体や審議会のあり方、発行会社の資格など、四団体の間で意見が分かれる場合は多数派の意見を採用していることが分かる。こうしたことから、これらの項目は関係団体の意見に基礎を置き答申が形成されたと評価できる。

一方、採択については、関係団体の意見とは全く逆の方向性が答申で打ち出されていることが分かる。すなわち、四団体は、個別の学校が採択権を持つことを主張し、広域的に統一採択を行うことを反対している。広域的な採択は教科書の種類の整理につながるため、四団体は、教科書発行会社の利害や教育内容の多様性確保などの観点から反対していたと思われる。これに対して中教審は、採択協議会に実質的な権限を与え、広域的な採択を認める方向を打ち出している。この理由については、世論との関係性が深いと考えられる。そこで以下、項を改めて検討する。

2　世論の動向

前項では、関係団体と中教審の関係について見てきた。ただ、中教審が答申を形成するにあたって参考としたのは、関係団体の意見だけではなかった。このことを示す史料が、「教科書に対する国民の関心と希望」（社団法人中央調査社、昭和三〇年一一月）という世論調査の報告書である(30)。

この報告書は、森戸辰男（特別委員会主査）と石川二郎（文部省調査局企画課課長補佐、中教審の事務を担当）の関係文書の中にそれぞれ残されていることが確認できる。ただ、総会の議事録にはこの報告書に依拠した発言が確認できない。このため本文書は、特別委員会が答申案をまとめる際に利用されたと推定される。そこで本項では、この報告書を分析することによって世論の動向について考察を行うとともに、答申との関連について考察を行う。

「教科書に対する国民の関心と希望」についての調査は、昭和三〇年九月中旬に全国の「学童父兄」(同一世帯に義務教育期間中の学童のいる家庭の満二六歳以上六〇歳未満の男女)三〇〇〇名を対象に行われた。当該期は、教科書の「偏向」問題が大きく報じられた直後の時期に当たる。こうした「偏向」問題は文部省の予期するところではなかった。そこで「偏向」問題の影響を見極め、教科書制度改革の妥当性を検証するためにこうした調査が行われたと推測される。

さて、報告書の章立ては、次のようになっている。

一、教科書制度についての認識
二、教科書についての不満、希望の概要
三、教科書の値段、教科書代金負担について
四、教科書の数について
五、教科書の印象、教育方針の了解程度等について

内容から判断してこれらの章は、教科書問題への関心の度合いと理解度を測定するために設けられた項目(一章、五章)と教科書制度への不満を測定するために設けられた項目(二章、三章、四章)に大別できる。

記述の形式は、主として質問の文章と回答率の一覧からなっている。このうち二章、三章、四章には、簡潔ながら解説文が付されている。また、三章と四章については、回答率の一覧に加えて回答者の年齢、学歴、理解度別に分類

された詳細な調査結果が併記されている。このように章ごとの記述の粗密に鑑みるならば、本調査の重点は、詳細な分析が記載されている教科書の値段、教科書代金負担（三章）と教科書の数（四章）について世論の動向を探ることに置かれていたと考えられる。そこで以下、教科書の価格と数（種類）に焦点を合わせ、調査結果を見てゆく。

まず、教科書価格に関する項目を見てゆくと、全体的に低所得者層ほど不満が拡大する傾向が強いことが分かる。ただ、「教育費」と「教科書代」では、「父兄」の見方が異なっている点は注意を要する。表12に、関連する質問と回答を示した。当時、一般的に「父兄」の間では教科書代が高いという不満があったとされている。ところが設問①と②を比較すると、教科書代そのものに対する不満よりも、教育費全体への不満が高いことが分かる。これを裏づけるように、設問③に対して四〇%の「父兄」が「今がちょうどよい」、さらには二六%のものが「高くなってもよい教科書を」と回答している。このことは当時の「父兄」が、教科書（さらには教育）へ高い期待を寄せていたことを示していると思われる。

しかし、その一方で「教科書代が高すぎる」と回答した者が三八%もあったことは、無視し得ない数字である。報告書ではさらに生活程度別の分析結果を併記しているが、それによると低所得者層ほど強く不満を感じていることが分かる。

次に教科書の数（種類）に関する項目を見ていく。表13に、関連する質問と回答を示した。当時は教科書発行会社が多かったため、教科によっては多種類の教科書が存在した。このため、児童・生徒が転校する際には教科書の買い換えが必要で父兄の負担が大きいとか、教科書一種類当たりの発行部数が少ないため価格が割高になっているといった批判があった。こうした批判を踏まえて、各設問は適切な教科書の数（種類）を探るために設けられたと考えられる。設問④では、「隣り近所の学校」という表現からも明らかなように、一定の地域において教科書を統一すること

表12　教科書価格に関する調査結果一覧　（%）

設　問	回　答	
①今は子どもを学校へやるのにお金がかかりすぎると思いますか，そうとは思いませんか。	お金がかかりすぎる	50
	そうは思わない	45
	不明	5
②学校にかかるお金の中でも，教科書代が高すぎるとおもいますか，そうは思いませんか。	教科書代が高すぎる	38
	そうは思わない	57
	不明	5
③教科書は，今より高くなっても，質をよくした方がよいと思いますか，質は多少悪くなっても，今よりも安くなった方がよいと思いますか，今ぐらいで丁度よいと思いますか。	質は悪くなっても安くしてほしい	24
	今がちょうどよい	40
	高くなってもよい教科書を	26
	わからない	10

出典：「教科書に対する国民の関心と希望」より作成。

表13　教科書の数（種類）に関する調査結果一覧　（%）

設　問	回　答		
④隣り近所の学校はなるべく同じ教科書を使った方がよいと思いますか，それぞれ別であってもよいとおもいますか	同じ方がよい		77
	別々でよい		11
	分からない		12
⑤もし日本国中が全部同じ教科書を使うと，将来の国民の知識や考え方が全部同じ型にはまってしまってよくないと思いますか，かえって統一がとれてよいと思いますか。	統一がとれてよい		41
	同じ型にはまってよくない		29
	その他		4
	不明		26
⑥同じ学年の同じ科目の教科書は，いろいろある方がよいと思いますか，学校によって違っては困ると思いますか。 （いろいろある方がよいと答えた者に対して） 現在一科目について一〇～二〇くらいありますが，いまのままで適当と思いますか，多すぎると思いますか。 （違ってはこまると答えた者に対して） 全部同じ方がよいと思いますか，多少は違うものがあったほうがよいと思いますか。	教科書がいろいろあるのはよくない	全部同じ教科書にしたほうがよい	30
		多少違うものがあってもよい	24
	教科書がいろいろある方がよい	今は多すぎる	17
		今のままがよい	8
	不　明		21

出典：「教科書に対する国民の関心と希望」より作成。

の可否を聞いている。これに対する回答は、賛成する者（七七％）がきわめて多い。この質問にはさらに学歴別の結果も記載されているが、階層による差はほとんど見られず、地域内での教科書統一は「父兄」の広汎な希望であったことがうかがえる。

これに対し設問⑤では、全国的な教科書統一（教科書の国定化）の是非を質問している。この回答からは、過半数には達していないが約四割もの「父兄」が「統一がとれてよい」と全国的な教科書統一を望んでいたことがうかがえる。さらにこの設問については、世代・学歴・教科書制度への認識の程度別の回答率を掲載している。それによると世代の若い者、学歴の高い者、認識の深い者ほど全国的な教科書統一に反対していることが分かる。中教審の答申は、戦後改革の成果として検定制度の維持を明言している。こうした姿勢が国民の多数意見に反するものであったことは、当該期の中教審の性格を考える上で大変興味深い。

ただし、全国的な教科書統一に反対している人々も、決して現状に満足していないことが次の設問⑥から分かる。この回答を見ると、「今のままがよい」と現状を肯定しているものはわずか八％にすぎず、程度の差はあるものの七一％の「父兄」が現状に不満を持っていることが分かる。この設問でも、さらに世代・学歴・教科書制度への認識の程度別の回答率を掲載している。設問⑤の結果との関連で注目されるのは、全国的な教科書統一に反対していた学歴の高い者、世代の若い者、認識の深い者の回答が、「教科書がいろいろあるのはよくない・多少違うものがあってもよい」と「教科書がいろいろある方がよい・今は多すぎる」という項目に集中していることである。すなわち、全国的な教科書統一に反対する人々ですら現状には不満を持ち、一定の統制（教科書の種類を整理）を望んでいたと考えられるのである。

この点について中教審の答申では、採択の条項で「公立の小・中学校については、採択に関連する校長の権限を明確にするとともに、たとえば、郡市単位など一定の地域において、できるだけ少ない種類の教科書を使用するようにすること」と明記し、教科書の種類の整理を行うことを求めていた。こうした方向性は、前節でみたように関係団体の意見と全く相容れないものであった。しかし本項でみてきたように、教科書の種類の整理については「父兄」の強い要望があった。これらのことから、採択について中教審は、関係団体よりも「父兄」の意見を重視したと考えられるのである。

小括

本章では、「教科書制度の改善に関する答申」（昭和三〇年一二月五日）に関する中央教育審議会での議論とその背景について見てきた。第一節では、答申の形成過程を中心に分析した。当該期の教科書問題は、教科書発行会社の過当競争によって顕在化した制度上の不備と、「うれうべき教科書の問題」に見られるような政治問題という二つの側面を持っていた。これに対して文部省は、制度の整備について研究を進め、政治問題とは距離を置く姿勢を示した。こうした文部省の姿勢に合わせるように、中教審も当面の課題に限定した答申を決定したのであった。

また、答申の形成にあたっては、特別委員会の役割が大きかった。「教科書制度の改善に関する答申」は、①総会での自由討議、②特別委員会での審議、③総会での審議という三つの段階を経て形成された。議事録によると、第四九回総会の自由討議は原則論や政治問題にまで議論が及び、各委員が賛成・反対双方の立場から意見を出していることが確認できる。これに対して第五一回総会では、答申案に沿って制度論を中心に議論が展開され、紛糾することはなかった。この要因としては、答申の原案作成にあたって特別委員会が、答申の枠組みを限定したこと、さまざまな意見を取捨選択して委員の多数が納得できる内容をまとめたことがあげられる。

第一節第3項以降では、検定と採択に焦点を合わせて、答申をめぐる議論と関係団体の認識、世論との関係について分析した。

まず、検定についてであるが、中教審の議論では国定化や自由発行化について一切触れられておらず、検定制度の維持は委員たちの共通認識であったと考えられる。この点については、関係団体の意見ともほぼ一致している。また、日本教育学会は都道府県での検定を主張していたが、中教審では能力的に困難であるという理由で議論の争点にならなかった。

ただ、世論との関係を見てみると、四一％もの「父兄」が全国的な教科書統一に賛成（反対は二九％）していた。このため中教審が検定制度維持の結論を下したことは、多数派の国民の意思に反し、意図的に戦後教育改革の路線を守ろうとするものであった。

また、検定の主体をめぐる議論の中で、教育と政治の関係が問題となった。この点については、矢内原委員が教育の中立性の確保を強く主張した。しかし中教審の議論の大勢は、議院内閣制が採用されている以上、与党の政策が文部大臣を通じて教育行政に反映されることはある程度やむを得ないという意見であったと思われる。このため第五一回総会において、検定の主体の問題は議論の争点とならなかった。

次に採択についてであるが、中教審は、教科書を統一的に採択するために一定の地域ごとに協議会を設置することが必要であると考えていた。こうした統一的な採択を実施することは教科書の種類を制限することにつながるため、学校別の採択を主張していた関係団体の意見とは相反するものであった。

しかし大多数の「父兄」は教科書の種類を整理すること（全国的な教科書統一も含む）を望んでおり、中教審の答申はこうした世論に応えるものであった。ただ、現場の意見を採択結果に反映させるための方策については委員間の意見が一致せず、第五一回総会でも協議会の構成をめぐって議論が交わされたのであった。

以上のことから、「教科書制度の改善に関する答申」は、検定制度の維持を目指し、制度上の改善点を中心に世論や関係団体の意見に配慮してまとめられたものであったと考えられる。このため、結果的に答申には規制的な要素も盛り込まれたが、これらは決して教科書制度の国定化を目指したものではなかったと考えられるのである。

註

(1) 中教審を対象とした研究成果としては、横浜国立大学現代教育研究所編『中教審と教育改革』（三一書房、昭和四六年）、「教育行政と審議会」（『教育行財政研究』一三～一五号、関西教育行政学会、昭和六一～六三年）、羽田貴史他著『中央教育審議会と大学改革』（広島大学大学教育研究センター、平成一一年）、渡部宗助「中教審「三八答申」とその評価」（喜多村和之編『高等教育と政策評価』玉川大学出版部、平成一二年）などがある。

(2) 管見の限り議事録に基づいた研究成果としては、藤田祐介「教育二法と中教審―教育の政治的中立性をめぐる議論の検討―」（『戦後教育史研究』二〇号、平成一八年）があるのみである。

(3) 以下、本項については、本書第二章および第四章を参照のこと。

(4) たとえば「新教科書批判の展望と再吟味」（『時事通信　内外教育版』昭和三〇年二月四日）、「社説」・「教科書問題あれこれ」（『毎日新聞』昭和三〇年六月二四日）参照。

(5) 稲田清助（検定制発足時、文部省教科書局長）も、「こんなに教科書会社がでるとは予想しなかった。戦前からの国定七社のほか十社もでれば上上と思っていたので、うるさく法律化しなかった。それにこの法律（筆者注：「教科書の発行に関する臨時措置法」のこと）は〝なんとかして教科書を全児童に供給しよう〟との目的で作ったもので、したがって臨時措置法です。当然、恒久的な法律をつくるべきでしょう」と述べ、検定制度の欠陥を率直に認めていた（「ゆらぐ教科書（四）」〈『毎日新聞』昭和三〇年七月二日〉）。

(6) 「中央教育審議会第四十七回総会速記録」（国立公文書館蔵『中央教育審議会総会速記録（第四七～四九回）（昭和30・10）』つく

ば〇一―六九―平四文部―〇〇九〇五）。

（7）「中央教育審議会第四十八回総会速記録」（前掲『中央教育審議会総会速記録（第四七～四九回）（昭和30・10）』所収）。

（8）本書第四章参照。

（9）「〔中央教育審議会（総会・特別委）の日程等について〕」（国立教育政策研究所蔵『石川二郎旧蔵資料』Ⅶ―二二二）。同文書（謄写版）には参考人の部分に「（日教組、高教祖）」という記述があるが、取消線により削除されている。

（10）「中央教育審議会第四十九回総会速記録」（前掲『中央教育審議会総会速記録（第四七～四九回）（昭和30・10）』所収）。

（11）第四九回総会における天野会長の発言（前掲「中央教育審議会第四十九回総会速記録」一四一三～一四、一五八五頁）参照。なお、頁数については原文書の右下に付されている通し番号を記載した。

（12）前掲「〔中央教育審議会（総会・特別委）の日程等について〕」参照。

（13）「教科書制度の改善に関する答申案についての森戸主査説明要旨」（広島大学文書館蔵『森戸辰男関係文書』ＴＡ〇二一二〇〇〇一一〇〇）。同文書は、広島大学専用のタイプ用紙に和文タイプで印字されているため、森戸が大学の事務方に原稿を清書させたものと推定される。なお、この答申案の説明については議事録も存在するが、速記のミスによる誤字・脱字の可能性が皆無とは言えないので、本章では同文書によって記載する。

（14）同前、および「教科書制度の問題について中教審で意見を述べた参考人の氏名」（広島大学文書館蔵『森戸辰男関係文書』ＴＡ〇二一〇〇二七〇〇五〇〇）。

（15）「中央教育審議会第五十回総会速記録」（国立公文書館蔵『中央教育審議会総会速記録（第五〇～五三回）（昭30・11～昭31・7）』つくば〇一―〇六九―平四文部―〇〇九〇六）。

（16）「中央教育審議会第五十一回総会速記録」（前掲『中央教育審議会総会速記録（第五〇～五三回）（昭30・11～昭31・7）』所収）。

（17）前掲「教科書制度の改善に関する答申案についての森戸主査説明要旨」参照。

（18）たとえば、当時、与党の中では教育委員会の廃止が議論されていた。教科書制度への影響が大きいこの問題への対応について矢内原忠雄委員が質問をしたが、森戸主査は特別委員会としては現在の法律に沿って答申案をまとめたと説明するとともに、教育委員会の存廃が決まらない限りは議論のしようがないという姿勢を示している（前掲「中央教育審議会第五十一回総会速記録」一七七六～七七頁参照）。

(19) 以下の議論については、前掲「中央教育審議会第四十九回総会速記録」一四一八～九五頁参照。

(20) 前掲「教科書制度の改善に関する答申案についての森戸主査説明要旨」参照。

(21) 前掲「中央教育審議会第五十回総会速記録」参照。同速記録の中には「教科書制度の改善に関する答申案」と題する文書が綴じ込まれており、これに基づいて記載した。なお、同文書には何か所か修正がみられるが、これらは一一月二八日の総会直前に開かれた特別委員会での議論によるものと推定される。

(22) 以下の議論については、前掲「中央教育審議会第五十一回総会速記録」一八〇三～五一頁参照。

(23) 以下の議論については、前掲「中央教育審議会第四十九回総会速記録」一四九六～一五二四頁参照。

(24) 前掲「教科書制度の改善に関する答申案についての森戸主査説明要旨」参照。

(25) 前掲「中央教育審議会第五十回総会速記録」参照。

(26) 以下の議論については、前掲「中央教育審議会第五十一回総会速記録」一八五一～一九二八頁参照。

(27) 「教科書制度に関する各方面の意見」(国立教育政策研究所蔵『石川二郎旧蔵資料』Ⅶ―二一六)。

(28) 史料に日付がないため正確な日時は不明である。ただし、「右派社会党案」と書かれた部分に「旧」と後で加筆されたような書き方がなされていること(社会党の統一は一〇月一三日)、教育問題調査会・新日本教育者連盟の案が含まれていないことから、一〇月中旬に作成されたと思われる。

(29) 第四八回総会における石山参考人の発言(前掲「中央教育審議会第四十八回総会速記録」一一七一頁)。

(30) 「教科書に対する国民の関心と希望」(国立教育政策研究所蔵『石川二郎旧蔵資料』Ⅶ―二二三)。調査方法は、当時一般的だった層化多段無作為抽出法が採用されている(朝日新聞社世論調査室編『日本人の政治意識』〈朝日新聞社、昭和五一年〉参照)。また、発行は内閣総理大臣官房審議室、調査の主体は中央調査社である。中央調査社は、時事通信社調査室と国立世論調査所を母体として昭和二九年に発足し、政府関連の世論調査を行っている組織である。

第六章　教科書無償化実現の政治過程と自由民主党

はじめに

本章では、義務教育教科書の無償が制度的に確立するまでの過程を分析する。昭和三六（一九六一）年から三八年までを対象期間とし、各年度の予算編成過程と「義務教育諸学校の教科用図書の無償に関する法」（以下、無償宣言法と略）および「義務教育諸学校の教科用図書の無償措置に関する法」（以下、無償措置法と略）の立案・決定過程を分析の中心に据える。

まず、先行研究の整理と問題点の指摘を行いたい。残念ながら、この問題を主題として扱った学術研究はなく、断片的に評価が下されているにすぎない。一般書にいくつか関連の著作があるが、それらによると、この無償措置法を契機に教科書に対する国家統制や規制が強まったという評価が下されている(1)。これらの主張の論旨は家永教科書裁判における原告側の論理と一致しており、占領終結後、政府による教育への介入が段階的に強化されていったという流れの中で理解している。

このような評価を踏まえ、本章では以下の二点を中心に分析する。一つ目は、教科書無償の実現した過程を明らかにすることである。上述の一般書では、詳細な因果関係の分析を行わず評価が先行しているため、複数の点で史料解釈に疑義がある。

たとえば無償措置法を「教科書統制法」と評価しているが、その論拠として無償措置法が施行された結果、教科書の種類数が減少したことをあげている。これに対して筆者は次のような疑問を抱いている。第一に当該期はベビーブームのピークが去りつつあり、就学児童・生徒の実数が減少に転じていたことである。すなわち教科書市場は縮小傾向にあり、これが業界の淘汰に作用した可能性がある。

また、昭和三五年の学習指導要領改訂により教科書の種類が減少しているが、これも国家による規制という評価だけでは捉えきれず、出版社のシェア争いによるものと見ることもできる。このように教科書の種類数の減少には複数の要因が考えられ、無償措置法だけを原因と断定するのは困難である。

二つ目は、日教組対文部省という構図の内実を検証することである。一般的に日教組対文部省というと、勤評闘争など両者の対立面が注目されることが多い。このため自民党と文部省の関係、社会党と日教組の関係、日教組・社会党と文部省・自民党の間の交渉など、各政治主体の間の「つながり」へ目を向けられることが少ない。確かに昭和三〇年代前半に日本の教育界を揺るがした勤評闘争から冷戦終結に至るまで、マクロな枠組みとして日教組対文部省の構図は有効な概念規定と考えられる。しかしその内実が常に不変だったとは考えられず、時代とともになんらかの変化が生じたはずである。このミクロな変化を明らかにするためにも、個々の事例を検証し、各政治主体間の位置関係を明らかにする必要があると考えている。

以上のような点を踏まえ、本章では、①教科書無償が制度的に確立する過程を分析し、規制が必要とされた原因を明らかにするとともに、②各政治主体の行動を分析し、政策決定過程のどの段階で影響を与えたかを明らかにする。

一　無償宣言法への道程

本節では、無償宣言法が成立した経緯を分析する。教科書無償の実現は、行政側が政策課題として認識したのではなく、自民党が政策課題として選択した問題だった。本節の第1項では、まず自民党内における意思統一の過程を分析し、教科書無償が党内でどのように扱われたかを見ていく。次に第2項と第3項で、予算編成および無償宣言法の決定過程を分析し、自民党と政府（文部省・大蔵省）との関係を見てゆく。

1　自民党内の意思統一

本項では、教科書無償が政策課題として認知され、自民党内で意思統一が図られた過程を分析する。

昭和三六（一九六一）年七月、池田勇人内閣の改造が行われ、自民党は新政策の策定を行った。このとき、社会保障政策の一環として文教政策が注目され、「充実」を目標に施設・設備の増強、育英事業の拡充、教員の待遇改善、教科書無償配布の拡大などが検討された[2]。このような状況を背景に七月二一日に荒木萬寿夫文相は、義務教育の教科書を完全無償とする構想を表明した[3]。ただし、この段階で文部省は、組織としての対応を決めておらず、八月二九日に発表した次年度予算の概算要求には、準要保護家庭への教科書無償配布の範囲を従来よりも拡大するための経費しか盛り込まなかった[4]。すなわち、この段階で文部省は教科書無償を自民党内の問題として認識していたのであった。

さて、八月末から自民党内、とくに政調会文教調査会、同文教部会を中心に教科書無償の実施を求める意見が高まった。八月三〇日の政務次官会議では教科書無償の実現が申し合わされ[5]、「当面の文教施策」に盛り込まれることとなった。一方、坂田道太文教調査会長や田中角栄政調会長は、新政策の柱として教科書無償に期待を寄せており、田中角栄政調会長は党幹部に働きかけ賛成を取り付けた。田中が賛成に回った背景には、政調会を中心に昭和三七年度の予算編成を「積極予算」とする方針が決定されていたことが考えられる[6]。こうして一一月七日に開かれた自民党総務会で教科書無償の方針が「了承」され、翌日の新聞で大きく報じられることとなった[7]。

このような自民党内の教科書無償化論に対して、大蔵省は反対の態度を示した[8]。すなわち当該期の大蔵省は緊縮財政を指向しており[9]、自民党が主導する積極予算に対して牽制を加えようとしていたと考えられる。

また、総務会での「了承」も長谷川峻文部政務次官と内藤誉三郎初等中等教育局長[10]が独断で新聞発表したものといわれ[11]、実際には政調会の了承を踏まえたものではなかった。すなわち本来は踏むべき大蔵省との意見調整という手順を省略しており、このときの総務会の「了承」は党内の意思決定の手続きから逸脱したものだったのである。

こうした大蔵省の反対に対して、総務会はあくまでも方針を変えなかったため、教科書無償は政治問題化することとなった[12]。上述のように一一月初めまでは賛成派がリードする形で事態が進行したため、教科書無償は実現する公算が高いと考えられていた。しかし総務会での「了承」後、池田首相が早期実施に反対の態度を示すこととなった。このため今度は一転して、次年度からの実現が危惧される状況になった[13]。

表14は自民党内の賛成派と慎重派の一覧を示したものである。これを見ると、賛成派のうち文教関係の議員たちは一般的に精神派と呼ばれることが多く、理念的に賛同した

表14　賛成派・慎重派一覧

賛成派	荒木萬寿夫文部大臣，長谷川峻文部政務次官（石井派），賀屋興宣社会保障調査会長，赤城宗徳総務会長，田中角栄政調会長（佐藤派），文教関係議員，参議院自民党
慎重派	池田勇人首相，前尾繁三郎幹事長（池田派），鈴木善幸副幹事長（池田派），水田三喜男大蔵大臣（大野派），大野伴睦副総裁

出典：『朝日新聞』（夕刊）昭和36年11月21日，同前（夕刊）11月23日，同前（朝刊）12月24日（夕刊）。

と思われる。これに対し参議院自民党、田中政調会長、総務会は、翌年の参院選を見据えて賛成に回ったと思われる。一方、慎重派は池田首相と水田蔵相が中心であり、その他は派閥のつながりから慎重論に与した思われる。慎重派は、①配給機構や価格など制度面で研究課題があること、②財源が不十分なこと、③政策の優先順位、などを論拠として次年度からの実施に反対した(14)。

このように慎重論が広がり、早期実現が危惧されるなかで、長谷川峻政務次官が党内説得のため奔走することとなった(15)。長谷川の回想によると、田中角栄を通じて政調会へ多数派工作を行い、反対を唱える河野一郎や大野伴睦といった派閥の領袖に対して個人的に説得に赴き了承を得たとされている(16)。このような長谷川の党内説得工作は実を結び、一二月一八日に開かれた政調審議会では次年度からの無償実施が確認された(17)。そして翌一九日に開かれた総務会でも無償実施が了承され、今度は正式に党議扱いとなったのであった(18)。

2　予算編成過程での駆け引き

前項では、反対にあいながらも賛成派が自民党内で多数を占めていく過程を分析した。本項では、与党自民党での合意形成後、政府の予算折衝過程で教科書無償がどのように扱われたかを見ていく。

まず、文部省の姿勢を確認する。当該期の文部省は学校教育の分野（初等中等教育局が所管）において、二つの重要な政策課題を抱えていた。一つは、ベビーブームの波と進学率向上にともない、数年後に高校生が急増することへの対応であり、もう一つは、政務次官の長谷川峻が熱望していた教科書の完全無償実現であった(19)。

このうち高校生急増対策については、全国知事会などの強い要望を受けており、文部省も数年前から省内で検討を重ね、昭和三六年度予算から対策を実施していた(20)。これに対して教科書無償は、無償要求が他の項目にも拡大することが懸念される上、先に着手した高校生急増対策との兼ね合いもあり省内に異論があった。しかし、教科書無償を望む荒木文相の意に応えるため、内藤初等中等教育局長は部下を押さえ優先課題として選択したのであった[21]。

一一月初頭に文部省は教科書無償を積極的に支持する姿勢を表明し、憲法第二六条（義務教育無償）の解釈を変える画期的政策として自賛した[22]。ただ、この時点では文部省も自発的に教科書無償に必要な経費を次年度の概算要求へ盛り込むことはせず、あくまでも自民党の出方待ちの姿勢をとっていた[23]。

こうしたなか先述のように一二月中旬に自民党内での合意形成が完了した。そこで一二月一七日に行われた予算内示前の大臣折衝において、荒木文相は教科書完全無償のための経費を正式に要求したのであった[24]。一二月二一日に各省の復活折衝が行われたが、これと並行する形で、自民党政調会の各部会は大蔵原案を検討した。このとき、文教部会は無償実現の費用として一六一億円を要求し、強気の姿勢を示した。

しかし大蔵省の反対も強硬で、教科書無償の実現は恩給の増額、旧地主への農地補償と並んで困難視されていた[25]。一二月二七日に行われた閣僚折衝では大蔵省側と折り合いがつかず、教科書無償は高校生急増対策の関連費とともに保留された[26]。そこで最終的に池田首相の判断に委ねられることとなり、一二月二九日になって、①昭和三八年四月の新入生分の経費を次年度予算に計上、②二年生以上の扱いは調査会を設置して対応を検討することが決まった[27]。

このように首相の決裁により妥協が図られ、事実上、教科書無償の実現は先送りとされた。このため自民党側には強い不満が残ることとなった。二九日に開かれた総務会は一時間以上にわたり紛糾し、赤城総務会長も実現に向けて引き続き努力する姿勢を示すこととなった[28]。こうした状況を受け、翌昭和三七年一月一八日に開催された自民党第一〇回党大会において教科書無償配布の早期実現が三七年度運動方針に盛り込まれることとなり、改めて自民党の強い意思が示されたのであった[29]。

3　無償宣言法の成立

昭和三六年一二月二九日の閣議決定を受け、文部省は無償化を検討する調査会の立ち上げに向けて「臨時義務教育教科書無償制度調査会法案」の作成を進めていった。昭和三七年二月三日には大蔵省との意見調整を終え、文部省は法制局との最終折衝に入った(30)。しかし自民党は単なる調査会の設置法案よりも教科書無償の確立を明確に打ち出す法案を望んでいた(31)。そこで自民党政調文教部会は上記の調査会法案へ独自の判断で宣言規定を挿入して無償宣言法案と名付け、これを政調審議会へ提出したのであった(32)。

この無償宣言法案に対して、無償実施に否定的な大蔵省は難色を示すこととなった(33)。二月一二日夜に開かれた文部省・法制局との協議において、大蔵省が中心となって再修正案を作成し(34)、調査会の審議結果を尊重する方向性を打ち出した。すなわち大蔵省としては、法律に読み替えの余地を残すことで、無償の原則確立をねらう自民党に対して巻き返しを図ったのである。

二月一三日の政策審議会では、大蔵省作成の再修正案と自民党案が対立し決着がつかなかったため(35)、無償宣言法案は文教部会へ差し戻されることとなった(36)。そこで一四日に文教部会が開かれ、文部省・大蔵省・法制局の代表が出席して調整が図られた。この結果、大蔵省に対して文教部会側が折れる形で妥協案が成立した(37)。これを受けて一五日に開かれた政調審議会では同妥協案が了承され(38)、総務会へ諮られることとなった。

しかし総務会は同妥協案を修正し、改めて宣言規定が明確になるようにした上で承認したのであった(39)。すなわち大蔵省の度重なる巻き返しに対して、自民党も改めて党側の意思を強く打ち出したのであった。同時期には、社会党や民社党も独自の教科書法案を作成しており(40)、このような野党の動向が参議院選挙を控えた自民党を刺激したと推測される。

こうした自民党側の強い姿勢を受け、大蔵省は一九日に文部省・法制局と協議を行い、遂に総務会決定の無償宣言法案を承認したのであった。(41) そこで無償宣言法案は二〇日に閣議決定され、(42) 二月二三日に衆議院に提出された。(43) 野党も無償自体には賛成であったため、同法案の国会審議は順調に進み、三月三一日に参議院本会議で可決・成立したのであった。(44)

二　無償措置法への道程

前節で見てきたように、教科書無償は参院選を意識する自民党によって政策課題として取り上げられた。しかし大蔵省の強硬な反対にあい、昭和三七（一九六二）年度予算編成では問題を先送りする形で政治決着が図られた。これに対し自民党は強い不満を示し、無償宣言法の作成に介入していった。その結果、大蔵省と文部省の調整事項は覆され、無償宣言法に宣言規定が盛り込まれ、教科書無償の原則が確認されることとなった。このように自民党が望む形に法律は作り変えられたが、具体的な実施手順は白紙の状態だった。

そこで本節では無償宣言法の制定を受けて、教科書無償の実施計画が作成される過程を分析する。第1項と第2項では臨時義務教育教科用図書無償制度調査会（以下、教科書無償制度調査会と略）の審議と無償措置法の形成過程を分析し、大蔵省と自民党・文部省の対抗関係を見ていく。次に第3項では、無償措置法の国会審議過程と執行過程に着目し、社会党と日教組の政策への関与の形態を見ていく。

1　教科書無償制度調査会での審議

無償宣言法の成立を受けて教科書無償制度調査会の設置準備が進められた結果、[45]昭和三七年四月二六日に調査会の審議が開始された。[46]同調査会では、文部省をはじめ大部分の委員は教科書無償に積極的な立場であり、①国公私立の全学校が無償の対象、②国庫で経費を全額負担、③配布形態は給付、④昭和三八年度から三年程度で実施、という意見が中心であった。

これに対し大蔵省の意見は、①私立学校や中学校の選択教科を範囲外とする、②地方公共団体が経費の半額を負担、③給付ではなく貸与、④長期間かけて段階的に実施、⑤都道府県単位の広域採択の実施、⑥教科書発行会社の許可制、⑦供給機構の整理を実施、というものであり、積極派と真正面から対立するものであった。[47]このため会議は大蔵省の反対論によって紛糾することとなった。[48]

こうしたなか九月七日には、答案起草のための小委員会が設置され、[49]一〇月二二日に答案の骨子がまとめられた。それによると、①中学校の選択教科も含め国公私立の全学校を対象とし、②経費は全額を国庫で負担し、③給付という形で、④数年間で全小中学校の児童・生徒に実施し、⑤採択地区は現行地域を基礎としながらも改善を図り、⑥教科書会社は認可制とするというものであった。[50]

⑤や⑥で大蔵省側の意見を取り入れているものの、①〜④の対立点については、ことごとく大蔵省の意見と相反するものだった。そのため大蔵省は、①授業料を取っている私立の児童・生徒に配布の必要はなく、②義務教育経費は国と地方自治体とで負担するのが建前であり、③政策の優先順位からいっても設備充実を優先すべきであり、④全面的な実施は教育に国家意識が強く持ちこまれる恐れがある、という理由を並べ立て反対の姿勢を示した。

このように教科書無償制度調査会の大勢が積極的な意見に賛成していたにもかかわらず、大蔵省は最後まで上記のような態度を崩さなかった。このため一一月一四日に開かれた第一〇回総会で答申が決定されたが、その内容を見てみると、本文として賛成派の意見が記載される一方で、ほぼ全項目にわたり少数意見として大蔵省の意見が付記されていることが分かる。すなわち、全く相反する内容が答申に併記されるという異様な構成となったのである。

この答申の本文に対しては、世論も好意的に捉えていた(51)。一方、自民党政調会や政調文教部会は、無償宣言法で原則は確立済みであり段階的に実施していくという立場をとっていた。これにあわせて文部省も次年度から小学校全学年で実施するための費用として七〇億円を予算案に計上し、教科書無償の実施を前提に動いていたのである(52)。

このように完全無償の実施に対して、大蔵省だけが財政的見地から強硬に反対していた。答申は全般的に積極派の意見を反映したものとなったが、広域採択の制度化や業者の登録制など、部分的に大蔵省の意見を反映した条項もあった。そしてこのときの大蔵省の強硬論が、後に無償措置法が立案される際に、価格合理化の観点から広域採択や業者の指定制など、規制的要素が盛り込まれる伏線になったと考えられるのである。

2 大蔵省の蹉跌

本項では、既述した大蔵省の抵抗が最終的にどうなったのか、昭和三七年の予算編成過程と無償措置法案の形成過程の二点から検証する。

一二月二二日に大蔵省は昭和三八年度予算の大蔵原案を内示した。この中で教科書無償の費用として六億八〇〇〇万円が計上されていたが、その内容は、私立学校を対象外とし、地方自治体にも経費の半額負担を求め、昭和三九年度では小学二年生までしか実施しない（九カ年計画）というものだった。すなわち、教科書無償制度調査会答申で少数意見とされた大蔵省の主張を反映したものであり、答申の本旨を無視した内容であった。このため与党自民党や世論の支持を背景に持つ文部省は大蔵省と再び対立し、とくに経費負担の主体を巡り争うこととなった(53)。

さて、昭和三八年度予算案は一二月二九日の閣僚折衝では決着が付かず、前年と同様に池田首相の政治的判断に委ねられることとなった(54)。最終的に池田勇人首相、大野伴睦副総裁、前尾繁三郎幹事長、赤城宗徳総務会長、賀屋興宣政調会長、田中角栄大蔵大臣が総理官邸に集まり、所管大臣を呼んで予算編成上の対立点について最終決定が行われた。この場で、低所得者の生活緩和・向上への対策が手薄という観点から、賀屋政調会長が無償実現を強く主張し、文部省の要求が全面的に認められたのであった(55)。

その内容は、①私立学校も対象に含め、②全額を国庫負担として、③昭和三九年度は小学一年から三年生に実施(五カ年計画)するというものであった。ただし、昭和三九年度以降に地方の経費負担を再検討するという了解事項が加えられることとなり(56)、次年度以降の予算編成で大蔵省が巻き返しを図る余地が残されたのであった(57)。

予算案の合意を受け、無償措置法案の立案を進めていた文部省は、昭和三八年一月二四日に同法案の構想を自民党政調文教部会・文教調査会に説明して了承を得た(58)。その上で文部省は大蔵省との折衝に入ったが、あくまでも抵抗の足掛かりを確保しようとする大蔵省側と昭和四〇年以降の経費負担を巡り話し合いが行われた。最終的に両者の間で妥協が成立し、法文中に「国が市町村を通じて給与する」、附則に「四十年度以降の経費負担区分については、さらに検討する」という文が挿入され(59)、大蔵省の意見が反映されたのであった。

しかし二月一四、一五日、この無償措置法案の説明を受けた自民党の政調審議会は、①附則の「四十年度以降の経費負担区分……」を削除して閣議了解事項とする、②教科書の採択地区の範囲を郡市より広げる、③教科書価格の合理化を早急に検討、④「教科書は政令で定める期間、毎年度、同一のものを採択する」という規定を付加する、⑤

「認可制」を「指定制」に変更する、といった修正を行った(60)。これらの修正箇所をみると、大蔵省が固執した経費負担の見直し条項が削除されるとともに、採択に関する規制が強められたことが分かる。すなわち、大蔵省の意見は、自民党によってほぼ全面的に削除されることとなり、抵抗の足掛かりを失う形となった。そしてこの修正案が二月一九日に閣議決定され、国会に提出された。このように大蔵省は再度の巻き返しを試みたが、自民党の強い意思の前に挫折を余儀なくされたのであった。

3　法案の決定と執行

本項では、国会での審議と無償措置法の執行過程を分析し、決定過程から除外されていた社会党および日教組の役割について考察する。

まず法案に対する文部省の姿勢を確認したい。文部省は基本的に制度整備の面を強調し、現行制度を改善する法案として評価していた。すなわち、採択地区の設定や都道府県教育委員会による選定、そして採択期間を三カ年ごとにするなど、採択への規制は過当競争の防止や価格の合理化に役立ち、業者の指定や立ち入り調査は円滑な供給にとって不可欠であるという見解を示したのであった(61)。このような文部省の姿勢の背景には、教科書採択をめぐる汚職事件の発生により採択の法整備の必要に迫られていたことや、経費負担について大蔵省と衝突した経緯があると考えられる。

一方、日教組は、無償措置法案を「義務教育の教科教育内容を国家統制し実質上の国定化を政治的行政的に実現しようとする」法案と位置づけ、「教科書国家統制法」という評価を下し、以下の六点について修正を求めた。第一に転学児童・生徒にも無償措置を講じること、第二に教科書の採択権を教師に持たせること、第三に県教育委員会が教科書を選定する権限の否定、第四に地域ごとの統一採択を撤廃すること、第五に採択期間を毎年にすること、第六に教科書の出版へ自由に参入する方途を講ずることであった。(62) 一見して明らかなように、日教組は教科書の採択権を各教師が持つことに強い関心を寄せており、そのため法案に盛り込まれた規制に対して反対の態度を示したのである。

次に第四三回国会での経過を見ていきたい。無償措置法案は、昭和三八年三月八日に衆議院に提出され、同一三日に文教委員会に付託され審議が開始された。(63) 社会党は、「現在の教育内容、教科書行政をさらに官僚の手によって中央集権化せんとする」法案と評価した上で、①経費負担について読み替えの余地があること、②教育委員会が採択権を持つこと、③府県教育委員会が教科書選定権を保持すること、④五大都市への配慮がないこと、⑤広域採択地域を設定すること、⑥出版業者の指定制・立ち入り調査権があること、という六点を問題視して修正を求めた。(64) これらの修正要求点は先述した日教組の修正要求とほぼ一致し、日教組が社会党の文教政策に強い影響力を持っていたことが分かる。

さて、無償措置法案の審議は、六月一〇日に衆議院文教委員会で政府原案通りに可決され、(65) 同一一日には衆議院本会議を通過し、(66) 参議院に送付された。しかしこの第四三回国会は、自民党が失業対策法を強行採決したことに端を発して審議が停滞していた。強気の自民党は強行採決を繰り返したが、この手続きを問題視した清瀬一郎衆院議長が委員会可決案を委員会に差し戻すという決断を下したため、審議の主導権を社会党が握るという「変則国会」となった。(67)

このような情勢を踏まえた上で、事態打開のための折衝が自民党と社会党の間で行われた。当時、文教関係では、無償措置法案、学長認証官法案、(68) 標準定数法案(69)の三法案が懸案事項となっていた。自民党は、社会党が無償措置法案の継続審議ないし成立を認めれば、標準法案を継続審議とする姿勢を示した。これに対し社会党は、自民党が無償措置法案と学長認証官法案を廃案とし、標準定数法案を継続審議としなければ三法案ともに廃案とするという強気の姿勢を示した。結局、双方の折り合いがつかないまま国会が会期末を迎えたため、無償措置法案は審議未了廃案となったのであった(70)。

そして次の第四四回臨時国会では無償措置法案は提出されたが、一〇月二三日に衆議院が解散されたため、全く審議されなかった。このため文部省は予算の執行に支障をきたし、無償措置法案の即時の成立が望まれる状況となったのであった(71)。そこで第四五回国会に際し、自社間で非公式の話し合いがもたれ、自民党が限度政令の不提出と無償措置法の三カ所修正を約束したため、社会党は標準定数法案と無償措置法案の可決を約束したのであった(72)。この合意を受けて自民党は、①都道府県教育委員会による教科書選定の条項の削除、②採択地区の設定条項にあった「県の区域となる場合を含む」という条文の削除、③発行会社の指定に関して立入検査の実施を報告または資料の提出へ変更(73)、という三点を修正し、無償措置法案に盛り込まれていた規制色を弱めた(74)。

この結果、一二月一三日に衆議院文教委員会で無償措置法案が可決され、同一八日には、参議院本会議でも可決され成立した(75)。このように社会党は、国会審議での駆け引きを通じて、法案に自分たちの意思を反映させたのであった。そして日教組も社会党を通じて間接的に意思を反映させることに成功したのであった。

以上のように国会審議で自らの主張を反映させた日教組は、さらに執行過程において重要な役割を果たすことになる。法案成立を受けて、その執行のため各県では条例の作成作業に入った。これに際し日教組は各県教組に指令を出し、①採択地域が実質的に拡大されることを防止すること、②選定委員の構成その他について現場教師の声を最大限反映させるように努力すること、③自主的教科書研究の保証を確保すること、を指示した(76)。そして第六六回中央委員会でもほぼ同趣旨の方針が提示され、改めて県教組に対して指令が出されたのであった(77)。また、国会でも社会党が文部省の行政指導に行き過ぎがあるとして取り上げ、文部省の対応を牽制した(78)。このように日教組は、国会での決定過程のみならず、執行過程での読み替えを警戒し、監視、牽制することで影響力を発揮したのであった。

小括

本章のまとめを行う。教科書の無償化は、自民党内で政策課題として認識されたことが始まりであった。その中心となって活躍したのが長谷川峻文部政務次官であった。長谷川が教科書無償を思い立ったのは個人的情熱によるところが大きい。しかし、これが自民党内で広汎な支持を集めた背景には、翌昭和三七年夏に参議院選挙が予定されていたことがあったと考えられる。一時は、池田勇人首相や大蔵省が反対し党内の合意形成が危惧されたが、昭和三六年一二月中旬には党議決定された。

一方、文部省では内藤初等中等教育局長が省内の異論を押さえ込み、自民党内の動きに歩調を合わせた。そこで自民党も予算折衝や無償宣言法の作成において文部省を支援し、財政的見地から反対の立場をとる大蔵省を押さえ込んだのであった。

これに対し大蔵省は、教科書無償制度調査会の審議過程で確認したように、少数派であるにもかかわらず幾度となく巻き返しや抵抗を試みた。昭和三七年の予算編成でも大蔵省は強硬な態度を崩さず、調査会の結論を事実上、無視する措置さえとった。しかし最終的には、自民党の強い意思の前に抵抗は挫折し教科書無償の方向性をとらされたのであった。

このような大蔵省の反対は、価格の合理化や過当競争の防止の観点から、無償措置法に規制的要素が盛り込まれる一因になったと考えられる。それゆえに「教科書統制法」という評価が生じたのである。

さて、日教組が与えた影響であるが、当該期は政策の決定過程から完全に排除されており、国会審議過程において社会党を通じて修正要求を行った。本件においては、第四五回国会で自社間の合意が形成され、自民党は、社会党の要求を受け入れて無償措置法案の規制色を弱める修正を行った。日教組はさらに各県の執行段階で読み替えを警戒し、チェック機能を果たしたのであった。

以上の経過から各政治主体の位置づけを行うと、自民党は、統合主体としての地位を確立していたといえる。すなわち調整機能を有しており、省庁間の了解事項を自らの意思に応じて変えることが可能だった。また無償宣言法・無償措置法の形成に際し、独自に条文の修正を行うことが可能だったことから、法案の立案能力があったことが分かる。このように自民党は政府の立案過程に介入していったのである。

一方、文部省は与党・自民党の動きに合わせ、積極的に教科書無償に取り組んでいった。しかし大蔵省との折衝において、文部省は大蔵省の意思に沿った形でしか合意を形成できず、自民党の支援を得ることによって、はじめて教科書無償が可能になったのであった。

これに対して勤評闘争以後の日教組は、立案過程に関与することはなかった。そのため日教組の関与は、国会審議過程での修正要求と執行過程での監視に限定されていた。本件では、院外での「馴れ合い」により、日教組の意思が法案に反映されている。これは、日教組対文部省の枠組みで、日教組の意思が政策に反映された一つの事例と言える。しかしあくまでも一事例であり、今後、事例蓄積を一層進めて「五五年体制」下での文教行政構造の実態と変遷を追う必要があると言えよう。

註

（1） たとえば、大槻健・尾山宏・徳武敏夫編『教科書黒書』（労働旬報社、昭和四四年）、山崎政人『自民党と教育政策』（岩波新書黄版三三五、岩波書店、昭和六一年）、徳武敏夫『教科書の戦後史』（新日本出版社、平成七年）等がある。

（2）『朝日新聞』昭和三六年七月二一日、「新しい池田体制—⑥—」（同前七月二七日）。『毎日新聞』同年八月一三日。掲載された前尾幹事長の談話には教科書無償への言及がない。前尾が全面無償に反対する経緯を考慮すれば、党内で意識の差があったとも考えられる。また、同年夏に自民党社会保障調査会（会長賀屋興宣）が、学校給食の大幅な国庫負担増と教科書の無償を提案したことも伏線の一つと考えられる（木田宏監修『証言　戦後の文教政策』第一法規出版、昭和六二年、三八一～三八二頁）。

（3）『朝日新聞』昭和三六年七月二一日、『毎日新聞』同年七月二一日。

（4）『朝日新聞』昭和三六年八月三〇日。

（5）『朝日新聞』昭和三六年九月四日、九月二六日。九月四日の記事では大蔵省が財源の検討を開始したとも伝えている。また九月二六日の記事では「来年度に実現の公算大」と報じている。一方、一〇月一〇日付の『毎日新聞』の社説でも話が固まってきたという見方を示している。

（6）『毎日新聞』昭和三六年一〇月三〇日。

（7）『朝日新聞』昭和三六年一一月八日、『毎日新聞』同日。

（8）『朝日新聞』昭和三六年一一月八日（夕刊）、一一月九日。『毎日新聞』同年一一月八日（夕刊）。

（9）「私の履歴書　水田三喜男」（『私の履歴書　第三十九集』昭和四五年、日本経済新聞社）二九〇～二九二頁。昭和三六年夏に日本経済は、高度経済成長に起因する外貨不足に陥った。これを解消するため、昭和三六年九月にウィーンで開かれたＩＭＦの総会に参加した水田三喜男蔵相は引き締め政策を条件に借款交渉を行い、融資を取り付けることに成功した。池田勇人首相も了解済みだったこの公約を果たすため、大蔵省は与党主導の積極的な予算編成に歯止めをかける必要に迫られていたと考えられる。

（10）内藤誉三郎の略歴は以下の通り。神奈川県出身。昭和一一年東京文理科大学卒業、文部省に嘱託として入省。昭和一七年高等文官試験（行政科）合格。昭和二二年学校教育局庶務課長に就任し、その後、初等中等教育局庶務課長、財務課長、大臣官房会計課長、調査局長、社会局長を歴任。昭和三一年一一月初等中等教育局長に就任し、勤評を推進。昭和三七年一月二三日事務次官に就任し、昭和三九年まで務めた。

内藤は文部省内ではタカ派と見なされていた。勤評闘争を通じて、自民党文教族との関係を深めていったとされている。当該期は初等中等教育局長在任五年目にあたり、事務次官への就任が取り沙汰されていた。この点が彼の行動に影響を与えた可能性が高いと思われる。

(11)「雲行き怪しい〝教科書無償〟」(『毎日新聞』昭和三六年一一月一七日)。

(12)『朝日新聞』昭和三六年一一月一〇日。

(13)『朝日新聞』昭和三六年一一月二一日(夕刊)、『毎日新聞』同年一一月一五日、一一月一七日、一二月一〇日。
池田首相は、「一、教科書会社は公社などとは違って民間の営利会社であり、その事業を国が補償するようなことはやるべきではない。一、現在義務教育関係の教科書業者は四十六もあり、その過当競争のしりぬぐいを国が補償してやることは、自由企業の原則に反する。一、所得倍増計画からもれた貧困家庭の児童だけを対象とするならともかく、富裕家庭も含めた無償配布は、社会保障の趣旨に沿わない」という理由から反対していた(『毎日新聞』一一月一五日参照)。

(14)『朝日新聞』昭和三六年一一月二一日(夕刊)。池田首相の早期実施反対の理由とも関わるが、当時教科書の売込みと採択を巡る汚職事件が摘発されており(『朝日新聞』昭和三六年九月一三日)、翌三七年には、教科書会社五社に対し独占禁止法違反で初の審判が行われる事態に至った(『毎日新聞』昭和三七年五月二五日)。類似の問題や風聞は、昭和二〇年代後半から起きており、文部省も長年にわたり通達等で自粛や警告を行っていたが(『文部行政資料』等参照)、効果はあがっていなかったと言えよう。本件の背景には、このような教科書業界の構造的問題があり、その後の議論において採択への規制の必要性が認識された原因の一つと考えられる。

(15)長谷川峻の略歴は、以下の通り。宮城県出身。早稲田大学専門部卒業。中野正剛の東方会に加わり、戦後公職追放となる。緒方竹虎副総理の秘書官を経て、昭和二八年衆議院議員初当選。自民党副幹事長、同国会対策副委員長、同組織総局長を歴任。当時当選三回目で石井派に所属。当該期以後、労働大臣、運輸大臣、法務大臣を歴任。書生として中野正剛に私淑したことが彼の政治観に大きな影響を与えていると思われる。

(16)「長谷川峻氏、激動の文教行政を語る(上・下)」(『学遊』平成元年六月、七月)。
長谷川が教科書無償実現を望んだ理由として、上記のインタビューの中で「僕はね、国会議員になってからずいぶんあちこちの開拓地や山の分校を見て回ったんですよ。皆、そりゃあひどい有り様だった。それこそ昔、僕が経験したよりもっとひどい、食うや食わずやという所が沢山ありました。そういう所を山ほど見て僕は「せめて教科書ぐらいはただで子どもたちにやるようにしたらどうか」とずーと思い続けてたんです」と述べている。略歴でも触れたように中野正剛に私淑していたことと、一般的に文教族は精神派が多いと言われることを考えあわせると、長谷川自身の教育への情熱が動機だったと考えられる。

(17)『朝日新聞』昭和三六年一二月一九日、『毎日新聞』同日。

(18)『朝日新聞』昭和三六年一二月二〇日、『毎日新聞』同日。

(19)福田繁『戦後日本の教育覚書』(金子書房、昭和五八年)一四五～一四六頁。

(20)「高等学校の生徒の急増対策」(『文部時報』一〇〇四号、昭和三六年四月)。同史料から、初等中等教育局のみならず文部省全体の問題として、コンセンサスがとれていたことが分かる。

(21)内藤誉三郎『戦後教育と私』(毎日新聞社、昭和五七年)一四三～一四四頁。該当箇所は内藤の次官時代の回想部分に記述されているが、内容から判断して初等中等教育局長時代の回想と判断するのが妥当と思われる。

また、『第四十三回国会衆議院文教委員会議録第二十二号』(昭和三八年六月七日)を見ると、文部省が自民党文教族の意を受けて教科書無償を政策課題として選択したことがうかがえる。

当該期において文部省は、「義務教育諸学校児童生徒に対する教科書の無償給与実施要綱案問題点」、「教科書の無償給与等に関する法律案要綱」という文書を作り、自民党に説明資料として提出しているが、前者の文中に「二、義務教育教科書の国定化について①国定化の論もあるが、現在の検定は学習指導要領の基準に則り厳格に実施されているので、内容面においては実質的に国定と同一である。また、かりに名実ともに国定とするためには、検定ずみ教科書について著作権買上げなどの補償が必要となり膨大な経費を要する。②こんご企業の許可制の実施や広域採択方式整備のための行政指導を行なえば、国定にしなくても五種程度に統一し得る見込みであるので、国定の長所を取り入れることは現制度でも可能である」という記述がある(『時事通信　内外教育版』昭和三六年一二月八日参照)。

この記述を一般書では、当初から「無償とひきかえに教科書の実質的な国定化をめざ」そうという意思を文部省や自民党が持っていた証拠として評価している。しかし同議事録の山中吾郎(社)の質疑応答から判断すると、「大蔵省から予算をとるために、与党にこういうふうに書かないと、無償教科書ができないから」文部省が作成した文書であると解釈するのが妥当と考えられる。本章の結論とも関わるが、文部省と自民党が当初から「実質国定化」の意思を持ち、その手段として教科書無償化を行ったとは考えられない。

(22)「義務教育無償と就学援助対策」(『文部時報』一〇一一号、昭和三六年一一月)、東京教育大学教授安藤堯雄「義務教育制度と教科書無償の諸問題」(同前)。

(23)『朝日新聞』昭和三六年一二月二〇日。

(24)『朝日新聞』昭和三六年一二月一八日。

(25)『朝日新聞』昭和三六年一二月二二日。

(26)『朝日新聞』昭和三六年一二月二八日。

(27)『朝日新聞』昭和三六年一二月二九日。

(28)『朝日新聞』昭和三六年一二月三〇日、『毎日新聞』昭和三七年一月一〇日。

(29) 前掲『戦後教育と私』一四三頁。

(30)『朝日新聞』昭和三七年二月四日。

(31)『朝日新聞』昭和三七年二月九日。

(32)『朝日新聞』昭和三七年二月一〇日(夕刊)、『毎日新聞』同日(夕刊)。文教部会によって作成された法案の第一条は、「(趣旨)＝①義務教育無償の理想に基づき義務教育学校の教科用図書は無償とする。②前項の措置に関して必要な事項は別に法律をもって定める」となっていた(後掲『毎日新聞』二月一四日参照)。

(33)『朝日新聞』昭和三七年二月一三日、『毎日新聞』同日。

(34)『毎日新聞』昭和三七年二月一四日。同記事掲載の修正案では、第一条部分が、「義務教育教科用図書は別に定める法律の定めるところにより無償とするものとする」となっていた。

(35) 同前。

(36)『毎日新聞』昭和三七年二月一五日。

(37)『朝日新聞』昭和三七年二月一五日、『毎日新聞』同日。『朝日新聞』の記事によると、第一条を「義務教育諸学校の教科用図書は別に定める法律により無償とする」と修正された。同時に調査会の設置期間と答申期日も決定された。

(38)『毎日新聞』昭和三七年二月一六日。

(39)『朝日新聞』昭和三七年二月一七日、『毎日新聞』昭和三七年二月一六日(夕刊)。『毎日新聞』の記事によると、第一条部分は、「第一条　義務教育諸学校の教科用図書は、無償とする。2　前項の措置に関して必要な事項については、別に法律で定める」と修正された。

(40)『朝日新聞』昭和三七年二月一二日、二月一六日（夕刊）。民社党案と社会党案は、教科書制度の改変にまで踏み込んでいる点が特徴的である。

(41)『朝日新聞』昭和三七年二月二〇日。

(42)『朝日新聞』昭和三七年二月二〇日（夕刊）。

(43)『朝日新聞』昭和三七年二月二四日。

(44)『朝日新聞』昭和三七年四月一日。

(45)『朝日新聞』昭和三七年四月一四日。同記事によると委員は、以下の通り。天野貞祐（中央教育審議会長）、河原春作（文化財保護委員会委員長）、木下一雄（東京都教育委員会委員長）、高坂正顕（東京学芸大学長）、水田直昌（教科用図書審議会副会長）、稲葉秀三（国民経済研究協会会長）、横田実（日本新聞協会事務局長）、阿部真之助（日本放送協会会長）、金子佐一郎（十条製紙社長）、藤井丙午（八幡製鉄常務取締役）、中島正樹（三菱銀行常務取締役）、森永貞一郎（中小企業金融公庫総裁）、鈴木虎秋（全国連合小学校長会会長）、松林弥助（日本PTA全国協議会会長）、北島織衛（教科書協会会長）、今井兼文（全国教科書供給協議会会長）、内藤誉三郎（文部事務次官）、石原周夫（大蔵事務次官）、小林与三次（自治事務次官）、未定（全日本中学校長会）。

(46)『毎日新聞』昭和三七年四月二七日。以下の七項目が諮問された。①無償の範囲、②教科書を給付するか、貸与するか、③費用を国で全額負担するか、国と地方で分担するか、④無償とする教科書の体様、⑤教科書の採択制度、⑥教科書発行企業および供給機構のあり方、教科書の価格、⑦無償措置実施の段取り（『文部広報』昭和三七年五月三日、「戦後日本教育史料集成」編集委員会『戦後教育史料集成　第七巻』〈昭和五八年、三一書房〉三七三〜三七四頁より再引）。

(47)『朝日新聞』昭和三七年五月一一日、六月二七日、九月八日。『毎日新聞』同年五月九日、五月一一日。

(48)『朝日新聞』昭和三七年五月二九日。

(49)『朝日新聞』昭和三七年九月八日。同記事によると小委員会の委員は、日本放送協会会長阿部真之助、十条製紙社長金子佐一郎、三菱銀行常務取締役中島正樹、八幡製鉄常務取締役藤井丙午である。対立関係にあった教育関係者と財政当局から選任されておらず、両者の中間に位置する人々が答申案の起草に当たったことが分かる。

(50)『朝日新聞』昭和三七年一〇月二三日、『毎日新聞』同日。

(51)『朝日新聞』昭和三七年一一月一五日、『毎日新聞』同日。
(52)『朝日新聞』昭和三七年一一月五日。
(53)『朝日新聞』昭和三七年一一月二三日、一一月二五日。『毎日新聞』同年一一月二五日。前掲『戦後日本の教育覚書』一四六頁。『朝日新聞』の記事（一一月二五日付）によると、大蔵省が供給機構の整理・教科書の種類制限によって価格引き下げを考えているのに対して、文部省や教科書協会が、数社独占になって検定制度の良い面が奪われるという理由で反対していると伝えている。
(54)『朝日新聞』昭和三七年一二月二九日。
(55)賀屋興宣『戦前・戦後八十年』（経済往来社、昭和五一年）二三三〜二三四頁。同書で賀屋は、成功の一因として田中角栄大蔵大臣のものにこだわらぬ闊達の気性と物分かりのはやさを挙げている。
(56)『朝日新聞』昭和三七年一二月三〇日、一二月三一日。『毎日新聞』一二月三〇日。
(57)『朝日新聞』昭和三八年一月五日。
(58)『朝日新聞』昭和三八年一月二五日。
(59)『朝日新聞』昭和三八年二月六日、『毎日新聞』同日。
(60)『朝日新聞』昭和三八年二月一六日、『毎日新聞』同日。
(61)教科書課長諸沢正道「教科書採択の現状と問題点」および教科書課課長補佐鈴木勲「教科書発行の現状と問題点」（『教育委員会月報』一五三、昭和三八年五月号、文部省初等中等教育局）。ちなみに教科書の広域採択は、昭和二七年ごろから教育委員会の間で自主的に始まったと言われている（『時事通信　内外教育版』昭和二七年九月二三日、昭和二九年一〇月一二日）。その後も各地で続けられ、当該期には半ば慣例化していたと思われる。
(62)『日教組教育新聞』昭和三八年五月二四日。
(63)『第四十三回国会衆議院文教委員会議録第十号』昭和三八年三月一三日。
(64)『第四十三回国会衆議院文教委員会議録第二十三号』昭和三八年六月一〇日。六月八日に島上社会党国会対策委員長が、竹山自民党国会対策委員長に同様の修正点を申し入れている（『毎日新聞』昭和三八年六月八日〈夕刊〉）。
(65)前掲『第四十三回国会衆議院文教委員会議録第二十三号』、『朝日新聞』昭和三八年六月一一日。
(66)『第四十三回国会衆議院本会議録第三十二号』昭和三八年六月一一日。

(67)　『毎日新聞』昭和三八年七月一三日（夕刊）。

(68)　正式には「国立大学総長の任免、給与等の特例に関する法律案」。旧帝国大学の学長を認証官することで社会的地位の向上と待遇改善を図り、教育者全体の地位を高めようというのが政府の提案理由であった。これに対し、社会党は、法案の真意が大学の序列化と学長の官僚化にあり、大学管理法案にかわる大学統制の手段と見なし反対していた。

(69)　正式には「公立義務諸学校の学級編制及び教職員定数の標準に関する法律及び市町村立学校職員給与負担法の一部を改正する法律案」。ベビーブームのピークが過ぎて小中学校の児童・生徒数が減少に転じ教職員が過剰となるため（約七万人と推定）、現行の一学級五〇人編制を四五人編制に改めることによって余剰教員の解雇を防ぐとともに教育環境の充実を図ろうというのが政府の提案理由であった。しかし府県によって児童・生徒の減少率や余剰教員の人数が異なり、学級編制の移行方法によっては教員の解雇（約二万人と推定）が避けられないと予想されていた。このため日教組や社会党は、同法案に強い関心を寄せていた。

(70)　『毎日新聞』昭和三八年七月七日。

(71)　『毎日新聞』昭和三八年一〇月二四日。

(72)　正式には「義務教育費国庫負担法第二条但書の規定に基き教職員給与費等の国庫負担額の最高限度を定める政令の一部を改正する政令」（昭和三九年九月八日、政令二九七号）。教職員の給与を含め教育費の負担は半額国庫負担が原則であるが、国庫負担の基準を教職員の実数とするのか、それとも定員とするのかにより、その意味は大きく異なる。従来は実数を基準に行われてきたが、限度政令は定員を基準に行おうとするものだった。この限度政令が施行されれば、国の基準を上回る教員を確保してきた「教育先進県」は、定員超過分の教員の給与に対して国庫負担を受けることができなくなり、教員の解雇につながる可能性が高いと考えられていた。このため日教組や社会党は限度政令の施行に反対していた。

(73)　『毎日新聞』昭和三八年一二月一三日、一二月一三日（夕刊）、一二月一四日。『参議院文教委員会（第四十六回国会閉会後）会議録第四号』昭和三九年九月三〇日。同議事録によると米田勲議員（社会党）は、愛知揆一文相が経緯を無視して限度政令を出したことに憤慨し、院外での自社間の取り決め内容とその経緯を暴露した上で愛知文相の政治責任を追及しようとしたが、吉江勝保議員（自民党）が止めに入り速記が中断された。

(74)　『第四十五回国会衆議院文教委員会議録第二号』昭和三八年一二月一三日。これら三点の修正は、日教組の主張をほぼ全面的に受け入れたものであった（『日教組教育新聞』昭和三八年一二月二一日）。

(75)『第四十五回国会参議院本会議録第五号』昭和三八年一二月一八日。
(76)『日教組教育新聞』昭和三九年二月一八日。
(77)『日教組教育新聞』昭和三九年三月一七日。
(78)『朝日新聞』昭和三九年二月二六日、『毎日新聞』同日。『朝日新聞』の記事によると、文部省が行政指導の誤りを認めている。
なお、三月四日の『朝日新聞』に続報がある。

第七章　家永教科書裁判と支援運動

はじめに

本章では、家永教科書裁判について分析する。家永教科書裁判とは、東京教育大学の教授だった家永三郎が、自分の執筆した高校日本史の教科書『新日本史』に対する教科書検定について、思想の自由および学問の自由を侵害するものであり、教科書検定制度が憲法に違反しているとして起こした裁判である。昭和四〇（一九六五）年に最初の訴訟（第一次訴訟）を起こし、その後、第二次訴訟、第三次訴訟を起こし、足かけ三二年間にわたり裁判が続けられた。この家永教科書裁判は、社会の関心を集め関連する書籍が多数出版された(1)。これらの書籍について見てゆくと、大半は法廷内部での国と原告（家永三郎）のやりとりに問題関心が向けられている。このため裁判で争点とされた検定制度や歴史認識の問題、あるいは家永個人の思想が叙述の中心的なテーマとなっている。

しかし実際の裁判の経過を追っていくと、随所において原告を支える支援組織が法廷外で運動（活動）していることに気がつく。こうした支援運動については、そもそも黒子役という性格上、これまであまり注目されてこなかった。しかし個人の力に限界がある以上、大規模な裁判を長期間にわたって維持するためには、支援者や支援組織の存在が不可欠であると考えられる。また、こうした支援組織と原告（あるいは原告団）が没交渉であったとは考えにくく、両者の間に何らかの相互作用があったと見るのが自然である。このように仮定した場合、従来のように法廷内の動向を注視するだけでは不十分であり、支援組織の実態も解明しなければ、家永教科書裁判の全体像を見通すことができないと考えられる。こうした観点に立ち、本章では支援組織に焦点を合わせて分析し、その上で家永教科書裁判を再考する。

一　裁判の開始と支援運動の展開（昭和四〇～昭和五八年）

1　裁判の提訴と支援組織の形成

昭和四〇（一九六五）年六月一二日、家永三郎は教科書検定制度を違憲であるとして国を提訴した。これにあわせて弁護団（森川金寿、尾山宏、新井章、今永博彬）が、各方面に対して支援組織の結成を呼びかけた(2)。同年八月二二日および九月一〇日に組織結成に向けた準備会合が行われ、一〇月一〇日に「教科書検定訴訟を支援する全国連絡会」（以下、全国連と略）が発足した。一〇月二〇日には、第一回の常任委員会が開かれ、組織の構成や活動について協議された。つづいて一一月一〇日に開かれた第二回常任委員会では、福島要一（日本学術会議会員）起案の運動方針案が承認され、全国連の大枠が決まった。

図2に全国連と弁護団等の関係図を示した。全国連は、地域（都道府県や市区町村単位）ごとに結成された裁判支援組織（地区連絡会）の連合体という組織形態をとっていた。こうした地区ごとの連絡会との連絡や会報の編集・発行、会計の管理などの業務を処理するため事務局が設置され、専任の職員が配置された。また、意思決定については、毎月開かれる常任委員会が重要な問題について決定を行い、年一回開かれる総会へ諮るという形をとっていた。

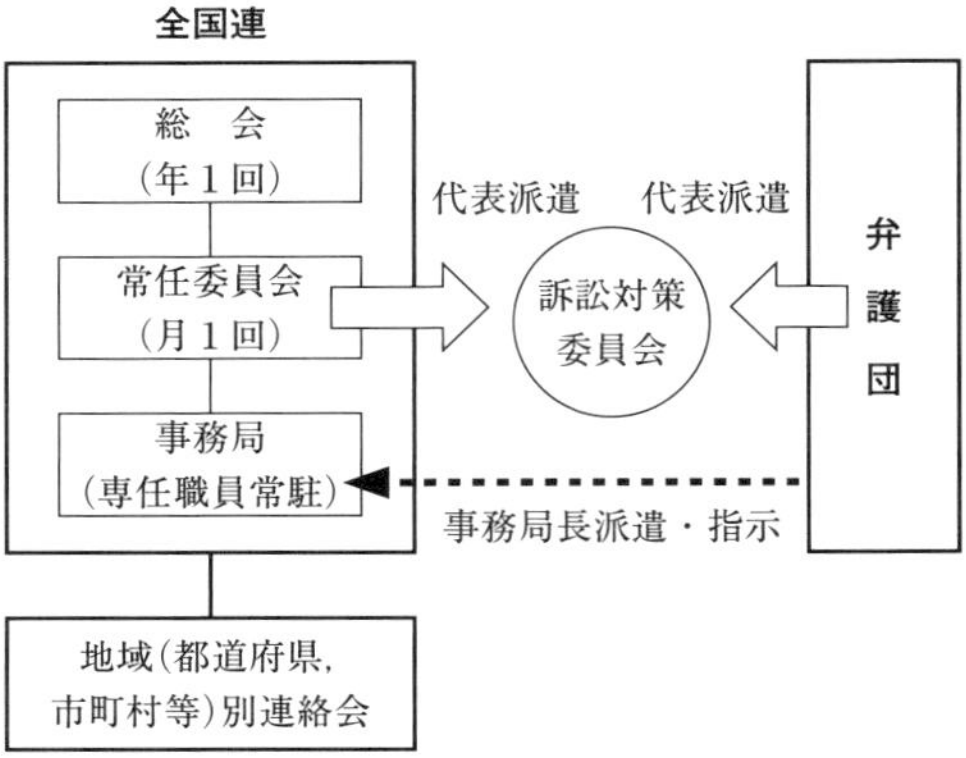

図２　全国連・弁護団関係図

次に弁護団と全国連の関係について見てゆくと、①全国連の常任委員会に弁護団が組織的に参加、②弁護団および全国連の代表者からなる「訴訟対策委員会」が共同で裁判の進め方を協議、③弁護団に関する業務（裁判所への提出書類の編集、各種会議の設定、事務連絡等）を全国連の事務局が処理、というように両者は表裏一体となって活動していた。とくに設立当初は、弁護団の尾山宏弁護士が事務局長に就任するとともに、事務所も尾山宏弁護士の所属する東京法律事務所内に置かれるなど、弁護団の支援の下で全国連の組織が立ち上げられたのであった。

表15は全国連発足時の役員一覧である。全国連の役員は、代表委員、常任委員、委員から構成されていた。この表で注目されるのは常任委員として、個人の他に教職員組合や出版労働組合から代表者が委員として派遣されていることである。教職員組合と全国連とのつながりについては、あとで詳しく見てゆくことになるが、ここでは教職員組合が全国連の発足当初より常任委員として意思決定に参画していた事実を確認しておきたい。

さて、全国連の運動および組織の方針は、「私たちは、この家永氏の起された訴訟を勝たせ、それにとどまることなく、真に民主的な、憲法と教育基本法の精神にもとづく教科書制度・教科書行政の確立をめざしていかなければなりません」という一文に示されているように、裁判支援運動（裁判での勝利を目的とした運動）と教育運動（「真に民主的な、憲法と教育基本法の精神にもとづく教科書制度・教科書行政の確立」を目的とした運動）の二本立てであった。(3)

また、裁判および運動を支える経費については、訴訟費用（弁護士費用、提出書類作成費、証人・鑑定人費用など）は

表15　全国連絡会発足時の役員一覧

区　分	氏　　名　（肩　　書）
代表委員	中島健蔵（評論家），梅根悟（東京教育大学），末川博（立命館大学総長），中野好夫（評論家），海野晋吉（弁護士・総評弁護団団長），三島一（専修大学名誉教授），宗像誠也（東京大学），山家和子（日本母親連絡会），石川達三（作家），阿部知二（作家），丸岡秀子
常任委員	大江志乃夫（東京教育大学），大槻健（早稲田大学），遠山茂樹（横浜市立大学），松井康浩（弁護士），森田俊男（国民教育研究所），高橋礦一（歴史教育者協議会），星野安三郎（東京学芸大学），永井憲一（立正大学），福島要一（日本学術会議），宗像誠也（東京大学），**日本教職員組合，日本高等学校教職員組合，日本出版労働組合協議会，東京都教職員組合，**担当弁護団
委員	宮原誠一（東京大学），勝田守一（東京大学），高柳信一（東京大学），佐伯静治（弁護士），尾崎陞（弁護士），小野周（東京大学），有倉遼吉（早稲田大学），豊田利幸，松島栄一（東京大学），日高六郎（東京大学），木下順二（劇作家），吉川原（国民教育研究所），ジャーナリスト会議，小林直樹（東京大学），具島兼三郎（九州大学），憲法擁護国民連合，東京都私学教職員組合連合，山本敏夫（慶應義塾大学），桑原作次（埼玉大学），潮見俊隆（東京大学），江口朴郎（東京大学），渡辺洋三（東京大学），伊藤正巳（東京大学），磯野誠一，安藤良雄（東京大学），清水英夫（日本評論社），遠山啓（東工大学），野々村敞，鈴木英一（北海道大学），松本金寿（東北大学），井上清（京都大学），杉村敏正（京都大学），黒田了一（大阪市立大学），関西民主法律家協会，毛利与一（弁護士），青山道夫（九州大学）
事務局長	尾山宏（弁護士）
監事	西山松之助（東京教育大学），重山蕃（弁護士）

出典：首都大学東京 6-4. 1-0109 より作成。

家永三郎が負担し、運動費用（事務局経費、パンフレット・機関紙発行費、集会費）は全国連が負担するとの取り決めがなされた。[4]

こうして発足した全国連は、第四回常任委員会でカンパ三〇〇〇万円、会員一万人、署名一〇〇万人の獲得を当面の目標とした。続いて昭和四〇年一二月七日には「教科書訴訟を支援する中央集会」を開催し、本格的な活動を開始した。全国連の事務局長だった尾山宏弁護士によると、全国連の立ち上げに際して「特定の団体に依存するようでは、国民運動として広範により多くの市民に広げてかけてゆくことはできない、ということになり、私の所属する東京法律事務所に事務局を置くことになった」と回顧している。[5]しかし実際には、組織の立ち上げにあたり全国連は教職員組合や出版労働組合を中心とした総評系の労働組合に大きく依存していた。

表16　会員構成（昭和43年6月）

〔個人会員内訳〕

区　　分	会員数	割合(%)
教師	**1,415**	**44.2**
出版労働者	**719**	**22.0**
一般労働者	153	4.8
農業・漁業	4	0.1
学生	143	4.5
学者・文化人	309	9.6
市民	162	5.1
不明	296	9.3
合　　計	3,201	100

〔団体会員内訳〕

区　　分	会員数	割合(%)
教職員組合	**850**	**82.3**
出版労組	17	1.6
一般労組	17	1.6
学術団体	14	1.4
青年・学生団体	39	3.7
婦人団体	10	1.0
支援会	62	6.1
民主団体	20	2.0
政党	3	0.3
不明	0	0
合　　計	1,032	100

出典：『全国連絡会ニュース』18号より作成。

まず、日本労働組合総評議会（総評）との関係を見て行く。前掲の表15にもあるように、全国連が発足した当初は、代表委員に海野晋吉（総評弁護団団長）が加わっているぐらいで明確な関係は示されていなかった。しかし第五回常任委員会で総評の太田薫議長へ全国連の代表委員就任を要請することが決まり、これが実現した。そこで第七回常任委員会では、総評傘下の労組や国民文化会議の加盟団体に対して、全国連へ組織的に加入するよう働きかけることが決定された。こうした全国連の動きに合わせて、総評も昭和四一年四月二日の評議員会で教科書検定訴訟を組織として支援することを正式に決定した。これを受けて全国連の常任委員は、各労働組合を訪問し運動への参加や支援を要請したのであった（時期が少し下るが、昭和四四年五月には、総評が各労働組合および地評議長に対して「教科書検定訴訟支援についての要請」を通達していることも確認できる(6)）。

次に教職員組合との関係であるが、前述のように日本教職員組合、日本高等学校教職員組合、東京都教職員組合は全国連発足当初から常任委員会に代表者を出しており密接な関係にあった(7)。このことを端的に示しているのが会員構成である。表16は、昭和四三年六月時点の会員構成である。これをみると個人会員のうち教師が四四・二％、出版労働者が二二・〇％を占めている。また、団体会員のうち教職員組合が八二・三％、出版労働組合が一・六％を占めている。このうち教職員組合の団体会員が多いのは、各県の教職員組合だけではなく、その傘下にある郡市単位の支部や学校単位の分会がそれぞれ個別に団体会員として加入していたためである(8)。上述のように全国連は組織の立ち上げにあたり総評の支援を得ていたが、会員の構成を見ると教職員組合にしか浸透していなかったことが分かる。このように会員構成が教職員組合あるいは教員に偏り、支援運動の輪が分野を越えて広がらないことについては全国連の事務局も問題視していた(9)。しかしこうした傾向は、その後も変化することはなかった。

2 杉本判決のインパクトと支援運動

第一次訴訟提起の翌年昭和四一年一一月二日に家永は、『新日本史』について三四カ所の改訂検定申請を行った。これに対して文部省は、三件六カ所の内容を検定不合格とした。そこで家永は、この不合格処分の取り消しを求め昭和四二年六月二三日に新たな裁判を起こした（第二次訴訟）。こうして第一次訴訟と並行して第二次訴訟が進められることとなった。こうしたなか第二次訴訟の第一審判決が、裁判の進行速度の関係から第一次訴訟よりも先に出されることとなった。昭和四五年七月一七日に出された判決は検定制度の適用違憲性を認め、事実上、原告側の全面勝訴となった（本判決については、裁判長杉本良吉の名前を冠して「杉本判決」と称されることが多い。そこで本章でも、以下「杉本判決」と表記する）。

この杉本判決を受けて全国連の活動は盛り上がりを見せることとなった。「全国津々浦々で判決報告集会が開かれ、それをきっかけに、教師・父母・市民の中に杉本判決が広く読まれ」たと言われている(10)。図3に全国連の会員の推移を示したが、昭和四五年七月に六六九〇人だった個人会員は杉本判決を境に急増し昭和四七年九月には一万三八二六人となり、わずか二年の間で約二倍へと膨れあがった。

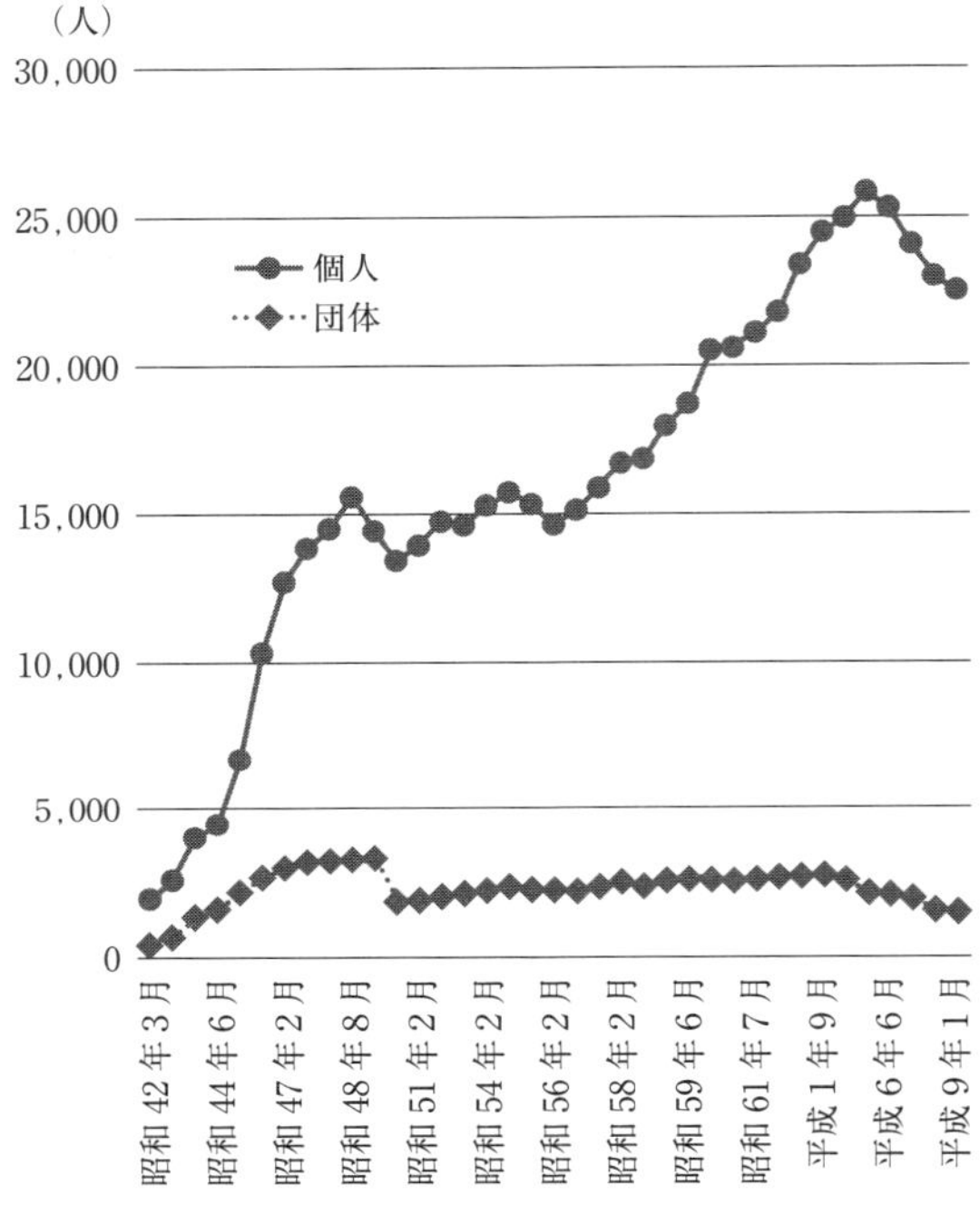

図3　全国連会員数の推移

一方、全国連内部では、杉本判決を契機に運動の領域を拡大しようという動きが顕在化した。先述のように全国連は、裁判支援運動と教育運動という二つの運動を活動方針に定めていた。しかし設立初期は組織の態勢も十分に整っていなかったため、活動の中心は裁判支援運動に置かれ、裁判に直結しない教育運動まで展開する余裕はなかった。このため裁判の遂行と勝訴判決獲得を目指して全国連は、①資金調達（会員・カンパの募集）、②裁判所への請願（署名・傍聴活動）、③宣伝（パンフレットの発行、労働組合等の機関紙への原稿持ち込み、街頭宣伝・署名、地域・職場での小集会開催、大集会開催）といった活動に力を注ぐにとどまっていた。(11)

これに対して杉本判決の際に弁護団より「教科書裁判の斗いが裁判支援運動のワクから脱しきれず、基本的な教育政策との対決や抵抗の大衆的運動に発展できないでいること」が問題点として指摘された。(12) そして直後（昭和四五年八月）に開かれた全国連の第六回全国総会でも、弁護団（報告者：尾山宏）は、裁判支援運動から教育運動へ活動の領域を拡大することを提起したのであった。(13)

しかし、この弁護団の提案は実現に至らなかった。すなわち昭和四五年末から全国連は深刻な財政危機に陥ったか

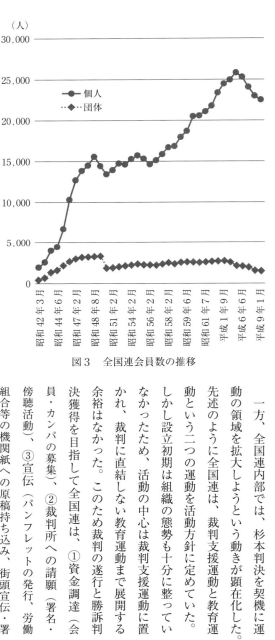

らである（その後の財政危機と区別するため本件を「第一次」財政危機とする）。事務局が内部の関係者向けに発行していた『事務局通信』によると昭和四五年一二月の段階で「特に判決後急速にのびることを予想した、カンパ、新入会が意外にのびず、印刷所への未払い金だけでも百五十万、さらに事ム所移転のために家永先生の個人会計からの借入れ金、宗像先生の特別寄附金からの借り入れなど総収入四百八十万円を必要としています。年末財政のうちでも柱となるのは滞納会費の徴収です。これは総額三百五十万円にものぼ」ったと伝えている(14)。

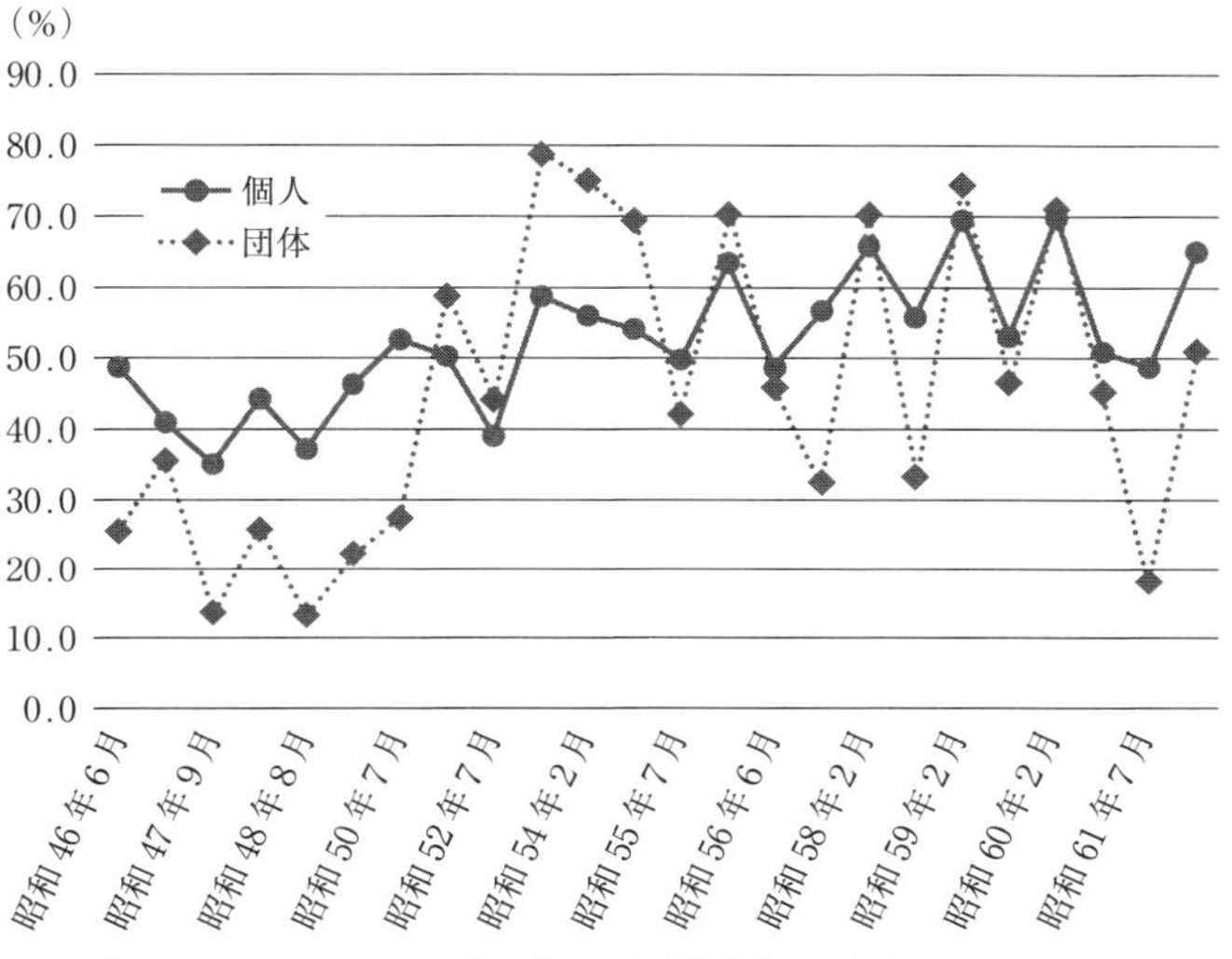

出典：『教科書裁判ニュース』掲載の会員納付率報告等から作成。

図４　会費納入率の推移

財政危機の原因として複数の要素があげられているが、なかでも中心的な原因と思われる会費滞納の状況を見るため図４に会費納入率の推移を示した(15)。これによると会費納入率は、昭和四九年までは個人会員で平均四二・〇％、団体会員で平均二二・五％しかなかったことが分かる。昭和五〇年以降は納入率が改善するものの、それでも個人会員で平均五六・〇％、団体会員で平均五三・一％にとどまっていた。このように会費納入率が低い原因としては、①運動に熱意や理解を有していない個人や団体が形式上会員として登録されていた、②会費未納会員を退会させずに在籍させていた、ことが考えられる。しかし会員として登録されている以上、会報や各種案内を送付する必要があり、このことが財政を圧迫していたのであった。

こうした状況に対して、全国連の常任委員会は会費の値上げで対処しようとした。(16) しかし会費値上げを提案した第七回全国総会（昭和四六年八月）では反対意見が相次ぎ、結局、個人会員の会費を六〇〇円から九〇〇円（原案は一二〇〇円）に引き上げることだけが認められ、団体会員の会費は一〇〇〇円（原案は二〇〇〇円）に据え置かれることとなった。(17)

このため全国連の赤字は解消せず、昭和四八年一〇月末の段階で、未払金が二三三万五八八〇円（ニュース印刷費、パンフレット代金、最終準備書面印刷費、弁護士費用、事務局職員の夏期一時金の一部など）、借入金が一四三万九九八五円（家永三郎・宗像誠也の特別カンパ、三省堂労働組合・弁護団・東京都連・全国連事務局員などからの借入）に達した。(18)

そこで常任委員会は、財政の立て直しを図るため小委員会を設置して運動や組織の見直しに着手した。同小委員会は「全国連絡会の運動と組織について（一次案）」をまとめ、これが昭和四八年一一月一三日および翌年一月二六日の常任委員会で審議された。(19) 同小委員会によると、この改善案の主旨は、「これまでの常任委員会が全国連に対し、運動の執行・財政などについて無責任であった。結局確認事項の執行は全部事務局まかせになっていたことをあらため」ることにあるとされ、常任委員会が事務局への監督を強める方向性を打ち出した。

さらに、改善点の一つとして全国連の運動の範囲を「(イ)当面、運動としては「訴訟支援」とする。(ロ)しかし、教科書問題一般について、その国家統制打破のための運動理論、あるべき教科書制度、その他教科書問題一般についての理論的研究活動にとりくんでゆく」とすることを提案した。含みを持たせた表現ではあるが、杉本判決の際に弁護団の打ち出した運動領域の拡大路線を否定し、裁判支援運動に集中することを求めるものであった。

また、常任委員会の討議のなかで小委員会を代表して今井克樹（日本出版労働組合協議会）は、「これまで訴訟は弁護団（＝原告団）のみにまかせてきたような面もあったが、弁護団には我々の要求に法律的な理屈をくっつけてくれることをお願いする、というのが本来のあり方だろう。こういうことを踏まえて全国連絡組織の整備・拡充をする必要がある」とも発言しており、弁護団が突出して活動することを牽制したのであった。

この「全国連絡会の運動と組織について（一次案）」について、最終的にどのような決定が下されたのかということは不明である。ただ、残された資料からは否決になったという記録もないため、おおむね常任委員会で承認されたものと推測される。

これを裏づけるように、昭和四九年には早速、同改善案で提案された会費の長期滞納者の整理を行っていることが確認できる。[20]この結果、前掲の図3にみられるように会員数は減少することとなったが、図4にみられるように昭和五〇年以降、会費納入率は大幅に改善することとなった。また、第一一回全国総会（昭和五〇年八月）において改めて会費の値上げが提案され、今回は原案通り（個人会員：九〇〇円→一二〇〇円、団体：一〇〇〇円→一五〇〇円）に承認されたのであった。こうした改善策を講じた結果、全国連は赤字を解消し、ようやく財政危機を脱したのであった。

3　裁判および支援運動の変化

このように全国連の財政が再び安定するなか、昭和五四年から五五年にかけて裁判および運動に変化が生じることとなった。まず裁判についてであるが、昭和五四年八月に提出された第一次訴訟控訴審の第七準備書面において、弁護団は従来の制度違憲性・適用違憲性の主張に加えて裁量権濫用を追加した。裁量権濫用の採否については、昭和五三年一二月より弁護団内部で検討が進められてきたが、裁量権濫用は検定制度が合憲であることを前提とした主張であるため、「にわかに賛成しがたい筋合いのものであった」。しかし「何としても勝訴の判決をかちとりたいという心情から」弁護団は裁量権濫用を新たな主張として採用したのであった。[21]これ以降、弁護団の主張の構成が大きく変わってゆき、第三次訴訟に至っては裁量権濫用が主たる争点となったのであった。[22]

一方、支援運動についても変化の兆しがあらわれた。昭和五四年一一月一六日、訴訟対策委員会、弁護団、常任委員会は合同で「最高裁判決と今後の教科書裁判運動」と題して運動方針の見直しを話し合った。この場において事務局より「教科書統制打破のための運動」が提案され、裁判支援運動だけではなく①教科書採択の民主化と②教科書検定制度改善を目的とした運動へ活動の領域を拡大することが検討された。[23]続いて昭和五五年二月二二〜二三日に常任委員会は合宿を行い、先述の「最高裁判決と今後の教科書裁判運動」をさらに検討した。

その上で同年三月二七〜二八日に開かれた教科書裁判運動全国交流研究会（各都道府県の運動の責任者が集合し、活動内容を話し合う会議）において、「最高裁判決と今後の教科書裁判運動」が全国連の課題として提起された。常任委員会の説明によると、この時期に運動の見直しを行う理由として、①裁判終了後の運動のあり方、②今日の教育状況・社会状況の中で運動を位置づけ直すこと、の二点が示された。[24]すなわち訴訟開始より一五年目をむかえ、第二次訴訟が最高裁での審理に入るとともに、第一次訴訟も控訴審の審理が進み、両裁判とも終結が見え始めていた。本来ならば裁判の終結＝支援組織の解散となるべきところであるが、全国連は裁判終結後も運動の継続を望んでいた。そこで運動継続の下地作りのために裁判支援運動から教育運動への転換が模索されたのであった。[25]

こうしたなか、「裁判支援運動から制度変革をめざす運動への前進」を可能とするために、全国連は教科書制度検討委員会を設置した。同委員会は昭和五六年一二月二六日に第一回の準備会合を開き、新たな運動を支える理論的な材料の収集と検討が開始されたのであった。[26]

二　第三次訴訟と支援運動（昭和五九～平成九年）

1　第三次訴訟をめぐる認識の相違

前述のように、昭和五四（一九七九）年ごろから全国連では裁判の終結を見越した対応が取られるようになっていった。しかし『新日本史』に対する昭和五五年度の検定および五八年度の部分改訂検定の結果から、関係者の間で新たな裁判を起こす必要性が認識された。そこで昭和五九年一月に家永三郎は再度国を相手取り裁判を起こした（第三次訴訟）。

この第三次訴訟提起の可否について家永三郎は、①一九八〇年代の検定は六〇年代を上回るものであった、②研究者・教育者として首尾一貫を貫くため訴訟を決意した、③生理的限界（健康不安）、経済的限界、心理的苦痛を感じているが、「教科書検定→権力による国民思想画一化に対する闘志（ファイト）は、提訴以来少しも衰えることなく、今後たとい肉体の衰弱が進行しても、老人性痴呆状態に陥らない限り、最後まで失うことはないと確信している」と考えていた[27]。すなわち家永個人は提訴に対して前向きな姿勢を示していたと言えよう。

これに対して全国連の認識はやや異なっていた。第三次訴訟提起の可否について、全国連は昭和五八年一一月二四日の拡大常任委員会において検討を行った。これに先立って全国連は関係団体へ意見の照会を行っており、同日の会議ではまず日教組、出版労連、日高教、歴史学関係者の会、近畿ブロック、東海ブロック、長野県連、埼玉県連、神奈川県連、神奈川市民の会、東京都連幹事会、町田地区連の意見が紹介された。これを踏まえて話し合いが進められたが、意見はまとまらなかった。そこで一二月九日に改めて拡大常任委員会を開き、ようやく「提訴するかどうかの結論は家永先生にゆだねるが、提訴された場合には全力で支援運動強《（ママ）》をつよめる」との結論に達した。[28]

この話し合いの詳細については、議事要録に「ここにその内容を文字にすることは避けます」とあり、全体像は不明である。[29]ただ、このとき弁護団が提出した意見書によると、「高裁判決以後の教科書裁判支援運動の持続性を保証するものとしての第三次（あるいは第四次、五次〜）教科書訴訟を構想する意義がある」として、運動のために新たな裁判が必要と述べるとともに、「単に第三次〝家永〟訴訟を起こすよりも、つぎのような条件が実現したほうがのぞましい」とあり、原告は家永三郎でなくても良いとの認識が示されていることが分かる。[30]すなわち弁護団は、裁判を支えるために支援運動が必要なのではなく、支援運動を支えるために裁判（原告は誰でも可）が必要と考えていたのであった。

先述のように、家永個人は提訴に前向きであった。このため話し合いが難航した原因は、全国連あるいは弁護団が家永を原告とすることに消極的だったことにあると推測される。そこで新たな原告の担い手を探すため、『新日本史』の共著者に対して意志確認が行われたが、結局、家永以外に原告の引き受け手が見つからなかった。そこで第三次訴訟も家永三郎だけが原告となることが決まり、弁護団（全国連）と家永の認識の相違は表面化するに至らなかった。

しかし実際に第三次訴訟が開始されると、家永は、こうした認識の差を感じる場面があったようで弁護団に対して意見書という形で何度か違和感を表明している。先述のように第三次訴訟において弁護団は裁量権濫用を主たる争点とした。これに対して家永は、第三次訴訟においても検定制度が「思想審査性、学問・教育の自由侵害にわたること」を立証の最重要点とするように弁護団に求めている。[31]この意見からは、家永が第一次訴訟、第二次訴訟と同様に第三次訴訟でも検定制度の違憲性を主たる争点とするべきだと考えていたことがうかがえる。

また、第三次訴訟では近現代史の個別事例が争点となったため、学説を検証するために研究者の証人が重要な役割を果たした。これに関して家永は「これまでの歴史学関係の証人に唯物史観の立場に立つ人が多かったのは、非マルクス主義の立場に立つ家永とマルクス主義の立場に立つ証人たちとの統一戦線が組まれたという意味で積極的な評価に値する反面、「歴史をささえる人々」の語義をめぐり家永の意図したところを証人の理解との微妙にくいちがいが生じたこともあったし、家永教科書の学問的根拠が唯物史観史家のみによってしか擁護できないかのような印象を裁判所に与えるおそれなしとしないことなども考慮する必要があるのではないか」という意見を述べ、弁護団が選定した証人（ひいてはその学説）に不満を表明した。(32)

このように内部資料からは、弁護団（全国連）と家永の間での意見の相違が見られるが、原告団内部の問題にとどまり表面化することはなかった。その要因については推測の域を出ないが、筆者は家永が裁判費用を負担していなかったことに起因すると考えている。前述のように裁判開始時において、裁判費用は家永が、運動費用は全国連が負担するとの取り決めがあった。ところが数年後には、全国連が裁判費用も含めて経費全般を負担するようになり、これが常態化していた。(33)このため家永も意見の表明はするものの、最後は遠慮して自分の意思を押し通さなかったのではないかと思われる。

2　支援運動の財政構造

以上、支援組織である全国連に焦点を合わせて家永教科書裁判の経過を見てきたが、最後に財政構造を分析し、全国連の組織の特質について考える。表17は全国連の決算のうち、収入の部から借入金、会費、カンパを抜粋して金額と割合を示したものである。これをみると会費収入とカンパ収入とが拮抗するとともに、年度によってはカンパが収

表17　収入に占める会費・カンパの割合　(円)

期　　間	借入金(%)	会　費(%)	カンパ(%)	総収入額
昭和40年3～9月	0(0.0)	0 (0.0)	200,192(100.0)	200,192
昭和40年10月～41年9月	0(0.0)	942,371(42.8)	1,111,513 (50.5)	2,199,680
昭和42年10月～44年3月	0(0.0)	2,827,787(38.2)	2,989,559 (40.3)	7,411,677
昭和44年4月～45年3月	0(0.0)	4,753,070(38.1)	4,919,534 (39.4)	12,479,313
昭和45年4月～46年3月	0(0.0)	4,187,955(33.2)	5,673,295 (44.9)	12,626,315
昭和46年4月～47年3月	0(0.0)	5,900,101(38.7)	6,907,184 (45.3)	15,262,004
昭和47年4月～48年3月	659,000(4.0)	7,082,108(43.2)	6,962,370 (42.5)	16,382,199
昭和48年4月～49年3月	1,650,000(8.4)	7,640,279(38.7)	7,916,205 (40.1)	19,725,323
昭和50年4月～51年3月	1,450,000(6.3)	8,864,466(38.5)	11,584,196 (50.3)	23,042,361
昭和57年4月～58年3月	1,320,000(2.9)	17,348,243(37.6)	16,967,425 (36.8)	46,103,456
昭和58年4月～59年3月	0(0.0)	19,682,614(38.7)	30,260,484 (59.4)	50,902,342
昭和60年4月～61年3月	0(0.0)	32,794,260(51.7)	24,651,638 (38.9)	63,415,642
平成元年4月～2年3月	0(0.0)	35,886,283(51.5)	29,031,995 (41.6)	69,736,993
平成2年4月～3年3月	4,200,000(5.9)	39,216,270(55.1)	20,550,728 (28.9)	71,130,615

出典：各年度の全国連総会での財政報告より作成。なお欠年は資料が残存しないことによるものである。

入の約半分を占めていたことが分かる。

カンパというと、一般的には集会等で臨時的に集められる募金というイメージが強いが、表17に計上されているカンパは、その大半が「年末カンパ」と称して全国連の会員や各地区の連絡会が毎年一一～一二月にかけて組織的に集めるものである。この「年末カンパ」については、例年のように依頼文とカンパ袋が作成されており、その年の収入の不足分を補塡する役割を果たしていた。

また「組織カンパ」という名称で、教職員組合や出版労働組合などの組織が団体会員の会費とは別に全国連に資金を拠出していた。たとえば平成三年度の予算案をみると、収入予定八六六三万八〇〇〇円のうち、カンパとして三一〇〇万円（収入全体に占める割合：三五・七八％）が計上されている。この内訳を見てみると、「個人カンパ（学者・文化人・芸術家）」、「組織カンパ（日教組、日高教、出版労連）」、「支援会カンパ（個人から）」に区分されており、このうち組織カンパとして一六〇〇万円（同前：一八・四七％）が見込まれていたことが分かる(34)。上述のように全国連の収入においてカンパが大きな割合を占めていたことを考えると、こうした組織カンパが全国連の財政に与えた影響は決して小さくなかったと言えよう。

次に支出について見てゆきたい。表18は決算から主要費目を抽出して、それぞれの金額と割合を示したものである。費目については途中で消滅したり新設されたりするものがあるため、費目自体が存在しない年度については「NA」、費目はあるが該当する支出がない場合は「0」と表記した。また、赤字の年度についてゴシック体で表記した。

さて、支出について赤字の年度と黒字の年度を比較してみると、費目ごとの割合や金額について大幅な変化がないことが分かる。このことは、全国連が赤字になっても支出の削減や配分の見直しを行っていないことを示している。すなわち全国連は収支のバランスを考慮して運動（事業）を進めたのではなく、運動の継続を最優先として不足が生じれば借入金で補っていたことが分かる。

また、借入金が生じた場合も、表17や表18から明らかなように数年で解消している。これはそのたびにカンパを募集し、臨時収入を得てきたからである。たとえば、昭和五七年に全国連は二度目の財政危機に陥った。六月の時点で印刷代、訴訟費用対策費、意見書作成費用、全国連事務職員への一時金が未払いとなり[35]、一二月の段階で未払金が八五二万六七二一円に達した。これに対して年末カンパとして一〇八一万四〇六七円が集められ、赤字の補てんに使われた[36]。

しかし、なおも赤字の状態が続き、翌昭和五八年八月末には未払金が約一七〇万円に達した[37]。そこで臨時のカンパが行われ、未払金の解消が図られた、なお、このカンパの結果は、全国連の会費納入率・署名集約数とともに昭和五八年一〇月一四～一五日に開かれた日教組の全国教育文化部長会で報告されたことが確認できる。この事例からも日教組が組織的に全国連の活動を支援していたことがうかがえる[38]。

上述のように全国連の活動は、さまざまな面で教職員組合に支えられていた。このため日教組の内部対立による混乱は、全国連に深刻な打撃を与えることとなった。たとえば昭和六一年から六二年にかけて日教組は内紛のため定期

（円）

宣伝資料費（%）	通信費（%）	訴訟費用（%）	弁護士費（%）	借入金・未払金返済（%）	総支出額
0 (0.0)	1,700 (2.6)	52,540 (81.8)	NA	NA	64,240
300,000 (19.2)	141,750 (9.1)	333,537 (21.3)	NA	NA	1,565,474
647,872 (8.7)	963,883 (13.0)	1,272,512 (17.2)	NA	NA	7,411,677
1,366,355 (10.9)	1,311,712 (10.5)	2,161,481 (17.3)	NA	NA	12,479,313
909,235 (7.2)	1,627,653 (12.9)	1,144,618 (9.1)	NA	NA	12,626,315
659,475 (4.3)	2,650,357 (17.4)	1,729,982 (11.3)	NA	598,715 (3.9)	15,262,004
531,930 (3.2)	728,469 (4.4)	2,113,546 (12.9)	NA	559,000 (3.4)	16,382,199
618,970 (3.1)	703,087 (3.6)	2,316,478 (11.7)	NA	1,679,985 (8.5)	19,725,323
1,032,410 (4.5)	636,266 (2.8)	3,007,171 (13.1)	NA	1,450,000 (6.3)	23,042,361
2,328,425 (5.1)	1,882,650 (4.1)	5,898,491 (12.8)	1,300,000 (2.8)	0 (0.0)	46,103,456
1,366,957 (2.7)	1,708,001 (3.4)	4,758,328 (9.3)	3,630,000 (7.1)	0 (0.0)	50,902,342
3,353,428 (5.3)	1,917,139 (3.0)	8,045,980 (12.7)	4,565,000 (7.2)	0 (0.0)	63,415,642
3,018,286 (4.3)	2,087,424 (3.0)	4,816,073 (6.9)	7,400,428 (10.6)	2,070,000 (3.0)	69,736,993
2,713,641 (3.8)	2,954,993 (4.2)	10,902,780 (15.3)	5,163,322 (7.3)	3,720,000 (5.2)	71,130,615

年は資料が残存しないことによるものである。

大会すら開けず、約一年間にわたり機能マヒに陥った。この影響を受けて、日教組から下部組織に対して全国連のカンパへの協力が指示されなかった。このため全国連はたちまち財政難に陥り、昭和六二年一〇月の段階で未払金が総計六七〇万円に達した。そこで全国連は、やむを得ず日教組を介さずに各県教組、高教組、大学教組、私教組に対して直接、緊急カンパを要請した[39]。

そして平成元年一一月には日教組から共産党系の組合員が離脱して全日本教職員組合（以下、全教と略）を結成し、日教組は分裂することとなった。この影響を受けて全国連のカンパ収入は大幅に減少し、平成二年一一月の段階で未払金が一〇〇〇万円を超えることとなった[40]。そこで平成三年四月〜五月にかけて、全国連の代表委員たちは関係の深い諸団体（日教組、日高教、全教、都教組、東京私教連、民教連、埼教組、埼高教、埼玉教組、千高教、都職労）を個別に訪問し支援を要請したのであった[41]。

さらに平成四年になると日教組は、全国連の代表委員および常任委員への代表派遣を中止するに至った。組織的な支援打ち切りとも言うべき措置で、全国連は事態を深刻に受け止めていた[42]。ただ、平成四年の年末カンパの状況を見ると、全国連は日教組・全教双方の下部組織

表18　支出に占める主要費目の割合

期　　間	事務所費（%）	人件費（%）	ニュース印刷費（%）	ニュース発送費（%）
昭和40年３～９月	0 (0.0)	0 (0.0)	0 (0.0)	NA
昭和40年10月～41年９月	0 (0.0)	281,147 (18.0)	256,235 (16.4)	NA
昭和42年10月～44年３月	636,329 (8.6)	2,216,932 (29.9)	595,405 (8.0)	NA
昭和44年４月～45年３月	862,554 (6.9)	3,845,293 (30.8)	1,043,010 (8.4)	NA
昭和45年４月～46年３月	977,587 (7.7)	4,610,790 (36.5)	1,436,060 (11.4)	NA
昭和46年４月～47年３月	1,239,427 (8.1)	5,357,215 (35.1)	1,490,450 (9.8)	NA
昭和47年４月～48年３月	1,266,610 (7.7)	5,099,253 (31.1)	1,924,340 (11.7)	2,317,140 (14.1)
昭和48年４月～49年３月	1,377,555 (7.0)	6,154,995 (31.2)	2,340,145 (11.9)	2,870,012 (14.5)
昭和50年４月～51年３月	1,197,755 (5.2)	8,054,403 (35.0)	2,247,700 (9.8)	2,648,681 (11.5)
昭和57年４月～58年３月	3,747,964 (8.1)	14,278,702 (31.0)	4,306,955 (9.3)	4,983,042 (10.8)
昭和58年４月～59年３月	3,276,839 (6.4)	14,768,888 (29.0)	4,061,749 (8.0)	4,783,548 (9.4)
昭和60年４月～61年３月	4,324,429 (6.8)	17,675,984 (27.9)	4,974,659 (7.8)	5,373,741 (8.5)
平成元年４月～２年３月	5,818,839 (8.3)	18,313,919 (26.3)	6,969,217 (10.0)	7,269,274 (10.4)
平成２年４月～３年３月	6,344,754 (8.9)	19,924,348 (28.0)	5,319,130 (7.5)	6,937,636 (9.8)

出典：各年度の全国連総会での財政報告より作成。誤記と思われる部分は原資料の表記に従った。なお欠

から支援を受けており、日教組も完全に支援を禁止したわけではなかった。しかしカンパに応じていない下部組織もあり、以前のように組織をあげて全国連を支援するという態勢ではなかった。このため全国連は十分な資金を調達できず、平成五年一月末時点で未払金が七六〇万六二五三円にのぼった[43]。その後は財務関係の資料が残されていないため詳細は不明であるが、第三次訴訟終結後の平成九年七月に目標額二七〇〇万円の締めくくりの特別カンパを募集していることが確認できる。このことから平成五年以降も十分な収入を確保することができず、赤字が累積していったと考えられるのである[44]。

小括

最後に本章のまとめを行う。これまで家永教科書裁判は、法廷内での国と原告の争いに焦点を合わせて分析されてきた。これに対して本章では、原告の裁判を支えた「教科書検定訴訟を支援する全国連絡会」に注目して、支援組織の視点から教科書裁判を捉えなおした。

まず組織について見てみると、全国連は総評系の労働組合、とくに教職員組合や出版労働組合の支援の下で成立しており、会員も教職員

組合の関係者に偏っていた。従来の刊行物の中には、支援運動は広範な市民の参加により成立したと評価するものもあるが、全国連の成り立ちや会員構成からは国民の諸階層に浸透しなかったと言わざるを得ない。

次に財政について見てゆくと、当初は全国連と家永三郎の間で費用負担の区分があったが、裁判が大規模・長期化するに従い全国連が大部分を負担するようになった。このため裁判の遂行に果たした全国連の役割はきわめて大きかったと言えよう。ただ、収入・支出の内訳を見てゆくと、会費の納入率は決して高くなく財政基盤は脆弱であった。これに加えて全国連は、収支のバランスを軽視して支援運動の実行を優先したため、数度にわたり財政危機に見舞われた。そこで全国連は、教職員組合や出版労働組合などの組織的な支援（カンパ）へ依存することとなった。このため本来は別団体である日教組の内紛や分裂騒動が、全国連の財政や活動に影響を与えることとなった。

以上のような点を踏まえて家永教科書裁判を捉えなおしてみると、検定制度の問題や歴史教科書の問題というのは教科書裁判の一側面にすぎないことが分かる。支援組織も含めて教科書裁判を見るならば、むしろ日教組対文部省という政治対立の枠組みの中で理解すべきである。これらの点を加味するならば、原告団の主張や言説を学術的な観点から分析するだけでは不十分であり、政治的な文脈から再評価する必要があると考えられる。

あわせて裁判での原告団主張や支援運動の方針について見てゆくと、運動の方針は裁判支援運動と教育運動の間を揺れ動くとともに、原告団主張の重点も次第に検定制度の合憲性を前提とした裁量権濫用へと移行していったことが分かる。従来の刊行物は家永三郎個人の思想に焦点を合わせたものが多く、原告団の主張の変遷については、あまり注目されてこなかった。確かに家永三郎は首尾一貫して検定制度の違憲性を最重要と考えていたが、それゆえに弁護団との間で認識のズレが生じていったのである。この点についても再検討の余地があると考えるが、現時点では非公開の資料も多く検証が難しいため他日の課題としたい。

註

（1）　教科書問題に関する刊行物は、大半が家永教科書裁判に言及している。このため本章では、家永教科書裁判を対象とした著作物のうち主だったものを以下にあげる。

○家永三郎に関するもの

家永三郎『教科書検定』（日本評論社、昭和四〇年）、同『一歴史学者の歩み　教科書裁判に至るまで』（三省堂新書、昭和四二年）、同『教科書訴訟十年』（ほるぷ総連合、昭和四九年）、同作成『「密室」検定の記録　八〇年代家永日本史の検定』（名著刊行会、平成五年）、家永三郎・暉峻淑子『なぜ教科書裁判をたたかったのか』（岩波ブックレット、平成六年）、同『家永三郎対談集――教書裁判の三〇年』（民衆社、平成七年）、大田堯・尾山宏・永原慶二編『家永三郎の残したもの引き継ぐもの』（日本評論社、平成一五年）、家永三郎生誕一〇〇年記念実行委員会編『家永三郎生誕一〇〇年　憲法・歴史学・教科書裁判』（日本評論社、平成二六年）。

○原告団関係者の著作

家永教科書訴訟弁護団『家永教科書裁判――三二年にわたる弁護団活動の総括』（日本評論社、平成一〇年）、教科書検定訴訟を支援する全国連絡会編『日本の教育と教科書裁判』（労旬新書、昭和四三年）、同編『家永教科書裁判のすべて――三二年の運動とこれから』（民衆社、平成一〇年）、教科書検定訴訟を支援する東京都連絡会編『語り継ぐ家永教科書裁判――教育に自由を、子どもの未来に平和を』（平和文化、平成九年）、徳武敏夫『教科書裁判はいま――家永訴訟の四半世紀』（あずみの書房、平成三年）、同『家永裁判運動小史』（新日本新書、平成一一年）、浪本勝年『戦後教育改革の精神と現実』（北樹出版、平成五年）、同「教科書検定訴訟」（『岩波講座　日本通史』二〇巻〈平成七年、岩波書店〉所収）、日本教職員組合弁護団著・日本教職員組合編集『戦後教育裁判史――日教組弁護団二五年史』（労働教育センター、昭和五五年）、堀尾輝久『教科書問題――家永訴訟に託すもの』（岩波ブックレット、平成四年）、森川金寿『教科書と裁判』（岩波新書一四三、岩波書店、平成二年）。

○歴史学関係者の著作

大串潤児「教科書訴訟・教科書問題と現代歴史学」（『岩波講座　日本歴史』二二巻〈平成二八年、岩波書店〉所収）、教科書検定訴訟を支援する歴史学関係者の会編『歴史の法廷　家永教科書裁判と歴史学』（大月書店、平成一〇年）、歴史学研究会編『現代歴史学と教科書裁判』（青木書店、昭和四八年）。

○文部省関係者の著作

教科書研究会（文部省初等中等教育局内）編『教科書訴訟―その争点と検定の実態―』（第一法規出版、昭和四四年）、教科書法令研究会編『教科書裁判にみる教育権論争―教科書裁判で何が争われたか―』（第一法規出版、昭和六一年）、時野谷滋『家永教科書裁判と南京事件　文部省担当者は証言する』（日本教文社、平成元年）。

（2）「御挨拶」（森川金寿他三名、昭和四〇年六月。首都大学東京蔵『家永教科書訴訟文庫』六―四・一―〇一四〇）。首都大学東京が所蔵する『家永教科書訴訟文庫』は、家永三郎が収集・所有していた文書群である。以下、典拠の記載については「首都大学東京」と略す。

（3）「教科書検定訴訟を支援する全国連絡会ニュース」一号（教科書検定訴訟を支援する全国連絡会、昭和四〇年一二月五日〈『教科書裁判ニュース縮刷版　一九六五年十二月第一号―一九七五年八月第一〇〇号』教科書検定訴訟を支援する全国連絡会、昭和五〇年〉所収）。

（4）「教科書検定訴訟関係費用の支出方法」（全国連事務局作成と推定、昭和四〇年一〇月と推定）。和光大学蔵『家永教科書裁判関係資料』三〇〇五。

和光大学が所蔵する『家永教科書裁判関係資料』は、全国連の事務局が収集・所有していた文書群である。以下、典拠の記載については「和光大学」と略す。

（5）「二五年の思いとこれからのたたかい　尾山宏弁護士（初代事務局長）に聞く」（『教科書裁判ニュース』二六六号、平成二年六月二〇日）。

（6）「教科書検定訴訟支援についての要請」（昭和四四年五月二八日、総評政福発第二〇八号。和光大学四〇二三）。

（7）全国連と日教組の関係を示す初期の事例としては、①総評が全国連に依頼した労働組合の機関誌向けの原稿執筆を日教組の教育文化部が担当（第七回常任委員会決定）、②裁判の準備書面等の作成費用を日教組の予算より支出（第二一回常任委員会決定）、といったことが確認できる。また、杉本判決以後は、日教組が主導していた旭川学力テスト裁判や岩手学力テスト裁判の支援運動と連携して教科書裁判の支援運動が行われることとなった（昭和四五年九月一四日常任委員会決定）。

（8）「第二一次教研推進についての調査統計」（日教組教文局作成、昭和四七年一月。和光大学三〇八七）。同資料には都道府県ごとの支部および分会の加盟状況がまとめてある。

(9)「運動の現状と今後について（メモ）」（事務局作成と推定、昭和四三年一二月と推定。和光大学四〇二三）。
(10) 浅羽晴二「教科書裁判と教育運動」（『日本教育法学会年報』二八号〈有斐閣、平成一一年〉所収）。
(11)「討議事項」（全国活動者会議配付資料、昭和四二年三月一九日。首都大学東京六―四・一―〇一三七）。「訴訟の経過と問題点」（事務局作成と推定、昭和四三年と推定。和光大学三〇三五）。同資料は、昭和四三年の全国活動者会議での討議資料と思われる。
(12)「第一審判決の評価について」（弁護団作成と推定、昭和四五年。和光大学四〇一八）。
(13) 尾山宏「法廷と運動の統一的闘いを」（『教科書裁判ニュース』四二号、昭和四五年九月一五日）。なお、同報告で尾山宏弁護士は「長期にわたって裁判が継続していること自体が運動にとって、運動を発展させる刺激要因になる」と述べており、運動持続のために裁判を長期化させる必要があるとの認識も示している。
(14)「事務局通信　№13」（事務局、昭和四五年一二月一一日。和光大学四〇四七）。
(15) 管見の限り、昭和四六年六月以前ならびに昭和六一年二月以降のデータをまとめた資料を発見できなかった。このため上記期間の会費納入率は不明である。
(16)「5／26常任委員会」（事務局作成と推定、昭和四六年五月二一日。和光大学三〇〇五）。
(17)『教科書裁判ニュース』五四号、昭和四六年九月一五日。
(18)「全国連財政の危機を克服し、第一次訴訟勝利への大運動のために、年末財政の強化を訴えます」（昭和四八年一一月、全国連。和光大学三二二七）。
(19)「一一月常任委員会討議・確認事項」（昭和四八年一一月一三日）および「1・26　全国連常任委員会の討議内容」（昭和四九年一月。和光大学三二一九）。
(20)「―第一〇回全国総会・討議資料―組織・財政活動強化のために」（和光大学三二三七）。同資料によると、団体会員の九割以上が教職員組合の支部や分会であることが分かる。
(21) 前掲『家永教科書裁判――三二年にわたる弁護団活動の総括』四八～五一、八一、八三～八四頁。
(22)「教科書裁判の最高裁での闘いにおける運動の戦略」（弁護団・常任委員会合同会議、平成五年一二月二三日。首都大学東京六―四・八―〇八〇三）。
(23)「「全国連の運動の今後」についての討議の記録」（昭和五四年一一月一六日。首都大学東京六―四・四―〇四一一）。

(24)「全国交流研究集会ではこんな討議をしてほしい」(『教科書裁判ニュース』一五〇号、昭和五五年三月一五日)。
(25) 全国交流研究会の報告を見ても、「当面の行動方針」を含め前年度と大きな変化は見られない。このため問題提起は行われたが、議論は結実しなかったと思われる(「特集全国交流研究会」〈『教科書裁判ニュース』一五一号〉昭和五五年四月一五日)。
(26)「教科書裁判全国連教科書制度検討委員会(仮称)第一回準備会記録」(首都大学東京六―四・四―〇四七一)。
(27)「本件提訴の動機」(家永三郎、昭和五九年と推定。和光大学四〇二三)。「第三次訴訟の問題点」(家永三郎、昭和五八年と推定。和光大学三三二六)。
(28)「拡大常任委員会の続会について」(首都大学東京六―四・五―〇五二七)。「12・9常任委員会(の報告)」(首都大学東京六―四・五―〇五三〇)。
(29) 前掲「拡大常任委員会の続会について」。
(30)「いわゆる第三次〝教科書訴訟〟についての弁護団見解(案)」(昭和五八年と推定、弁護団。和光大学三三三〇)。
(31)「今後の立証等に関する意見・希望」(家永三郎、昭和六〇年と推定。和光大学四一二四)、「再度の意見　家永」(家永三郎、平成五年七月三一日。首都大学東京二―八―九三二)。
(32) 前掲「今後の立証等に関する意見・希望」。
(33)「第三次訴訟の問題点(検討素材)」(昭和五八年と推定、家永三郎。和光大学三三二六)。
(34)「第二七回全国総会組織・財政報告書」(全国連、平成三年七月。首都大学東京六―四・七―〇七三八)。
(35)「全国連財政ピンチ、会費の納入とカンパを!」(『教科書裁判ニュース』一七五号、昭和五七年六月二〇日)。
(36)「一九八二年末財政強化活動中間報告」(昭和五七年。首都大学東京六―四・五―〇五〇八)。
(37)「厳しい夏期財政強化活動結果」(『教科書裁判ニュース』一八九号、昭和五八年九月二〇日)。
(38)「第一回全国教育文化部長会資料集」(日教組、昭和五八年一〇月一四日~一五日。和光大学三三二八)。
(39)「教科書裁判支援カンパの緊急のお願い」(昭和六二年九月二五日、全国連事務局。首都大学東京六―四・六―〇六三七、「全国連財政がひっ迫　運動をささえる全国連財政の確立・強化を訴えます」(同年一〇月一九日、同前。和光大学四一五二)。
(40)「『一九九〇年度教科書裁判支援カンパ』ご協力のお願い」(首都大学東京六―四・七―〇七二三)。
(41)「四月常任委員会の報告」(平成三年。首都大学東京六―四・七―〇七三五)。

(42) 常任委員会議事要録（平成四年九月、事務局。首都大学東京六―四・七―〇六六九）。質問書（全国連常任委員会→日教組委員長横山英一、平成四年九月。首都大学東京六―四・七―〇七六〇）。

(43) 「一九九三、二月常任委員会の報告」（平成五年二月二三日、事務局。首都大学東京六―四・七―〇七七四）。

(44) 「三二年余の家永・教科書裁判運動をしめくくる資金カンパにご協力を訴えます」（平成九年七月一一日、全国連常任委員会・教科書訴訟弁護団。首都大学東京六―四・六―〇八四五）。

第八章　教科書問題をめぐる言説
——新聞報道の分析をもとに——

はじめに

前章までは、教科書に関する政策の決定過程や裁判支援運動など、人々の動きを中心に分析を行った。そういった行動がどのように報道され、その報道がどのような評価（共通理解）やイメージを生み出していったのか、という問題はマスコミの役割を考える上で興味深いものである。一方で高度に情報化の進んだ社会では、こうしたマスコミの生み出すイメージや評価（共通理解）が人々の考えや行動に大きな影響を与えている。こうした相関関係のなかで、「教科書」がどのような形で報道されてきたのか、あるいはどのようなイメージで語られてきたのか、ということを明らかにすることは、教科書問題をより立体的、重層的に理解する上で重要であると考えられる。

こうした観点から、本章では昭和三五（一九六〇）年から五四年までの二〇年間を対象として、主要な全国紙である『朝日新聞』『毎日新聞』『読売新聞』の三紙の記事を分析する。なお、本来なら時事通信社が地方紙に配信した記事や、昭和四〇年代以降に強い社会的影響力を得ていったテレビを分析対象に加えることができれば、より網羅的な分析になると考えられる。しかし両者については、系統的に記録や資料が集積・公開されていないため、現時点では利用を断念せざるを得なかった。

ただ、現在のマスコミの状況を見る限り、全国紙、地方紙、テレビの三者は相互に影響を与え合いながら報道を展開している。こうした状況は当該期も同じであったと仮定されるため、全国紙三紙を分析することで、全体の傾向を読み取ることは可能であると考えている。

本論に入る前に、本章で使用した新聞記事の収集・整理の方法について説明する。本章で使用した新聞記事は、各新聞社の記事検索システム（朝日新聞社：「聞蔵Ⅱビジュアル」、毎日新聞社：「毎索」、読売新聞社：「ヨミダス歴史館」）において、キーワードを「教科書」、検索期間を昭和三五年一月一日から五四年一二月三一日、と入力して得られた検索結果である。ヒットした記事数を紙別に示したものが表19である。

表19　記事の総数と補正の状況　（件）

	『朝日新聞』	『毎日新聞』	『読売新聞』
ヒット件数（当初）	1,069	693	1,570
読者投稿欄	10	8	307
番組欄	6	0	2
広告欄	2	0	29
重複記事	0	113	0
ヒット件数（補正後）	1,051	572	1,232

しかしながら、社ごとにデータベースの仕様が異なっているため、表19からも明らかなように「ヒット件数（当初）」に大きな差が見られた。そこで各社のデータベースの要件を確認したところ、こうした差は各社のデータベースのシステムの特性に起因するものであると推測された。このため筆者は、可能な限り同じ条件の下で分析を行うために「ヒット件数（当初）」の数値の補正を行った。以下では、まず三社のデータベースの特性を説明し、筆者が行った数値補正の方法について説明する。

最初に朝日新聞社の「聞蔵Ⅱビジュアル」について確認する。「聞蔵Ⅱビジュアル」は、利用案内に記載されている情報によると、昭和五九（一九八四）年以前の記事は、『朝日新聞縮刷版』の巻頭記事索引をもとにデータベース化がなされているが、さらに検索に必

表20　記事の内容別区分一覧

区　分	記　事　の　内　容
内容	改変の要望，内容紹介，内容分析
誤謬	記述ミス，解釈不一致，訂正要求
制度	制度の紹介，提言・要望，制度見直し
経緯	制度の変遷，過去の事例紹介
教育課程	学習指導要領改訂，教育課程
補助教材	副読本，ドリル，参考書，教科書ガイド，指導書
組合	日教組教科書白書，教研集会
道徳	修身，道徳
検定	検定基準，検定の内容，外国からの批判
採択	展示会，業者の売り込み汚職
価格	値上げ，著作料
学習方法	教え方，活用法，学習法
無償	無償配付，無償化運動，法案作成，法案審議，廃止(有償化・貸与制)
裁判	公判・判決(解説記事も含む)，支援運動，批判団体
業者	業者・業界の紹介，教科書協会，用紙，業者・業界への要望，取次会社
自民党	教科書批判
歴史	歴史認識
外国教科書	内容紹介，日本像，事件等，制度
大学	大学教科書
その他	国字問題，犯罪，事故，火災，教本・マニュアル(スポーツ)，日系人・被災者への寄贈，書評
不明	データベースの誤記載

要なキーワードを付与しているとのことである（キーワード付与の条件は不明）。このため見出しに「教科書」を含まない記事とともに、テレビ番組や商品広告も検索結果に含まれていた。

次に毎日新聞社の「毎索」について確認する。「毎索」も「聞蔵Ⅱビジュアル」と同様に縮刷版の巻頭記事索引をもとに昭和六一年以前の記事をデータベース化している。しかし「聞蔵Ⅱビジュアル」と異なるのは、「毎索」では追加のキーワードを付与していない。このため「毎索」では見出しに「教科書」を含む記事しかヒットしないため、表19に見られるように他の二紙と比較して記事数が極端に少なくなっている。

また、「毎索」の検索結果には、同一記事が重複してヒットしている事例が多数見受けられた。各社とも縮刷版の巻頭記事索引を底本としてデータベースを作成しているが、そこでは利便性を高めるため同一記事を複数の分野で立項することが行われている。このため縮刷版の巻頭記事索引をそのままデータベース化すると、同一記事が複数の分野で重複登録されることとなる。他の二紙のデータベースではこうした重複記事を削除する処理を行っていると思われ、表19で示したように重複記事は見受けられなかった。

最後に『読売新聞』の「ヨミダス歴史館」を見てゆく。「ヨミダス歴史館」は他の二紙と異なり、当該期においても全文検索のデータベースとなっている。このため表19でも明らかなように、三紙のなかで最もヒット件数が多くなっている。

また「ヨミダス歴史館」は、「聞蔵Ⅱビジュアル」と同様にテレビ番組や商品広告の記事が検索結果に含まれるとともに、読者投稿欄の記事が多くヒットする結果となっている。『朝日新聞』の読者投稿欄「声」にも教科書問題に関係する記事が見受けられるが、「聞蔵Ⅱビジュアル」のキーワードが付与されていないためか、ほとんどヒットしなかった。このため読者投稿欄の記事が多くヒットするのは、全文検索が可能な「ヨミダス歴史館」にだけ見られる現象であった。

以上のような点を踏まえ、データベースごとの特性に起因する偏差を考慮し、できるだけ記事を比較する条件を揃えるために、①『朝日新聞』と『読売新聞』の番組欄・広告欄の記事、②『毎日新聞』の重複記事、③三社の読者投稿欄の記事、を除外して分析を行うこととした。あわせて、本章での分析に供するために、筆者独自の区分（表20参照）を設けて記事を内容（主題）別に分類することとした。

一　記事の数量分析

1　記事数の推移

本節では、まず記事数に焦点を合わせて、新聞報道の特徴や傾向について分析してゆく。図5は、年ごとの記事数

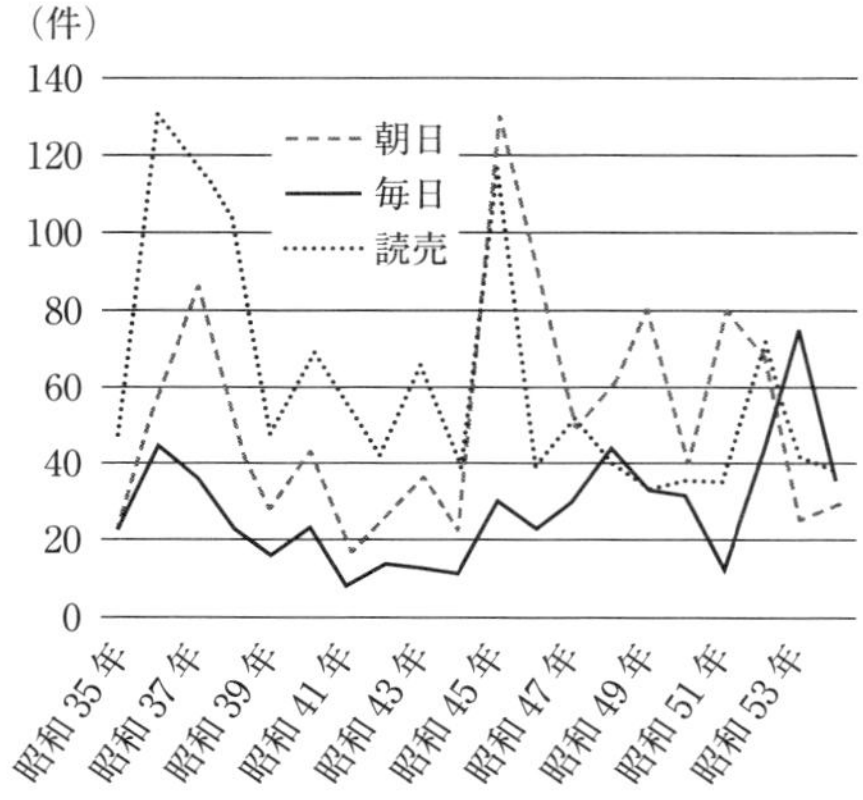

図５　記事数の年別推移

の推移をグラフにしたものである。これをみると、とくに昭和三六（一九六一）〜三八年と四五年に記事の総計が多くなっていることが分かる。

このうち昭和三六〜三八年については、「義務教育諸学校の教科用図書の無償に関する法律」（昭和三七年三月三一日公布）および「義務教育諸学校の教科用図書の無償措置に関する法律」（昭和三八年一二月二一日公布）の制定に関する記事が大半を占めている。一方、昭和四五年については、同年七月一七日に出された家永教科書裁判の最初の判決（第二次訴訟第一審判決、通称「杉本判決」）に関連する記事が大半を占めている。こうしたことから、いずれも世論の注目を集めたできごとであったことがうかがえる。

さらに図５を見てゆくと、一紙のみ記事数が多くなる年があることが分かる。これは該当紙に教科書に関する連載記事が掲載された年に見られる現象である。時事問題については、各社とも同じタイミングで報道するため記事数の推移はほぼ同じである。これに対して連載記事は各社が独自のタイミングで企画するため、一社だけ数値が突出することとなる。

たとえば『毎日新聞』についてみると、昭和五三年の記事数が突出していることが分かる。これは同年の一〜一二月にかけて「世界の教科書に見る日本」（全四八回）という連載企画が組まれたことによる。同年の『毎日新聞』の教科書関係の記事数は七六件であり、「世界の教科書に見る日本」だけで記事数の過半を占めていた。この年は特別に目立つ出来事もなかったため『朝日新聞』や『読売新聞』の記事数は少なかった。このため『毎日新聞』の記事数だけが突出する結果となったのである。

2　内容（主題）別の記事数

次に記事の内容（主題）の傾向について見てゆく。表21は、記事を内容（主題）ごとに分類し、記事数の多い項目について、各紙の上位五番目までを網掛けで表示したものである。

表21　内容別記事数一覧　（件）

分類	『朝日新聞』		『毎日新聞』		『読売新聞』	
制度	24	2.3%	13	2.3%	14	1.1%
経緯	13	1.2%	1	0.2%	13	1.1%
教育課程	16	1.5%	10	1.7%	60	4.9%
検定	52	4.9%	29	5.1%	35	2.8%
採択	92	8.8%	42	7.3%	61	5.0%
内容	187	17.8%	76	13.3%	80	6.5%
誤謬	29	2.8%	16	2.8%	12	1.0%
歴史	2	0.2%	0	0.0%	3	0.2%
補助教材	23	2.2%	12	2.1%	10	0.8%
学習方法	29	2.8%	8	1.4%	70	5.7%
無償	169	16.1%	101	17.7%	291	23.6%
価格	27	2.6%	25	4.4%	32	2.6%
裁判	177	16.8%	89	15.6%	122	9.9%
業者	20	1.9%	9	1.6%	12	1.0%
自民党	0	0.0%	2	0.3%	0	0.0%
組合	11	1.0%	12	2.1%	28	2.3%
道徳	9	0.9%	5	0.9%	23	1.9%
外国教科書	40	3.8%	69	12.1%	59	4.8%
大学	4	0.4%	9	1.6%	7	0.6%
その他	127	12.1%	41	7.2%	300	24.4%
不明	0	0.0%	3	0.5%	0	0.0%
合計	1,051	100.0%	572	100.0%	1,232	100.0%

これをみると教科書の無償化、家永教科書裁判および教科書の内容については、三紙とも共通して記事数が多くなっていることが分かる。ただ、記事数の多寡については差が見られる。すなわち『朝日新聞』と『毎日新聞』は、家永教科書裁判や教科書の内容に関する記事が多いのに対して、『読売新聞』はこれらの記事は相対的に少なく、逆に教科書の無償化の記事が多い。

こうした記事数の偏差は、それぞれの新聞社の報道姿勢に起因するところが大きいと考えられる。たとえば『朝日新聞』は、昭和四五年七月一七日に家永教科書裁判の最初の判決が出されるのに先立ち、七月七日に裁判の特集記事、七月一三〜一四日にかけて連載企画「教科書裁判の周辺」を掲載した。さらに七月一六日には「全力尽した杉本裁判長　教科書裁判　あす判決」と題して、判決前にもかかわらず杉本良吉裁判長への取材記事を掲載した。判決後も九月一四日から「私の教科書批判」と題して、各界の著名人が教科書の内容を分析・批判するという連載企画をスタートさせ、教科書問題を集中的に報じた。

対照的に『読売新聞』は七月一七日の判決こそ他紙と同様に大きく報じたものの、事前・事後の特集や企画は組まなかった。また裁判の経過の報道についても、『読売新聞』は『朝日新聞』や『毎日新聞』と比べて記事数が少なく、消極的な姿勢をうかがわせる結果となっている。

なお、教科書無償化、家永教科書裁判、教科書の内容以外の記事に目を向けてみると、『毎日新聞』では「外国教科書」（一二・一％）、『読売新聞』では「学習方法」（五・七％）、『朝日新聞』と『読売新聞』では「その他」（各一二・一％と二四・四％）の記事数が多いことが分かる。このうち『毎日新聞』の「外国教科書」については、先述の連載記事「世界の教科書に見る日本」が含まれており、これが記事数を押し上げる要因となっている。

一方、『読売新聞』の「学習方法」については、毎年、東京版に掲載された都立高校の入試対策の記事が数値を押し上げる結果となっている。同記事は教科書問題と直接関係するものではないが、『読売新聞』のデータベースが全文検索であるため、記事中の「教科書」がヒットする結果となっている。

こうした事象は『朝日新聞』と『読売新聞』の「その他」でも見られる。「その他」の記事は大半が教科書に関するものではなく、スポーツや健康など関係の薄い記事の本文に「教科書」という用語が含まれていたため検索でヒットしたにすぎない。たとえば野球の記事で、「教科書通りの攻撃」というように使われている事例などが該当する。繰り返しになるが、『朝日新聞』と『読売新聞』のデータベースは記事の見出しの他に本文をもとに検索キーワードを付加しているため、『毎日新聞』と比較して「その他」に区分する記事の件数が多くなったと考えられる。

3　時期による記事数の推移

次に主要な内容の記事の年別の推移について見てゆく。図6は、教科書の無償化、家永教科書裁判、教科書の内容に関する三紙の記事数を合算して、年ごとにまとめたものである。先述のようにこれらの内容の記事は三紙とも多かった。その上、年別の記事数の傾向も三紙とも似通っていたため、紙別ではなく合算して表示することとした。

さて、図6をみると、教科書の無償化、家永教科書裁判、教科書の内容、いずれの記事も年ごとに偏りがあることが分かる。教科書の無償化については、無償化の方法が議論されていた昭和三六～三八年に報道が集中していることが分かる。一方、家永教科書裁判については、判決が出された昭和四五、四九、五〇年に報道が増えていることが分かる。とりわけ昭和四五年の記事数が多いのは、杉本判決の衝撃の大きさを物語っている。

また、教科書の内容については、昭和四五～四七年に記事数が多くなっている。この要因としては、昭和四五年に小学校の教科書が改訂されたことと、同年に家永教科書裁判で杉本判決が出され、教科書の内容も注目を受けたことがあげられる。

こうして見てゆくと、特定の事項について記事数（報道の機会）が多いのは、継続的に報道されたためではなく、世間の注目を集めるできごと（時事問題）が発生し集中的

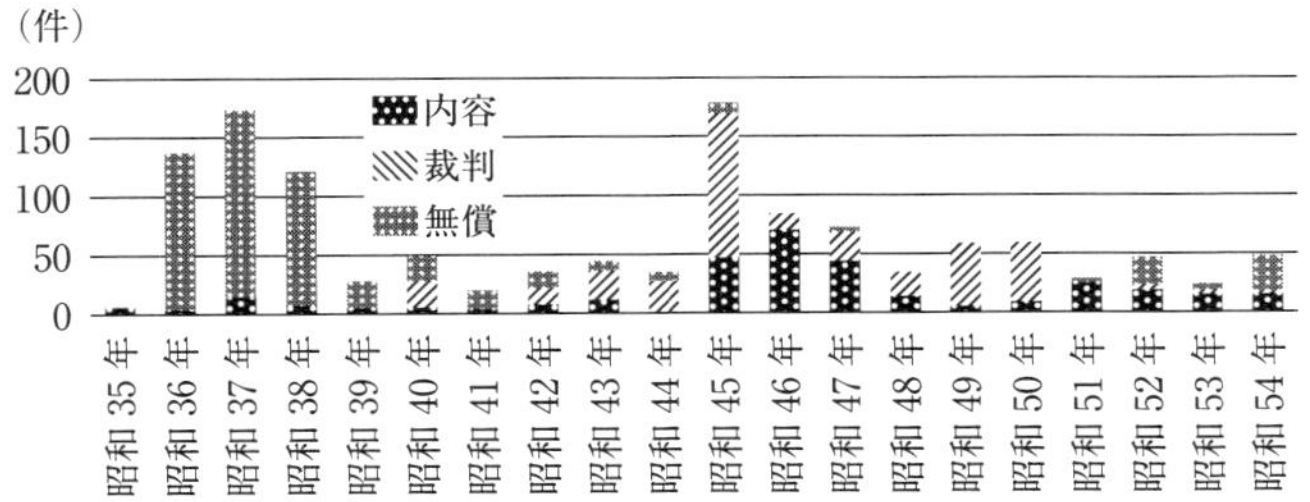

図6　主要記事数の年別推移

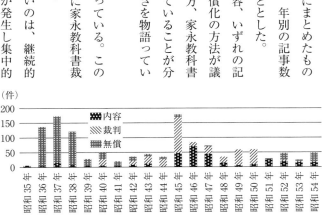

に報道されたことが主因であることが分かる。

4　一面および社説の記事数

前項までは、新聞記事全体の傾向について見てきた。これに対して本項では、①朝刊の一面に掲載された記事と②社説に焦点を合わせて分析する。新聞記事は、多数の出来事の中から新聞社が重要と評価したものが掲載される。そうした記事の中でもとくに重要と考えられた出来事が、一面掲載の記事や社説となる。そして読者もこうした前提に立って記事を読み、その出来事への認識を形成することとなる。このため一面掲載の記事や社説は、他の面の記事よりも各社の報道姿勢を鮮明に示していると言えよう。

表22　内容別記事数一覧（一面記事・社説）　（件）

分類	『朝日新聞』		『毎日新聞』		『読売新聞』	
制度	5	4.5%	3	3.5%	4	2.4%
経緯	1	0.9%	0	0.0%	0	0.0%
教育課程	5	4.5%	0	0.0%	17	10.2%
検定	8	7.1%	4	4.7%	4	2.4%
採択	4	3.6%	1	1.2%	6	3.6%
内容	5	4.5%	8	9.4%	8	4.8%
歴史	1	0.9%	0	0.0%	0	0.0%
誤謬	0	0.0%	0	0.0%	0	0.0%
補助教材	0	0.0%	1	1.2%	1	0.6%
学習方法	1	0.9%	0	0.0%	1	0.6%
無償	54	48.2%	44	51.8%	90	53.9%
価格	6	5.4%	7	8.2%	8	4.8%
裁判	13	11.6%	11	12.9%	8	4.8%
業者	0	0.0%	0	0.0%	0	0.0%
自民党	0	0.0%	1	1.2%	0	0.0%
組合	1	0.9%	1	1.2%	1	0.6%
道徳	5	4.5%	2	2.4%	9	5.4%
外国教科書	0	0.0%	0	0.0%	1	0.6%
大学	0	0.0%	0	0.0%	0	0.0%
その他	3	2.7%	2	2.4%	9	5.4%
不明	0	0.0%	0	0.0%	0	0.0%
合　計	112	100.0%	85	100.0%	167	100.0%

こうした観点に基づき一面記事と社説を抽出し、表21と同じように内容（主題）別に分類した上で、上位三項目を網掛けで表示したのが表22である。すべての記事を対象とした表21と比較すると、表22でも教科書無償化と教科書裁判の記事が多いことが分かる。しかし記事の割合をみると、教科書裁判は表21よりも二・七〜五・二％低下するのに対して、教科書無償化は逆に上昇し、各紙とも約五〇％前後となっていることが分かる。

当時は小・中学校の教科書が有償であったため、保護者にとって家計に影響を与える無償化（教科書代金の無料化）は重要な関心事であった。このため各紙とも紙面での取り扱いが大きくなったと考えられる。

一方、無償化以外の記事に目を向けてみると、『朝日新聞』は「裁判」（一一・六％）、「検定」（七・一％）、『毎日新聞』は「裁判」（一二・九％）、「内容」（九・四％）、『読売新聞』は「教育課程」（一〇・二％）、「道徳」（五・四％）の割合が高い。いずれも一〇％前後であり教科書無償化ほど記事数は多くない。しかし社ごとに項目が異なっており、このことが各社の報道姿勢、あるいは問題関心の違いを反映していると思われ興味深い。

二　記事の内容分析

1　社説の内容分析

前節では記事数の傾向について分析した。これに対して本節では、記事の内容に焦点を合わせて分析してゆく。まず本項では、記事数の分析から報道の機会が多かった「無償化」「内容」「裁判」とともに、「内容」や「裁判」と密接な関わりをもつ「検定」について、各紙の社説について比較を行う。

(1) 無償化

教科書の無償化については、昭和三六（一九六一）年の後半に政府と与党との間で政策課題となった。これについて、いち早く社説を掲載したのは『読売新聞』と『毎日新聞』であった。両紙の主張は類似しており、①教科書無償化のしわ寄せを受けて他の文教関係の予算が削減されること、②無償化を機に政府が統制を強化すること、の二点について懸念を表明しながらも、無償化自体は賛成するという立場であった(1)。

しかし、その後、無償化の制度設計が具体化するにつれて、両紙の主張は食い違いを見せるようになった。『毎日新聞』は当初の立場を堅持したのに対して、『読売新聞』はすべての生徒・児童に対して無償化を実施することは予算のばらまきであるとして、その一部を他の文教政策に投じるべきだと主張を修正した。(2)

一方、『朝日新聞』は「実際にこの無償配付を推進している人々は、百六十億円の予算は、一般文教予算とは別ワクの新規政策のための予算であり、これをやらないのならほかの教育に回すという性質のものではないし、国定化などは毛頭考えていないといっている。それらの条件や考え方をいろいろ勘案するならば、教科書の無償配付それ自体の実現に対し、あえて反対する必要はないと思うのである」として、他の二紙の示した懸念材料を否定し、楽観的な見解を示していた。(3)

しかし、『朝日新聞』も制度が具体化するにつれて、こうした楽観的な見方を改め、政府の統制強化（採択の広域化や業者への規制条項の導入）へ懸念を示すようになったのである。(4)

以上のように無償化についての各紙の主張は、無償化に賛成するという一点を除き、その他の論点については三紙三様であったことが分かる。また、無償化が具体的になっていく過程で、『読売新聞』と『朝日新聞』は主張の軌道修正を行ったのである。

（2）検定：昭和四五年以前

教科書検定については、昭和三五年と四〇年に各紙が記事を掲載している。前者については、昭和三五年三月一一日に日本歴史学協会の歴史教育特別委員会（委員長・和歌森太郎）が文部大臣へ検定の改善を申し入れたことに端を発し、検定の問題が国会でも議論になった。

この一連の出来事について『読売新聞』と『朝日新聞』は社説で取り上げたが、『毎日新聞』は取り上げなかった。このうち『読売新聞』は「文部省が、このような学者の警告に耳を傾けず、現在までのような教科書検定の進め方を固執するなら、（中略）ただちに教科書への不信を招く結果となり、教育の混乱という、より重大な問題に突き当たらざるを得まい」と強い論調で文部省の検定を批判した。(5)

一方、『朝日新聞』は、文部省の態度を批判しつつも「むろん、責任が検定当局側にのみあるというのではない。むしろ、検定制度が強化された理由の一部は、教育的立場を十分に考慮しないままに書かれた教科書が、しばしば問題になったことからもきている」とし、執筆者側の責任も追求する姿勢を示した。(6)

後者については、昭和四〇年四月二一日に開かれた日本学術会議の第四三回総会において「学問と思想の自由委員会」（委員長・宗像誠也）の報告に基づき教科書検定が議題になるとともに、同年六月一二日には家永三郎が教科書検定訴訟を提訴するなどの動きが起こっている。こうした出来事を受けて『朝日新聞』は両問題を社説で取り上げたのに対し、『毎日新聞』は日本学術会議の問題のみ取り上げ、『読売新聞』は一切取り上げないなど対応が分かれた。

まず『朝日新聞』についてみると、日本学術会議での議論に対して「歴史の解釈は各人の思想と密着して意見のわかれることが少なくない。この点が歴史教科書の悩みであって、万人の納得できる日本史の教科書を編集することは不可能に近いことをまず心にとめておくべきだと思う」という認識を示し、文部省と執筆者の双方がお互いの立場を認めて問題に向き合うことを提案した。(7)こうした見方は家永教科書裁判の提訴の際も同様であり、改めて執筆者・文部省の双方に自省を求めたのであった。(8)

一方、『毎日新聞』は、日本学術会議での議論について、歴史教科書の論争を「思想的立場にふれた問題ともなれば、申請者側と検定側との「話し合い」による納得は、そう簡単にはいくまい」と分析し、苦情処理機関の設置という制度の改善を提案した(9)。

以上のように、教科書検定については、『読売新聞』が文部省を批判していたが、『朝日新聞』と『毎日新聞』は執筆者・文部省の双方に問題があるという立場をとっていた。また、『朝日新聞』や『毎日新聞』が昭和四〇年の問題を社説で取り上げたのに対して、『読売新聞』は社説で言及せず報道姿勢に違いが見られた。

このように教科書検定をめぐる問題でも、三紙の主張は異なり、先に見た無償化問題と同様に一定の指向性を見いだすことは難しい。しかし、こうした状況は、後述のように杉本判決前後に大きく変化することになるのである。

(3) 裁　判

上述のように、昭和四〇年の家永教科書裁判の提訴についての各社の報道は、『朝日新聞』が社説として取り上げただけで、他の二紙は紙面で大きく扱うことはなかった。しかも『朝日新聞』の社説は両論を併記する形で原告・被告の双方に自省を促す内容であった。その後についても、三紙は社説や一面記事で取り上げることはせず、裁判の経過に関する報道は低調であった。

ところが昭和四五年七月一七日の杉本判決（第二次訴訟一審判決）を契機として、報道の方向性が大きく変わることとなる。すなわち杉本判決に対しては、三紙とも社説を掲載するとともに、内容も三紙揃って勝訴した原告側（家永三郎）の立場から現行の検定制度を批判し、被告である国（文部省）と対峙する姿勢を示したのである。

とりわけ『毎日新聞』の舌鋒は鋭く、判決に先立つ七月一五日に「教科書裁判の意義」という社説を発表し、「日本の教育の進路を今日われわれは裁判によって改めて決しようとしているのである」との認識を示して判決の重大性を訴えた。そして判決後の七月一八日の社説では、杉本判決を「戦後の教育行政のとった措置とその方向が、裁判によって批判、否定されたことであり、文部省に与える影響は甚大である。直接的に迫られるのではないが、従来の路線を離れ、再び民主教育の原点への復帰が求められていると理解すべきであろう」と総括した。(10)

一方、『読売新聞』と『朝日新聞』も、杉本判決について教育権の解釈に一石を投じるものとして肯定的に評価し、文部省に対して検定制度の改善を求めたのであった。(11)

こうした報道の方向性は、続いて出された高津判決（第一次訴訟一審判決、昭和四九年七月一六日）、畦上判決（第二次訴訟控訴審判決、昭和五〇年一二月二〇日）でも継続された。このうち高津判決に対しては、三紙とも杉本判決と比較した上で、正反対の性格を持つものとして低い評価を与えた。すなわち三紙とも原告が全面勝訴した杉本判決を肯定的に評価し、その立場から高津判決を評価したのである。

その上で『朝日新聞』と『毎日新聞』は、改めて検定制度の改善を主張した。一方、『読売新聞』は、最高裁の結論が出るまで時間がかかるため、教育現場においては、教科書を一つの教材として取り扱い自主的に学習を進めることを提案したのであった。(12)

ただし、畦上判決については、各紙の取り上げ方に微妙な変化が生じている。すなわち、『毎日新聞』は、畦上判決が検定の違憲性や教育権の所在について判断を避けたことを批判し、「全く予想外の結末」と評価した。その上で検定制度の改善ではなく、上告審（最高裁判所）や第一訴訟控訴審（高等裁判所）に対して「慎重な審理」を要望した。(13)

これに対して『読売新聞』は、消極的な判決という見方を紹介しながらも、「検定の実際の運用面に目を向け「検定の恣意（しい）」を突いた点は、それなりに評価できる。抽象的に、検定制度そのものを違法とされるより、具体的に行政姿勢の誤りを指摘されたことは、文部当局にとっては、むしろ手痛い批判かもしれない」と積極的な面も指

摘し、その上で検定制度の改善を要望した。(14)

一方、『朝日新聞』は畦上判決を社説では取り扱わなかった。しかし判決自体は解説記事等でかなり紙面を割いて詳細に報じているため、社説を掲載しなかったのは逆に不自然に思われる。おそらくニュースとしての価値が低いと判断したのではなく、あえて社説で取り上げないという選択をしたのではないかと考えられるのである。

このように、畦上判決に対しては、一見すると三紙の立場が変化したようにも見受けられるが、詳細を検討すると、裁判所や文部省への批判の論点や方法が異なっているにすぎず、杉本判決と対比し畦上判決を低く評価するという点では一致している。すなわち、畦上判決の時点においても、三紙が原告寄りの姿勢を取るという構図は継続していたと考えられるのである。

（4）検定：昭和四六年以後

先述のように杉本判決前後から社説の論調に変化が見られたが、同様の変化は検定に関する社説でも見られる。昭和四七年三月三〇日、裁判所からの提出命令を受けて文部省は、教科書検定に関係する文書五件の公開に踏み切った。これらの文書は、家永教科書裁判に関連して原告（家永三郎）が法廷への提出を求めていたものであった。

この出来事に対して三紙は、いずれも文書の公開を拒んできた文部省の姿勢を批判した。その上で公開された文書で明らかになった検定の経過に対しても、「公平に見て行き過ぎの修正要求と思われるものも散見される」（読売）、「審議会の審議時間の短さや、さらには、審議会委員の人選の問題にからんでも疑念はなおついてまわるだろう」（毎日）、「審議会がどの程度、文部省から独立に、また慎重に審議する機関であるのか」、「こうしたやり方で審議会は十分な役割を果たしているのか」（朝日）、というように否定的に論じたのであった。とくに『朝日新聞』は「そもそも検定といわれるものが、表現の自由に制約を加える点で、違憲ではないのか」と主張し、三紙の中でも際だって原告寄りの立場を取っていた。[15]

また、昭和五二年九月二二日に文部省は、教科用図書検定規則等を全面改定し検定制度の刷新を図った。これは検定制度への批判の高まりを受けて、文部省が事態を打開するためにとった措置であった。こうした対応について三紙の社説は、文部省の改善案の概要を紹介した上で、結論として「検定の運用に柔軟な、弾力的な姿勢が強く求められていることをこの際、特に強調しておきたい」（毎日）、「要はこんごの運用いかんということである」（朝日）、「新しい救済措置が形式だけに終わるか実効をあげるかは、制度の運用次第である。柔軟な対応を希望しておきたい」（読売）というように、きわめて似通った主張を展開した。[16]すなわち三紙とも文部省の教科書検定に釘を刺す形となっており、問題の所在は教科書執筆者側ではなく、検定を行う側（文部省）にあるという見方で一致していたことがうかがえるのである。

(5) 内容

本章での分析対象とした期間において、社説が教科書の内容を正面から論じたのは、昭和四五年に刷新された小学校の教科書（実際の使用は昭和四六年度から）の事例だけである。他にも教科書の内容に言及した社説は多数あるが、あくまでも主題は別にあり、その主張を補強する材料でしかない。このため前掲表21と表22の比較からも明らかなように、一般の記事に比べて社説・一面記事では「内容」に区分されるものは大幅に少なくなっている。

さて、社説で問題とされた昭和四五年の改訂では、社会科に神話が登場したことや、北千島列島や南樺太に新たに国境線が引かれ帰属不明と記載されたことなどが注目を集めた。こうした内容の変更に対して三紙の社説はいずれも、

「国家主義的な性格を、相当強めているようである」（毎日）、「次代の日本人を形成する教育の内容・質として、妥当であり効果的であるかどうかは、大いに検討を要する」（毎日）、「報道された限りでの印象では、全体が大手を振って、危険な方向へ進んでいるように思われる。実質的な「国定教科書」への道である」（朝日）、「変化する時代に対応できる人間教育の基礎をつくるという配慮は、どこかに置き忘れて、復古主義的な教材が再登場してきた」（読売）、「これからの学校教育に必要なことは、戦前のような国家主義の注入ではない」（読売）というように、戦前への回帰につながりかねないものとして批判を加えたのであった。(17)

2　新聞記事に見える教科書観

前項では教科書無償化や家永教科書裁判など時事問題としての性格の強いことがらに焦点を合わせて分析した。これに対して本項では、記事全体から浮かび上がってくる教科書観について述べたい。結論から先に言うと、筆者は教科書を絶対的な教材として見なしていることが当該期の特徴と考えている。

戦前において、国定教科書は絶対的な教材として位置づけられ、その内容を厳密に教授することが教師に求められていた。ところが戦後の教育改革において、こうした教科書のあり方が見直された。すなわち、教科書は多数ある教材の一つとして位置づけ直され、教授内容も教師の裁量に委ねられる部分が大きくなった。当時、よく使われた表現を借りると、戦前は「教科書を」教えたが戦後は「教科書で」教えることが目指されたのであった。

しかし当該期の新聞記事を見てゆくと、依然として教科書＝絶対的な教材として捉えていることがうかがえる。こうした教科書観を端的に示しているのが、前掲表21で「誤謬」に区分した新聞記事である。記事の内容としては、教科書の記述に誤りが見つかったというものである。三紙合わせても五七件しかなく記事数は多くない。ただ、誤りが発見されるたびに記事として掲載されるため、集中的に報じられる時事問題とは異なり継続的に紙面に登場するという特徴がある。

一例として『毎日新聞』昭和四一年九月一五日（夕刊）の記事を見てみると、「教科書（五年社会）に誤り」、「見学の小学生みつける」、「卸売市場の仕組み」という見出しとともに次のような書き出しで記事が始まっている。

【川崎】正確であるはずの〝文部省検定済み〟小学校教科書に二ヵ所も間違った文章が書かれていることが川崎中央卸売市場を見学した小学生と市場幹部に指摘された。連絡を受けた川崎市教委もびっくり、近く教科書の手直しを文部省に申入れるが、二十五人の大学教授が編集にあたり、しかもほぼ全国の小学校で使用しているものだけに、このダブル・ミスの発見は非常に珍しい。（後略）

この記事の書きぶりからは、教科書には些細なミスすら許されないという社会的通念が存在していた様子がうかがえる。そういう通念があるからこそ、ミスという出来事に対して新聞社もニュースとしての価値を見出していたと思われる。

また、「誤謬」以外に目を向けてみると、教科書の内容を紹介する記事（表21では「内容」に区分）の中にも、教科書の記述を分析し子供に教えるのに不適切あるいは不十分な内容であると指摘・批判する記事が見受けられる。価値観の相違と思われるようなことがらも多いが、こうした記事も絶対的な教材という観念を前提として書かれたと考えられる。本章が対象とした期間において、二紙以上が取り上げたテーマとしては、原爆（昭和四五、五一年）、神話（昭和四二〜四三年）、公害（昭和四五〜四六年）、女性（昭和五〇〜五二年）があげられる。

このうちとりわけ記事数の多い女性問題を事例として取り上げ、どのような形で記事が掲載されたのか確認したい。同問題が注目されたのは、昭和五〇年にメキシコで開かれた国際婦人年世界会議を受けて、日本においても女性の社会的地位の向上が目標となったことによる。こうした社会的な課題と教科書の記述を関連づけ、最初に取り上げたのは『朝日新聞』であった。連載企画「日本の女」の中で「教科書の中の女性像」と題して、埼玉県の高校教員らが国語教科書を分析した結果を紹介している。同記事では、①女性の執筆者がごくわずかであり教科書が男性の視点から書かれている、②登場する女性が男性に比較して少ない、③男女の役割分担や女らしさが決まっている、という点に疑問を投げかける内容となっている[18]。

次に取り上げた『毎日新聞』は、婦人問題懇談会（東京）が行った小学校社会教科書の分析結果を記事で紹介した。同記事は、「「働く人」や歴史に登場するのは極くわずか」「母親の役割を押しつけて固定」という見出しを掲げ、『朝日新聞』と同じく男女による役割の固定や女性の登場人物が少ないことを批判するものであった[19]。

最後に取り上げた『読売新聞』は、単発の記事ではなく「教科書の女性像を考える」という全五回の連載記事を掲載した[20]。連載は「二十一世紀を生きる子供たちのガイド役ともいえる教科書を洗ってみることにする」という書き出しで始まり、上記二紙が指摘した論点を掘り下げて分析する内容となっている。

この他にも類似の記事が見られるが、いずれも女性の社会的地位向上という観点から、教科書の記述内容に疑問を投げかけるという内容になっている。教科書が単なる一教材にすぎないのであれば、ここまで大きく取り上げるとは考えにくい。記事の書き手と読み手の間に教科書が絶対的な教材であるという意識を共有しているからこそ、こうした傾向の記事が生み出されたと考えられるのである。

小　括

最後にまとめと展望について述べる。まず記事数から見た新聞報道の傾向を見てゆくと、当該期においては、教科書に関する問題のうち教科書無償化と家永教科書裁判が多く報道されたことが分かった。さらに紙面での取り扱いを詳しく見るために一面掲載記事と社説に焦点を合わせて見てゆくと、各紙とも教科書無償化が過半数の記事を占めていたことが分かった。すなわち三紙とも教科書無償化を、家永教科書裁判と同様に重要な問題として評価していたことがうかがえた。

また、記事数の分析から三紙の報道姿勢の違いも垣間見えた。すなわち教科書無償化については三紙とも報道が類似しており差が見られなかった。一方、家永教科書裁判については、『朝日新聞』と『毎日新聞』が積極的に報じたのに対して、『読売新聞』は記事数自体も少なく、総じて消極的な姿勢であった。

さらに記事数の分析結果をふまえて、記事数が多かった無償化、検定、裁判、内容に焦点を合わせ三紙の社説を分析した。この結果、昭和四五（一九七〇）年の杉本判決までは三紙の論調はバラバラであり、しかも時期により主張が変遷していった。ところが杉本判決以降は、各紙とも文部省を批判し、教科書裁判の原告（家永三郎）側を擁護する方向で一致している。各社の社内文書を分析しているわけではないので、報道の方針に変更があったかどうかは不明である。しかしより重要なのは、新聞の読者（国民）の目にどのように映ったかという点である。すなわち読者から見た場合、報道に接する機会（記事数）は新聞によって異なるものの、内容的には類似した主張（原告寄りの立場に立った主張）しか目にすることができない環境に置かれていたと言えよう（こうした構図が、教科書に関する言説のステレオタイプ化につながってゆくのか、あるいは昭和五七年に起きた歴史教科書問題にどのような影響を与えたのかという問題は興味深い課題であるが、本章の分析範囲を超えるため今後の課題としたい）。

次に記事の内容を全般的に分析し、当該期において教科書が絶対的な教材として認識される傾向にあったことを確認した。本章では、象徴的な事例として「誤謬」と教科書の内容批判の記事を取り上げたが、こうした認識は他の内容の記事においても共通すると考えられる。仮に、教科書は多数ある教材の一つにすぎないという考えが社会的通念であったならば、教科書無償化や家永教科書裁判などの問題は、これほど大きく報じられたかどうかも疑問である。教科書は絶対的な教材であるという認識があったからこそ、各紙とも教科書関係の問題にニュースとしての価値を見出し、大きく取り扱ったのではないかと考えられるのである。

なお、教科書が絶対的な教材として認識されていた要因については、複数の要素が考えられるが、『朝日新聞』の記事が次のような興味深い指摘を行っている。

○記事1「いま学校で　中学生　教科書「を」と「で」」[21]

（前略）教科書を学習する。教科書で学習する。教師をはじめ教育関係者からよく聞く言葉である。「教科書を」は古い考え方だと説明される。（中略）しかし現実には、教師は教科書のページを進めるのに追われがちだ。その大きな理由に高校入試がある。「もし入試に出たら大変だ」という強迫観念から、教師はこれもあれもと、教科書の中身を生徒に詰め込もうとする。（後略）

○記事2「いま学校で　中学生　教科書　到達度テスト　下」[22]

（前略）教科書を全部教えることはない、大事なことだけ選んで教えればいいとよくいわれるが、高校入試がある限り、そんなのは絵空事だと先生たちは思う。高校入試に出題規制のない現状では、最低の出題範囲が教科書だ。大事でないからと省いて、入試に出れば力があっても競争に負ける。（後略）

このように当時の新聞は、教科書が絶対的な教材として取り扱われる原因として、受験競争による教育現場への影響をあげていた。こうした受験競争―教科書―現場の教育という三者の関係については、教材としての教科書のあり方を考える上で重要な問題であると考える。しかしながら本章の目的から大きく外れるため、この点についても今後の課題としたい。

註

（1）「社説　教科書無償制実現のために」（『読売新聞』昭和三六年一〇月九日）、「社説　教科書無償支給の問題点」（『毎日新聞』昭和三六年一〇月一〇日）。

（2）「社説　教科書と給食の問題」（『毎日新聞』昭和三六年一二月一四日）、「社説　教科書無償はなぜもめる」（同前昭和三七年一二月二六日）、「教科書の「広域採択」に幅を」（同前昭和三八年二月一七日）。「社説　教科書無償制実施は慎重に」（『読売新聞』昭和三七年一一月一六日）、「社説　削減を要する予算原案」（同前昭和四三年一月七日）。

（3）「社説　教科書の無償配布」（『朝日新聞』昭和三六年一一月一一日）。

（4）「社説　「教科書無償」の発足を前に」（『朝日新聞』昭和三七年一一月一六日）。

（5）「社説　再検討を要する教科書検定」（『読売新聞』昭和三五年三月一五日）。

（6）「社説　教科書検定問題への関心」（『朝日新聞』昭和三五年四月一六日）。

（7）「社説　歴史教科書の編集と検定」（『朝日新聞』昭和四〇年五月一九日）。

（8）「社説　教科書論争の示すもの」（『朝日新聞』昭和四〇年一〇月一一日）。

（9）「社説　教科書検定の論議をみて」（『毎日新聞』昭和四〇年五月一八日）。

（10）「社説　教科書裁判の意義」（『毎日新聞』昭和四五年七月一五日）、「社説　教科書裁判の意味するもの」（同前七月一八日）。

（11）「社説　文部行政を痛撃した教科書判決」（『朝日新聞』昭和四五年七月一八日）、「社説　教科書裁判の判決に思う」（『読売新聞』昭和四五年七月一八日）。

（12）「社説　「教科書で教える」教育観の確立を」（『読売新聞』昭和四九年七月一七日）、「社説　教科書検定制度の再検討を」（『朝日新聞』昭和四九年七月一七日）、「社説　教科書の検定と裁判」（同前七月一九日）、「家永教科書裁判の判決に思う」（『毎日新聞』昭和四九年七月一七日）。

（13）「社説　期待を裏切った教科書判決」（『毎日新聞』昭和五〇年一二月二一日）。

(14)「社説　教科書裁判と検定制度の改善」(『読売新聞』昭和五〇年一二月二一日)。

(15)「社説　教科書検定の実態に思う」(『読売新聞』昭和四七年四月一日)、「社説　教科書検定の実態が示すもの」(『毎日新聞』昭和四七年四月一日)、「社説　教科書検定をめぐる三つの問題点」(『朝日新聞』昭和四七年四月三日)。

(16)「社説　教科書検定制度の運用に望む」(『毎日新聞』昭和五二年九月二五日)、「社説　よりよい教科書はできるか」(『朝日新聞』昭和五二年九月二六日)、「社説　新しい教科書観の育成を考えよ」(『読売新聞』昭和五二年九月二七日)。

(17)「社説　新教科書をどう見るか」(『毎日新聞』昭和四五年五月二二日)、「社説　憂うべき小学校教科書の問題」(『朝日新聞』昭和四五年五月二二日)、「社説　新教科書はこれでよいのか」(『読売新聞』昭和四五年五月二五日)。

(18)「教科書の中の女性像　日本の女」(『朝日新聞』昭和五〇年四月二七日)。

(19)「小学校社会科　教科書の中の女性像」(『毎日新聞』昭和五一年一月七日)。

(20)『読売新聞』昭和五一年三月八日〜四月一二日。

(21)『朝日新聞』昭和五一年一一月二〇日。

(22)『朝日新聞』昭和五一年一二月一五日。

終章　まとめと考察

最後に本書のまとめと考察を行う。第一章から第三章において、占領期の問題を分析した。第一章では、文部省の自主改革を分析し、占領軍による改革を先取りするような計画を立案していたことを明らかにした。結果的に、自主改革は占領軍によって打ち切られてしまったが、戦前からの連続性の中で、文部省が組織として、こうした計画を取りまとめていたことは注目に値すると思われる。

教科書制度について見てゆくと、敗戦直後の文部省は、小学校は国定制、中等学校以上は検定制という構想を抱いていた。これに対して占領軍は、学校教育法（昭和二二年三月成立）の作成過程で小学校、中等学校ともに検定制を実施する構想を示した。しかし、学校教育法の制定過程を見る限り、文部省が検定制の実施に反対した形跡は見られない。[1] このため教科書制度の改革について、両者の方向性に大きな隔たりがあったとは考えにくい。

第二章では検定制の導入過程を分析した。従来は民主化を進める占領軍（CI&E）、抵抗する文部省という図式で評価されてきた。これに対して本書ではCI&E（教育課）、文部省双方の立場を分析した上で、文部省は検定制への導入自体に反対したのではなく、CI&Eの求める期限や個別の実施内容に異論があったにすぎず、こうした意見の相違が表面化した際にCI&Eの目には「抵抗」と映ったことを明らかにした。

占領改革に対する日本側の対応について、五百旗頭真は「日本先取り改革定着型」、「混合型」、「GHQ指令型」の三種類に分類し、「混合型」を典型的な改革のパターンと評価している。[2] このように日本政府（官僚）と占領軍が一種の協調関係にあって、改革を推進したことは天川晃も指摘しており、筆者もこうした見方について同意するもので

ある。(3)

検定制の導入も「混合型」に分類される事例と考えられるが、その過程では両者の間に摩擦があった。こうした摩擦をどう評価するかについては、占領する側と占領される側、双方の史料から検証する必要があると考えている。先行研究のように占領軍の史料に重点を置きすぎると、日本側の対応が否定的に見えてしまうという危険性がある。そこで本書では、日本側（文部省や日教組）の事情に目を向け、「抵抗」と評された対応の裏に何があったのかという点を明らかにするように努めた。そこで見えてきたのは、意思疎通の行き違いや、敗戦の混乱に起因する物資や人的資源の欠乏が日本側の制約となっていたということである。占領軍は、こうした事情を軽視し、あるいは無視して改革を推し進め、大きな制度変革を成し遂げることとなった。しかし、本書の第四章以降でも指摘するように、このような改革は日本の実情との間に矛盾を生み出すこととなり、講和独立後に問題が表面化したのであった。

次に、第三章ではCI&E教育課による検定教科書の原稿審査の実態を分析した。従来は占領期の検定について肯定的に評価する見方と、久保や土持のように共産主義を排除する「検閲」の役割を果たしたという見方があった。これに対して本書では、共産主義は限定された問題であり、それ以上にキリスト教を中心とした宗教の取り扱いの方が大きな問題であったことを明らかにした。

検定制を単純に考えると、原稿審査で基準に沿わない記述を排除するシステムであると言える。したがって検定制の問題として検証しなければならないのは、排除の有無ではなく、その排除が適切な基準や手順に則って行われているかどうかという点にある。

CI&E教育課の場合、公開された基準とは別に、内部で宗教関係の特別な基準を設けて審査を行っていた。しかも、こうした事情について執筆者（日本側）は知らされていなかった。すなわち日本側に改革の進展を妨げる要因があったように、占領軍の側にも改革に対する制約があったのである。こうした実態を踏まえるならば、戦前と占領改革の対比だけで占領軍を評価できないことが分かる。こうした占領軍固有の事情を明確にすることも、占領改革の特質を考える上で重要な視点と考える。

第四章から第八章においては、講和独立後の問題を分析した。これまでは「逆コース」という言葉に象徴されるように、当該期は政府による統制の強化、占領改革の成果の後退という図式で評価されてきた。これに対して本書では、検定制の実施が民間業者の過当競争という状況を生み出し、これが教科書制度に新たな規制が付加されていった主因であったことを明らかにした。

なお、この点に付随して、これまで検定制の是非については、学問の自由や思想の自由、あるいは教育権の所在などを論点として、教科書の内容に焦点を合わせて議論が行われてきた。こうした議論の中で検定制の廃止が主張されているが、もし、検定制を廃止して自由発行制度とするならば、これに付随して民間業者の競争がどのように変化するのか、あるいは想定される弊害の発生をどのように防ぐべきかという点も議論する必要があると思われる。

また、第五章では国民世論と政策の関係性を分析した。すなわち世論調査の結果によると、教科書の種類の整理を求める回答が七割に上るとともに、全国的な教科書の統一に賛成する回答が四割にも達していた。しかし中央教育審議会ならびに文部省は、全国的な教科書統一ではなく検定制の枠組みを維持する方針をとり、教科書法案を作成していったのである。山口拓史のように教科書法案を「逆コース」と評価する見方もあるが、実際のところ同法案は占領改革の成果を受け継ぐ性格のものであった。

同時に、全国的な教科書の統一（教科書の国定化）を「逆コース」と評価するのであれば、こうした「逆コース」を望んでいたのは他ならぬ国民自身であった。当時、与党民主党を中心に標準教科書（事実上の国定教科書）を作成しようという主張があったが、こうした主張は国民の要望を踏まえたものであったと言えよう。このように「逆コース」と評価される政策のなかには、国民の支持が背景にあるものが少なくない(4)。占領改革との対比だけではなく、国民世論との対比で政策を見直すならば、教科書法案を単純に「逆コース」と評価できないのである。

あわせて第二章から第六章にかけて、日教組と文部省の関係が協調関係から対立関係へと転化してゆく過程を分析した。昭和六〇年代までは、常に日教組と文部省、あるいは社会党と自民党の対抗関係のもとで重要な教育政策が形成されてきた。しかし、従来の教育史の通史は、こうした対抗関係を教育運動の立場、あるいは日教組の側から「主体的」に叙述してきた。このため文部省のみが分析の対象となり、そもそもの日教組の立場や役割は不明な点が多かった。近年では、こうした状況を打開するために、日教組に焦点を合わせた研究プロジェクトが開始されたが、その成果は道半ばである(5)。

こうした点を踏まえ、本書では日教組も分析の対象に組み込むことで、日教組と文部省の対抗関係の中で政策が決定されてゆく過程を明らかにした。教科書問題を基軸に見た場合、占領期において、文部省と日教組は協調関係にあり、日教組は審議会などを通じて政策形成へ直接関与していた。ところが五五年体制の成立を契機に両者の対立関係が顕著となり、日教組は政策の決定過程から排除されていったのである。ただ、第六章でみたように社会党を通じ法案修正という形で、その後も政策にある程度の意思を反映させることは可能であった。

また、これに付随して第七章では家永教科書裁判を分析した。ここでは支援運動に注目し、日教組が原告側に有形無形の援助を行っていたことを明らかにした。すなわち、家永教科書裁判は、家永三郎個人の闘いであると同時に、日教組の対文部省戦略の一環でもあったのである。このため原告（家永三郎）側の主張は、純粋に家永個人の思想として理解するのではなく、日教組対文部省という政治的な対立関係を背景に展開されたものとして評価する必要があると筆者は考えている（ただし、留意すべき点として、本書でも一部紹介したように、家永三郎個人と支援運動の間には微妙な距離が垣間見えるのも事実である）。

これまで家永教科書裁判については、歴史学や教育学の視点から肯定的な側面のみが評価されてきた。筆者も家永教科書裁判には、（1）学術的な成果に基づき教科書検定が行われることが徹底されるようになった、（2）裁判を通じて近現代史の研究が深められた、という点で意義があったと考えている。その一方で、本書で明らかにしたような側面もあることを踏まえるならば、学術研究の中立性、あるいは独立性をどう考えるのかという問題があるのも事実である。家永教科書裁判が終結してからすでに二〇年以上経過しており、正の側面だけではなく、負の側面にも目を向けて総合的に評価する段階に差し掛かっているのではないかと思われる。

最後に第八章で教科書に関する新聞報道を分析した。分析対象とした期間において記事数が多かったのは、教科書無償化の問題と家永教科書裁判であった。しかし記事の内容を見てゆくと、各紙とも時期あるいは主題によって方向性が変化するため一定の傾向を見出すのは難しい。こうしたなか家永教科書裁判については、杉本判決後は各紙とも一致して検定制、ひいては文部省の対応を批判するように変化したことを明らかにした。

また、当該期の記事全体を通じて、教科書が絶対的な教材として認識されていたことを確認した。占領期の教育改革において、教科書は多数ある教材の一つと位置づけられ、「教科書を」ではなく「教科書で」教えることが目指された。しかし「教科書で」教えるという考え方は定着せず、昭和三〇、四〇年代においては、依然として「教科書を」教えるという見方が根強かったことがうかがえる。このように教科書を絶対的、あるいは重要な教材と見なす意識があったからこそ、教科書に関する問題は報道で取り上げられる機会が多かったと考えられるのである。

以上が、昭和二〇年から五〇年ごろまでの教科書問題の諸相である。この時期の特徴としては、教科書の制度が主たる争点だったことがあげられる。すなわち検定制は占領改革の一環として占領軍（CI&E）と文部省の合作によって誕生した。新しい制度であるため、たびたび問題が表面化したが、その都度見直しが行われ、次第に日本の社会の中に定着していったのである。

こうした定着の過程において、新たな規制が設けられていったが、それらは教科書の「国定化」を目指したものではなく、弊害を抑制するための方策にすぎなかった。むしろ文部省は「逆コース」期において、積極的に検定制を維持する方向性を選択したのであった。すなわち教科書制度は、占領期、講和独立後を通じて連続している面の方が強いと言えよう。

なお、昭和四〇年に始まった家永教科書裁判は、一見すると教科書の内容が争われたように見える。しかし裁判の主たる争点を見てゆくと、提訴当初は第一次、第二次訴訟ともに、検定制の違憲性が主たる争点であった。すなわち制度が憲法に違反しているかどうかということが争われたのであり、個々の記述に対する検定意見はあくまでも傍証にすぎなかった（個別の記述や歴史認識が主たる争点として浮上するのは、第三次訴訟提訴前後のことである）。

こうした教科書問題の争点が、制度の問題から内容の問題へと大きく変化していったのは、昭和五〇年代に入ってからのことであった。①昭和五四年ごろより自民党の国会議員たちが教科書の内容を問題視したこと、②昭和五七年の歴史教科書の「侵略・進出問題」に対して中国政府と韓国政府が日本政府に抗議したこと、という二つの出来事を契機として、とりわけ歴史教科書の問題が注目を集めるようになっていった。この過程において、教科書を取り巻く構造も大きな変化を見せることとなる。この変化については、これまで種々の見解が示されているが、これに対する筆者の意見は別稿を期したい。

註

（1）佐々木享・鈴木英一・近藤正春・井深雄二・堀内達夫・大橋基博・井上知則・小野田正利・三羽光彦・横尾恒隆・中嶋哲彦・夏目達也・加藤繁美「学校教育法の成立過程の総合的研究（その2）」（『名古屋大学教育学部紀要　教育学科』三〇号、昭和五八年）、佐々木享「第6章　学校教育法の成立」（「講座日本教育史」編集委員会編『講座 日本教育史4　現代Ⅰ／現代Ⅱ』〈第一法規出版、昭和五九年〉所収）、前掲久保義三『昭和教育史』八一六～八三五頁参照。

（2）五百旗頭真「占領改革の三類型」（『レヴァイアサン』六号、平成二年）。

（3）天川晃『占領下の議会と官僚』（現代史料出版、平成二六年）参照。

（4）吉田裕「戦後改革と逆コース」（『日本の時代史26　戦後改革と逆コース』〈吉川弘文館、平成一六年〉所収）。吉田は、国民世論の動向が「逆コース」期の政策に影響を与えた可能性を示唆している。

（5）ＪＳＰＳ科研費ＪＰ二五二四五〇七四（研究課題名：戦後日本における教育労働運動と社会・教育システムの変容との相互作用に関する研究、研究代表者：廣田照幸）研究成果報告書、および「【特集】戦後の労働戦線と日教組」（『大原社会問題研究所雑誌』六九三号、平成二八年七月）参照。

あとがき

本書は、平成一六年に広島大学へ提出した博士論文『戦後日本における文教政策の展開と構造―教科書問題を中心に―』を再編、加筆したものである。各章の初出を挙げると、以下のとおりである。

第一章　新原稿

第二章　「占領下の教科書問題―国定制から検定制への転換過程―」（『日本歴史』六五三号、平成一四年）

第三章　新原稿

第四章　「一九五五年前後の文教政策と教科書問題―「逆コース」の理解に対する一考察―」（『九州史学』一四〇号、平成一七年）

第五章　「中央教育審議会と教科書問題―「教科書制度の改善に関する答申」の形成過程を中心に―」（『広島大学文書館紀要』一〇号、平成二〇年）

第六章　「教科書無償化実現の政治過程と自由民主党」（『史学研究』二三八号、平成一四年）

第七章　新原稿

第八章　新原稿

博士論文の提出から本書の上梓までに一五年以上の歳月を要したことは、ひとえに筆者の逡巡に帰する。とりわけ家永教科書裁判の分析にあたっては、関係する史・資料の多さもさることながら、評価軸を定めることが難しかった。

いまさら述べるまでもないが、家永教科書裁判では著名な歴史学者が多数関係しており、史学科出身の筆者としては思い悩む部分があった。

そうした際に励みとなったのが、修士論文の審査の際に曽田三郎先生より受けた助言である。すなわち、①評価が分かれるテーマなので、筆者自身の姿勢が問われる、②社会的インパクトの強い内容なので、右からも左からも認められる確たる視点と実証を備えた研究とすべきだ、という趣旨のコメントであった。本書が形になるまで、幾度となく思い返し自問自答を重ねてきた。この曽田先生の問いかけに対して、筆者なりの答えを本書によって示したつもりである。この点の評価については、読者の方々の判断に委ねたい。

教科書の問題をめぐっては、戦後幾度となく保革が論争を重ねてきた。そこで、この問題を分析することにより、戦後日本における民主主義の定着過程の一面を明らかにできないだろうかというのが、卒業論文のテーマとして選んだ時の思いである。しかし実際に研究を始めてみると、従来の教育史が、教育内容や教育実践に偏っていることに違和感を覚えた。そのうち、こうした狭義の教育という営みを、もう少し広く社会全体の中へ、あるいは歴史的展開の中に位置づける必要があるのではないか、と考えるようになった。

また、本書でも繰り返し述べたように、民主主義の根幹に位置する国民の動向が、必ずしも明確でないことに気が付いた。どのような方法で国民の動向や思潮を明らかにするのか、あるいは分析に織り込んでゆくのか、ということも意識するようになった。

そこで修士論文や博士論文では、教科書問題を軸に、戦後の文教政策の構造の変化を分析するというスタンスを取った。本書では、原点に立ち返って教科書問題だけをまとめたが、いずれは採録しなかった研究も含めて、戦後の教育史全体を俯瞰したいと考えている。

さて、卒業論文以降、多くの方々よりご助力を賜り、今日まで研究を進めることができた。卒業論文、修士論文の執筆にあたっては、とりわけ小池聖一先生のお世話になった。専門とする時代は異なるが、頼祺一、岸田裕之、西別府元日、勝部眞人の各先生には演習や授業を通じて、多くのことを教えていただいた。大学院生時代は平安貴族の日記の精読や中世の荘園の年貢算用状の集計など、他時代のことを深く学ぶ意義がよくわからなかった。しかし、今から振り返ると、どの時代でも史料読解の原則は同じであり、気が付かないうちに大きな資産を得ていたという思いが強い。

あわせて学会や仕事を通じて、伊藤隆、荒敬、曽田三郎、布川弘、有馬学、木村健二、永島広紀、下向井龍彦といった諸先生方から、研究者として視野を広げる上で多くのことを学ばせていただいた。また、西村晃、長谷川博史、吉田正秀、新名一仁、引野亨輔といった諸先輩方からは、研究者として、あるいは社会人としての基礎を築く上で多くのことを教えていただいた。本書をまとめる過程で、たくさんの方々との出会いを通じて、現在の自分があることを改めて気がつかされた。紙幅の関係でお名前を挙げることができなかった方も含め、この場を借りて感謝申し上げたい。

また、本書の出版にあたっては、吉川弘文館の若山嘉秀、並木隆の両氏、歴史の森の関昌弘氏より多大なご助力を賜った。あわせて謝意を表したい。

なお、本書はＪＳＰＳ科研費ＪＰ一九ＨＰ五一八九の助成をうけたものである。

令和元年八月

石田雅春

著者略歴

一九七六年　大阪府に生まれる

二〇〇五年　広島大学大学院文学研究科博士課程修了

現在　広島大学七十五年史編纂室准教授

〔主要論文〕

「政治と教育」「経済と教育」(『教師教育講座第二巻』所収、協同出版、二〇一四年)

「アメリカ軍の広島県進駐と大久野島毒ガス廃棄」(『日本歴史』七九五号、二〇一四年)

「昭和戦前期における広島文理科大学生の構成と社会進出」(『広島大学文書館紀要』二〇号、二〇一八年)

戦後日本の教科書問題

二〇一九年(令和元)十一月一日　第一刷発行

著者　石《いし》田《だ》雅《まさ》春《はる》

発行者　吉川道郎

発行所　株式会社　吉川弘文館

郵便番号一一三－〇〇三三

東京都文京区本郷七丁目二番八号

電話〇三－三八一三－九一五一〈代〉

振替口座〇〇一〇〇－五－二四四番

http://www.yoshikawa-k.co.jp/

印刷＝株式会社 平文社

製本＝株式会社 ブックアート

装幀＝山崎　登

ISBN978-4-642-03887-4

索　　引

あ　行

か　行

さ　行

た　行

な　行

は　行

ま　行

や　行

ら　行

わ　行